歴史のなかの「在日」

上田正昭＋姜尚中＋杉原達＋朴一　山尾幸久　金石範
姜在彦　宋連玉　田中宏　坂中英徳　李仁夏　金敬得
井上厚史　鄭大均　高柳俊男　金廣烈　朴一　飯田剛史　鄭雅英　鄭大聲
伊地知紀子　福岡安則　宋英子　玄武岩　金守珍　金時鐘＋尹健次

藤原書店編集部 編

藤原書店

はしがき

今年は、第二次日韓協約百年、日韓国交正常化四十年を迎える。この百年を振り返ってみても、日韓関係の中で「在日」の存在を考えることは必要である。

在日コリアンをめぐる一番の問題は、差別である。何よりも、「在日」百年の苦難の歴史を丹念に辿り直し、差別の起源と構造を明らかにしなければならない。しかし、この「在日」百年の歴史をみるだけではその意味を正確に捉えることはできないのではないだろうか。二千年にもわたる朝鮮半島と日本の関係の中に、「在日」百年の歴史を位置づけることで、はじめて差別の起源と構造を明らかにすることができる、と思う。

一言でいえば「在日」とは、「日本の植民地支配」と「朝鮮半島分断」という厳しい状況下で、民族と国家の矛盾を一身に体現した存在であり、日本で差別されるだけでなく、朝鮮半島の側からも蔑視される存在である。つまり日本社会内部だけでなく、より広く朝鮮半島と日本との関係において、さらには東アジア全体の歴史をも視野に入れなければ捉えきれない存在であるという認識に立つ必要がある。

また言うまでもなく、「在日」というレッテルの下に隠された存在の多様性にも目を向けなければならない。日本に来た経緯、日本の社会・文化との関わり、そして「在日」同士の関係、一世、二世、三世……など、けっして単一のイメージでは捉えきることはできない。

そして未来に目を向けたとき、「在日」をネガティヴに捉えるだけでは十分でない。むしろ苦難の歴史を背負った存在であるからこそ、朝鮮半島の統一、朝鮮半島と日本の関係構築に向けて、さらには東アジアの未来のために、「在日」の存在はむしろこれらの「懸け橋」になることを期待したいと思っている。本書は、以上のような問題意識に立って、「在日」は勿論、第一線の研究者の方々にご執筆を戴いた。読者のご批判、ご叱正を願う次第である。

藤原書店編集部

＊本書は二〇〇二年十月刊行の学芸総合誌・季刊『環』vol. 11の特集「歴史のなかの『在日』」を単行本化したものである。単行本化に際し、若干の加除・修正が施されたものもある。

歴史のなかの「在日」／目次

はしがき　001

1　歴史のなかの「在日」　009

〈座談会〉歴史のなかの「在日」……上田正昭＋姜尚中＋杉原達＋朴一　011
古代の朝鮮系移住民……山尾幸久　089
〈エッセイ〉一回きりのパスポート……金石範　103

2　「在日」百年のなかで　107

「在日」百年の歴史……姜在彦　109
「在日」女性の戦後史……宋連玉　131
「在日」の権利闘争の五十年……田中宏　153
在日韓国・朝鮮人政策論の帰結……坂中英徳　173
〈エッセイ〉「在日」を生きて六十余年……李仁夏　188

〈エッセイ〉自分を取り戻す道……金敬得 192

3 「在日」へのまなざし 197

十八世紀日本人の朝鮮観……井上厚史 199
変化する在日のイメージ……鄭大均 221
日本映画のなかの在日コリアン像……高柳俊男 232
韓国社会における在日コリアン像……金廣烈 246
〈エッセイ〉日本芸能界と在日コリアン……朴一 260

4 「在日」の生活現場 265

在日コリアンの経済事情【その歴史と現在】……朴一 267
在日コリアンの宗教【文化創造の過程】……飯田剛史 287
路地裏から発信する文化【大阪・猪飼野コリアタウンのきのう今日】……鄭雅英 303

日本の食文化と「在日」……鄭大聲 318

5 「在日」の未来 335

営まれる日常・綻りあう力【語りからの多様な「在日」像】……伊地知紀子 337
帰属意識二重化の可能性【「在日」若い世代の聞き取りから】……福岡安則 356
在日朝鮮人教育と国際理解教育のはざま……宋英子 372
コリアン・ネットワークと「在日」……玄武岩 389
〈エッセイ〉闇に光を……金守珍 401

6 「在日」を生きる 405

〈対談〉「在日」を生きる……金時鐘＋尹健次 407

執筆者紹介 452

歴史のなかの「在日」

1 歴史のなかの「在日」

〈座談会〉歴史のなかの「在日」

上田正昭＋姜尚中＋杉原達＋朴一

司会＝編集部

問題提起

（司会）本日は「在日」百年の歴史を、二千年にわたる日朝関係の中に位置づけつつ、在日を巡る様々な問題について、さらに東アジアの未来における「在日」の役割についてお話しいただければと思います。それではまず日朝関係の中で「在日」という存在を捉えるときに何を考えておかなければならないか、上田先生からお話し下さい。

古代史から考える「在日」　上田正昭

東アジアの中の日本古代史

在日の問題といえば優れて近代、とりわけ現代の問題です。しかし私がこれまで研究してきたのは近代以前、古代を中心とする東アジアの歴史の中における日本列島の問題でした。したがってどこまでお役に立つ話ができるか大変心もとないんですが、私の専門分野を中心に、古代から現代にいたるまでの日朝関係史の中で、在日の問題を捉えてみたいと思います。

私事になりますが、日本の古代史を明らかにするためには、少なくとも東アジアという視点から日本の古代史を見極めなければその実際の姿は見えないんだということを、一九六〇年代から今日までずっと研究の中心のテーマにしてきました。とりわけ日本列島の歴史や文化を考えるときに朝鮮半島との関係を軽視したり、あるいは無視したりしたのでは実際の姿は見えない。現在の私どもの学問の分野ではそういうことは常識になっておりますけれども、いまから四〇年前は、そうではなかった。こういったらオーバーですが、当時は勇気が要ることだったんです。

「帰化」と「渡来」の違い

一九六五年の六月に、中公新書の『帰化人』を出版しました。それまで日本の学界では、例えば弥生時代に朝鮮関係の遺跡がみつかる、あるいは古墳時代に朝鮮半島から渡来した集団の遺跡がみつかると、無限定に「帰化人の遺跡」、あるいは「帰化人の遺物」だといっておりました。私はこれは学問的におかしいと思いまして、帰化と渡来はどう違うのかをもっと明確にする必要のあることを力説しました。

古代法、例えば日本の大宝令、養老令には帰化という用語があり、そして規定もしているわけです。その規定内容は現在と必ずしも同じではありませんが、「籍貫に附す」、あるいは「戸貫に附す」と規定しています。「戸とか籍というのは、戸籍のことなんですね。貫というのは本貫。つまり、渡来した人が本処を定めて、戸籍に登録されることを帰化の条件にしているわけです。ところで帰化という用語は中華思想の産物なんです。したがって中国の古典にしばしば出てくる用語です。周辺の夷狄の人びとが、中国皇帝の徳の下に帰属する。内帰欽化と申しますが、その内帰欽化の略語が帰化なんですね。

日本の統一国家がいつできたか。これはまた学問的にはいろいろ議論のあるところですが、少なくとも七世紀の後半の段階には律令制に基づく国家体制が出来上がってきたことは事実だと思います。そして厳密な意味での戸籍ができるのはいつ頃か。六七〇年の庚午年籍というものがあります。天智天皇のときですがこれは族籍で、しかも畿内と周辺にだけ施行したのです。全国的につくられた戸籍の確実なものは持統四年、六九〇年の庚寅の戸籍が古い。ですから統一国家ができていないときに帰化しようと思っても帰化する国家がないことになるんです。そしてそのメルクマールとしての戸籍がない時代に帰化人なんてものはあり得ない。これは、小学生でもわかってくれることではないかと思います。

そこで、私は「渡来」という言葉を使ったわけです。これは私の造語ではありません。『古事記』や『風土記』では帰化という言葉は一切使っていないんですね。渡来という用語なんです。帰化した人を帰化人ということを批判

上田正昭　（うえだ・まさあき）
1927年兵庫県生。京都大学助教授・教授を経て、現在、京都大学名誉教授。高麗美術館館長。日本古代史。著書に『上田正昭著作集』（全８巻、角川書店）『帰化人』（中公新書）『古代の日本と朝鮮』（岩波書店）『半島と列島・接点の探求』（青丘文化社）等。

してはいないんですが、朝鮮半島から渡ってきた皆さん、あるいは中国から渡ってきた皆さん、当時の古代の在日本列島の人を無限定に帰化人などと呼ぶのは、中華思想の一種の裏返しではないか。そういうことを書きました。そして古代に「渡来集団の影響」などという評価もおかしいと。古代日本の歴史や文化の創造に、渡来の集団は参加しているのだということを論証しました。

例えばということで代表的な例として、ちょうど今年が東大寺大仏開眼供養から数えて一二五〇年ですが、したがっていま朝日新聞が「東大寺のすべて」という展覧会をやっていますけれども、あの東大寺の大仏建立の現場のリーダーは在日三世なんです。六六〇年に百済が滅んだときに、日本に亡命してきた国骨富という人ですね。その人の孫が、日本名では国中連公麻呂という人なんです。そして東大寺大仏殿建立には、渡来系技術集団が多数参加していたこともわかります。

二〇〇一年十二月の天皇発言で大変有名になりましたが、桓武天皇の母、高野新笠は、紛れもなく百済の武寧王の息子である純陀太子の流れを汲んでいることも書きました。

そして渡来の波は、少なくとも弥生時代以来何度も繰り返し来ているんですけれども、七世紀の半ばまで、そのピークが四段階あると。渡来の四段階説です。そういうことをずっと書いたわけです。

私はその当時は京大の助教授でしたが、右翼の皆さんから抗議が次々に来た。「天皇の祖先が朝鮮の王族であるとは何事か」と「近く天誅を加える」とか、あるいは「京都大学を辞任せよ」とか。いただいた抗議のお手紙は、我が家の宝として大事に持っていますけれども(笑)。

またそればかりではなく、右翼のあるグループが会見を申し込んできました。京都の上京区の神社で会いたいということで、私も若かったですからその会見に応じましてね。黒シャツの諸君がいる中で論破したと思っていたんですが、右翼の雑誌を後で読んだら私が論破されたことになっていて。ああいうときは立会人に同席してもらわないとあかんなと、痛切に思ったんです（笑）。

だからいまとは、雲泥の差ですね。天皇も十二月の誕生日を前にいわれたんですが、特にその発言について、心の中ではいろいろ快く思っていない人はたくさんいると思いますけれども、公に宮内庁に対して抗議があったということはないんですね。これは、やはり戦後の市民を中心にする運動、古代史の学習の広がりによって常識化してきた結果ではないかとも思います。日本人も捨てたものではないなと思うのは、いまから四〇年ばかり前といまでは、かなり変わってきているからです。

国家と同時に成立した差別意識

これは後の問題とも関係があるんですが、古代に朝鮮の人びとに対する差別の思想がなかったといえば嘘になります。そういうことをいうと逆に悪く利用する人がいるのであまりいわないようにしているのですが。学界の論文などでは書いていますが、講演なんかではあまり強調していません。

例えば古代の法律である大宝令とか養老令に「隣国」と「蕃国」という用語が出てきます。「隣国」は中国です。八世紀ですから唐ですが、「蕃国」は具体的には新羅や渤海なんですね。大宝令の注釈書に『古記』というのがありまして、その成立年代は別に詳しく考証したことがありますが、天平十年、西暦七三八年の正月から三月の間にできたものです。そこに例えば、「隣国は大唐なり」とある。唐には敬って「大唐」と記す。そして「蕃国は新羅なり」と書いている。つまり古代の支配者層のイデオロギーは、日本版中華思想です。中国には朝貢していますが、渤海とか新羅は、むしろ朝貢する側の国という位置づけをしているんです。ですから朝鮮の皆さんに対して絶えず尊敬し、畏敬していたなんていうと、それは歴史的事実に反する。

ただし弥生時代、古墳時代がそうだったかというと、そうではありません。国家統一、日本国という国家ができてからなんですね。そこが大事です。日本国という国家意識の中で、つまり日本は東夷の中の中華であろうとした。したがって渤海とか新羅は、その中華に朝貢する国であると。中国は別格なんですね。ですから『日本書紀』という本はもちろん帰化という言葉を使っていて、用例が一二カ所あります。それから「化帰」という、逆さまで意味は同じですが、これが一例あります。そのうちの一〇例は朝鮮三国の人に対するものです。つまり百済、新羅、高句麗から、日本に来た人なんですね。あとの二例は掖玖島の人です。薩南諸島の、縄文杉で有名な屋久島ですね。しかし「中国人が帰化する」などとは使っていないんです。

天皇家と朝鮮半島とのつながり

時間がないので簡単に申しますが、高野新笠のお父さんは和乙継という人です。今日その史料を持って参りましたが、陛下がいわれたのは、『続日本紀』のこのくだりなんです。延暦八年の十二月に亡くなり、実際に埋葬をするのはその翌年なんですが、史料の二行目に書いているでしょう。「おくり名を奉りて、天高知日之子姫尊と申す」と述べていますね。それで三行目のところに「百済武寧王の子、純陀太子より出ず」と。これは、勅撰の史書に書いてある史実なんです。そして多くの人はつぎの文をいわないので不充分になりますが、延暦九年には、「尊号を追い上って、皇太后という」とありますね。つづいて百済の建国神話が書いてある。その百済の建国神話の始祖と高句麗の建国神話の始祖は同じで、都慕王とは朱蒙のことです。「河伯の娘、日精に感じて」、太陽の光に「感じて産めるところなり」と。「皇太后、すなわち、その後なり」。つまりこれは武寧王のことではなくて、百済の建国の始祖の子孫が新笠であるということを書きまして、「よりてもって、おくり名し奉る」と。つまり、天高知日之子姫尊というのは極めて日本的なおくり名ですけれども、これは百済の建国神話にもとづいているんです。武寧王の子孫のところだけをいいますが、こういう伝承はいわれないんですが、つまりそれほどにゆかりの深い人なんです。

ところで、高野新笠は和乙継の娘でしょう。その子孫和家麻呂が、中納言になるのです。延暦の二十三年。そうすると、「蕃人相府に入る」といって、廷内で批判が起こる。新笠が皇太后になったのは桓武のお母さんやから。だから差別がなかったようにいうのは、それは光の方だけ見ている意見であって、家麻呂が中納言になったときには蕃人として批判されている状況もある。

明治以後の脱亜入欧論も同じですが、形を変えた日本版中華思想が具体化した。脱亜論もそうだと思います。その場合の中華は欧米で、アジアは蕃国です。朝鮮人とか中国人は蕃国の人になる。福沢諭吉は、はっきり書いていいます。そういう思想が朝鮮侵略にずっとつながっていくんですね。ですから古代の日本版中華思想が近代によみがえってきて、そして朝鮮侵略を合法化していく思想の基層になっていったと、私はみています。

古代の征韓論と江戸の朝鮮通信使

古代にも征韓論があった。特に養老年間七二〇年代から、新羅と日本の関係は悪化し、そして「新羅討つべし」ということになった。これは、実現しなかったんですが、そうした征韓論が実際に起こり、新羅征討の軍を実際に組織したことは、史料にみえている史実です。

例えば養老四（七二〇）年の五月二十一日に完成した『日本書紀』という書は『古事記』と違いまして官僚の学習書みたいになって、完成した翌年から輪読会をやっている。だからよく読まれている。あの書には御承知のように神功皇后の朝鮮侵攻説話が出てきます。決して三韓征伐なんてことは書いてないんですが、新羅の王も、百済の王も、高句麗の王も服属したとある。中心は、新羅征討説話ですが、三韓という用語はでてくる。この『日本書紀』の神功皇后の征討説話が征韓論のベースになっていく。

江戸時代になると、御承知のように一六〇七年から一八一一年まで朝鮮通信使による善隣友好が行なわれました。私も朝鮮通信使の研究に長く携わってきましたが。特に第七回から民衆が幕府や藩の禁令を乗り越えて歓迎の渦の中に参加しているということに、私は大変感動して論文も書きました。またそのことを、多くの研究者が最近いろいろいうようになりました。

ところが問題は、なぜ朝鮮通信使が文化八(一八一一)年で終わったのかということです。これを問わなければならない。なぜそれほどにつづいた善隣友好が終わってしまったのか。それはやはり、過去の「新羅無礼」という日本版中華思想が裏返しで出てきたわけです。ですから世界連邦論者的なこと、藩をつぶして連帯しなければいかんといった佐藤信淵でも、あるいは日本のペスタロッチといわれる吉田松陰でも征韓論者です。吉田松陰などの論は「幽囚録」などにはっきり書いていますが、征韓の論拠は、かつて朝鮮は属国だったということにあるとする。それが神功皇后征討説話なんですね。いかに『日本書紀』という書が大きな影響を与えたか改めて痛感しますね。ですから私は通信使がなぜ終わったかという問題も含めて検討する必要を申しています。善隣友好の光ばかりではなく、その影の部分ももっと研究者が明らかにしていく必要があるということを、常日ごろからいっているわけです。

一つはもちろん国家財政、幕府の財政が厳しくなって、ああいう一大行事はできなくなり、ついに対馬止まりにした。しかしそれだけではなく、そのベースにはやはり日本は東アジアの中華であって、朝鮮は日本の蕃国であるという、そういう考えが幕末から明治の近代化路線の中でずっと具体化してくるということと、通信使が終わったということは、無関係ではない。対馬は明治二年まで朝鮮と交渉は続けていましたが、徳川幕府はやめた。そういう問題も検討しておく必要があります。

過去の問題でなく現在につながる問題

それから最後に申し上げたいのは、古代にも在日がいたということです。日本国という国号ができるのは七世紀の後半ですから、七世紀後半以後には「日本国にいる」という意味で在日という言葉を使っていいいと思います。その在日の皆さん、渡来の皆さんの中には、祖先が朝鮮であることを恥じて中国に持っていく動きが出てくる。つまり権威づけをするんですね。ですから西暦八一五年、弘仁六年にできた『新撰姓氏録』は、御承知のように五畿内、大和、河内、摂津、山城、和泉の、一一八二の氏族の祖先の系譜を書いている貴重な古典なんですが、そのうちの約三分の一は諸蕃なんです。けれども、例えば秦氏は新羅系なんですが、祖先は秦の始皇帝とされている。あるいは漢氏というのは百済あるいは加耶系の渡来集団なんですが、祖先をたとえば後漢の霊帝にする。

一九七〇年頃ですが、太秦の広隆寺に、碑文ができて「秦氏の子孫は秦の始皇帝」と書いてあるのを、在日の鄭詔文《チョンジョムン》さんが見られて、「先生、あんなものは歴史的事実と違っているやないですか。先生は黙認するのか」といわれて、いや、それは黙認はできんと、申し入れに行ったんです。それも私がソビエトへ国際歴史学会に行って、その間に建ったらしいんです(笑)。空港へ鄭詔文さんが迎えに来てくださって、降りるなり「先生、えらいこっちゃ。こんな碑が建っている。先生が日ごろいうているのと、違うやないか」と。そこで、御住職がそこを削られたんですよ。そうしたら、余計目立つでしょう。いまは、ちゃんとした碑になっていますが、だけどそれも鄭詔文さんにもいったんですが、無理もない。『新撰姓氏録』にはそう書いてあるんだから、広隆寺の御住職にいわせたら論拠はあるんや。だけどなぜそういうことになったかということを、やはり在日の皆さんも考えなければあかん」と。それは過去の問題ではなくて、いまにつながる問題でもあるといったことがあるんです。

ですから現在という時点から見ると、古代は古い過去の出来事のように思われがちですが、やはり中華思想もあれば蕃国思想もあり、現在の在日の問題につながるテーマもあって、必ずしも無関係ではない。そのように考えています。

―― ありがとうございました。では杉原さん、お願いします。

民衆レベルの差別意識と帝国主義

杉原 達

三〇年前の授業

まず私事ですが、いまの上田先生のお話を伺っておりまして、私は三〇年あまり前に、大学一回生のときに上田先生の歴史学ゼミをとり、教養部の先生の研究室で、一〇人ぐらいでしたか、授業を受けまして、これが大学の勉強なんだということをつくづく感じたことを思い出しました。それから社会人になりましてから、家族と一緒に「日本の中の朝鮮文化」という企画で、金達寿《キムタルス》先生と上田先生が引率してくださいまして、奈良の方にも行きました。そういうことも、お話を聞きながら感慨深く思い出しました。

アジアの中の在日

私の話に入りますが、在日の問題ということになりますとまずは日本と韓国、あるいは日本と北朝鮮という、いわゆる二国間関係の中に在日を位置づけることがなされます。これは例えば法的地位協定という形であらわれてきますし、また朝鮮半島と日本との長期的な視野を持った歴史の関係の中で在日を位置づけることが必要であることも、いうまでもありません。

しかしここでは、そうしたやや固定的な二国間関係史的な視座を揺さぶるというところから現代、近代、そして前近代の問題について若干の問題提起をしてみたいと思っております。とはいえ体系的、あるいは包括的というよりも、トピックのような形をとることをお断りしたい。いろいろなスタイルでの提起というものがあった方が、座談会の妙味というものもあろうと思うからです。

杉原 達　（すぎはら・とおる）
1953年京都府生。大阪市立大学大学院経済学研究科修士課程修了。現在、大阪大学大学院教授。日本学・文化交流史。著書『中国人強制連行』（岩波書店）『越境する民』（新幹社）『オリエントへの道』（藤原書店）等。

まず、現代の問題から始めます。私は特に一九八〇年代に沸き起こった、在日朝鮮・韓国人を中心にする指紋押捺拒否の運動の歴史的な意味を、もう一度その現場に立ち返って考える必要があるのではないかと思っています。ここにおられる方は直接、あるいは間接にその問題を考えてこられてきた方であろうかと思いますが、先ほど二国間関係史的な視座を揺さぶるところから問題提起をしたいといいました。それは例えば済州島の一九四八年の四・三蜂起から朝鮮戦争。あるいは台湾の一九四七年の二・二八事件から一九五〇年代の白色テロといった、戦後直後の時点で、アメリカの圧倒的影響下で日本が冷戦体制に参加していくプロセスの中で、在日の政治性も規定されてきたという東アジア的な広がり、あるいは東アジア的な流れというものがはっきりと存在しているからです。この点は一九四八年の阪神教育闘争にしてもしかり、あるいは一九四九年の在日本朝鮮人聯盟の解散にしても妥当するでしょう。このような意味で、アジアの中の在日という視点が重要ではないかと考えております。この点は後で、姜さんの方から特にお話があろうかとも思いますが。

指紋押捺拒否運動の歴史的意味

さて、ここで私が問題にしたいのは、そういうアジアを巡る諸状況に規定されてきた在日の歴史をたどる作業をいま私がするのではなく、むしろ逆に在日朝鮮・韓国人の側が日本に住んでいる他の出自の外国人と連携しつつ、また国際的なつながりも持ちながらアジアの中で生きる方向を見つけようとした経験はなかったのかということです。私は一九八〇年代の指紋押捺拒否運動こそが、それではなかったかと考えています。当時一人一人の方がさまざまに切羽詰まり、また考え抜いた結果として押捺を拒否されました。その数は一万人に達したといわれます。

私は当時大阪市の生野区におりましてその動きの一端を感じていたんですが、具体的な名前を出すなら、関西の大きなうねりの中でも生野区の在日朝鮮人・朴愛子さんの運動、それから大阪の西成区の在日中国人・徐翠珍さんの運動、そして生野を職場とし、神戸に住んでおられた日系アメリカ人のロナルド・ススム・フジヨシさんの運動。こういうものに、私はとくに大きな影響を受けました。この人たちの運動は三者三様でありながら、あたかもトライアングルのように結びつき、実は互いに連携し合って展開されていたことが大変印象的でした。そこには、日本の侵略と抗日、あるいは同化強要の歴史性と現在性を問題とし、それを撃つ思想がはっきりと刻印されていました。

もちろん日本各地の指紋拒否者の大多数は、在日朝鮮・韓国人であるわけです。しかしこの関西の具体的な三つの運動というのは、それぞれが民族的な出身を異にしながら、自らが「日本」に住んでいるといういわれをたずね、そのことの持つ歴史的意味を掘り下げて先鋭的な形で提起したものでした。

指紋押捺の拒否という行為は、決してそれを強いられる側の在日外国人の問題ではなく、そのような強制を知ることもなく暮らしを維持してきた日本社会の側の問題であるということが、この運動の中で徐々に明らかになってきました。したがって、いわゆる「犯罪者扱いは嫌だ」という問題では決してない。指紋の淵源を求めるならば、一九二〇年代の「満州」における労働者管理にその源があり、抗日分子や労働者の逃亡を阻止し、住民の管理を進めるための権力の発動を本質としています。そういうものだった。したがってそれを拒否するということは、「歴史のなかの在日」の存在そのものに拘束されてきたという事実を、ひとたびは歴史的に振り返りながら、帝国的な広がりの中で、それを揺さぶっていこうということです。これらの運動は、まさにそういう思想的な内実を持つものであり、そして同時にまたそのような在日を自らの都合により選別し、排除していく、具体的には強制退去をちらつかせる日本社会のあり方に対する、実存を賭けた問題提起にほかならなかったのです。

華僑青年たちの告発の意味

このように考えますと、それから一〇年あまり前になりますが、一九七〇年の七月七日、盧溝橋事件三三周年にあたって、華僑青年闘争委員会というところが――これは華僑の青年団体ですが――日本の、具体的には新左翼に対して「訣別宣言」というものを出したことが浮かび上がってきます。これは短い発言ではありますが、私は極めて深い内容を盛り込んだものと思っております。確かにそれは在日中国人の青年が発したアピールでした。しかしその質、その内容を見るならば、在日朝鮮・韓国人に対する心からの連帯のあいさつであったのです。第一に、戦前からコミンテルンに民族性を従属させる形で自己実現をせざるを得なかった朝鮮人と思いを同じくする点において。第二に、戦後前衛党組織に再び民族性を拝跪させる方針に苦渋を味わった朝鮮人と思いを同じくする点において。そして第三に、出入国管理法案が国会上程となるなか、自分たちの存在封じ、国外強制退去と闘おうとした在日朝鮮・韓国人の青年と激しく響き合うものであるという、その点において共通するものがあった。

特にこれは日本の新左翼の学生運動に対して向けられたものです。端的にいえば、出入国管理という在日外国人の生存に関わる法案がいま国会に上程されている。その成立を阻止するということと、全国の学生運動、全国全共闘のカンパニア闘争の課題のひとつとして、大学の管理強化反対と並立した形で、その問題をとらえることには決定的なずれがあるにも関わらず、それに無自覚であるような日本人青年に対する極めて根源的な問いだった。

余談になりますが、二十世紀の日本の中で被抑圧者がさまざまな声を上げています。たくさんありますが、例えば水平社宣言、あるいはこの華青闘の告発というのは、はずすことができないものだと思います。今やあまり知られることのないこの一九七〇年の告発は、実は一九八〇年代の指紋押捺拒否運動の中において改めて読み直され、私自身もその存在は知っておりましたが、改めて指紋押捺拒否運動の中でその思想的・歴史的意味を考えていくことを強いられましたし、アジアを中心とするさまざまな在日外国人にも、また日本人にも影響を与え直したものでした。

だとするならば、ここにアジアの中に在日が生きる一つの道筋が示されたという意味で、一九八〇年代の運動の歴史的な意義の一端があらわれているのであり、それは在日の今後を考える上でも一つの大切な材料となるのではないかと思います。

「近代差別」の核心

続いて近代の問題に移ります。それは近代が根底的に持っている差別と朝鮮人差別との、一般と個別という問題です。近代というのは、そこに囲い込まれているものにただちに均一に降りかかってくるものではない。とりわけマイノリティにとっては、時間差や程度差の違いは大きい。それは一回性のものではなく、継続的なものです。例えば時間を守るというのは決められた特定の日だけではなく、毎日それを実現することが求められます。そうした近代は、普遍妥当性があると認定されているものだけに、そこから逸脱したり、それに抵抗することは懲罰やら社会的排除を意味するものであることは、同化という問題を考えるときの前提となるだろうと思います。

その上であえて私が強調したいのは、やや図式的にいうならば、マジョリティの側では、実は自分自身が同化と排除の枠組の中に生存していることを忘れる、正確には意識しなくとも生きていける仕組みになっていることであり、また逆にマイノリティの側ではそのようなあり方を当然と考え、できるならばそれに乗っていくことに夢を託そうと考える、そういう仕組みも設定されていることであり、このような両面構造にこそ、「近代差別」の核心があるということです。

朝鮮半島に渡った近代の日本人

それならそれが在日朝鮮人差別という個別の問題とどのように関連するのか。それを考える素材は、具体的な顔と顔を合わせる対面関係の形成という問題にあるのではないかと思っています。それを二つの側面から述べてみましょう。

まず一つは一八八〇年代ごろから、特に西日本を中心とした地域から朝鮮に渡っていく日本人が増大していきます。あまり知られていませんが、在日朝鮮人の数が在朝日本人の数を超えるのは一九三五年になってからのことなんです。それほど在朝日本人は時期的にも先行し、人数も多く、何よりも生活の中の権力者として向こうにおいて立ち現れたのでした。

帝国主義というのは、東京の政府や軍によってのみ推進されたのではなく、しばしば上層ではない日本人の入植者によって、社会的に体現されたということの意味が十分に考えられる必要があろうかと思います。彼らはもとより権力を担いながら、他方で差別と恐怖の入り混じった観念を固定化していった。そしてそれがまた日本に跳ね返ってくるということになりました。この恐怖というのは、甲午農民戦争、閔妃虐殺後の義兵運動、そして、韓国併合前後の大々的な抗日義兵闘争、さらに三・一独立運動へと続いていく朝鮮民衆の武力反抗の流れに直接対するものであるゆえに、極めて深刻な性質を持っていました。その悲劇的な結果の一つが、あの関東大震災での虐殺ということになります。

もう一つの対面関係というのは、一九〇五年の関釜連絡線の就航を大きな起点として、一九三〇年代、大阪の朝鮮人の形成を典型にしながら、朝鮮人の渡航者が増加していくという歴史的な流れの中で生じてきました。一九三〇年で約三〇万人、強制連行開始の年の一九三九年で約百万人の朝鮮人が日本に在住していました。そして一九四五年には、その数は約二百万人となるわけです。つまり異質な歴史と文化を担った人々が、日常的な生活空間の中に侵入してくると感じることから生じる違和感、そして優越感情が広範に形成されていった。それはさらに先ほどの「近代差別」の核心とも連動することによって、抜きがたい在日差別意識となっていった。つまり朝鮮でつくられた朝鮮像、朝鮮人像と、日本でつくられた朝鮮像、朝鮮人像というものが重なり合っていき、さらに「外地」、あるいは占領地においてアジアの人々と出会うなかで、そうした朝鮮人に対するイメージや意識が、日本人の民衆の生活レベルでの「帝国意識」となっていったという重大な問題領域が浮上してくるだろうと思います。

近代以前の差別

最後に前近代の問題ですが、これはまさに上田先生の問題提起で明らかにしていただいたことですので、とくに加えることもないかと思っていますが、近代史研究の立場からごく簡単に述べさせていただきます。

先ほども名前が出ましたが、林子平であるとか佐藤信淵、あるいは吉田松陰といった幕末の思想家たちの朝鮮、琉球、蝦夷などに対するアジア侵略論の流れは、さらに近世にさかのぼるでしょう。この点は本書に井上厚史さんが論文を寄せられると聞いておりますが、朝鮮通信使に見られる、いわゆる善隣外交の流れとは異なる潮流の問題です。

十七世紀末の荻生徂徠の主張の中には、清朝をもはや「古の中華ではない」と断じて、日本すなわち中華という、「日本＝中華」観を表明しているものがあります。また白石による「国書書式変更問題」は、十八世紀の初頭でした。さらに宣長にいたって自己言及的な一国史的な語りが確立することについては、既に詳しい研究の蓄積があります。

こうした言説は、いわゆる善隣外交の線とどのように関係しているものか。それを歴史的にどう理解していったらいいのか。恐らく中国への意識を中心としながら、論理的には外国人一般への意識、そして個別朝鮮人への意識、そういう相互連関の中で考えていく必要があるのではないかと感じています。このことをつけ足して、私の発言を終わりたいと思います。

■ ありがとうございました。では姜さん、お願いします。

コリアン・ネットワークにおける「在日」　姜尚中

恐怖感の原点が分かった

いまの上田先生、杉原さんのお話を聞いていて非常に教えられるところが多く、特に冒頭の上田先生のお話からは、いま自分がやらなければならないテーマに重要なサジェスチョンを与えられた気がしました。特になぜ近代以降福沢諭吉のような、「文明／野蛮」という二元論的な考え方が出てきたのか。普通それは近代以降の特殊な事情だと考えるケースが多いですが、幾つか外交文書を読んでも、古代の歴史的な事跡みたいなものが記憶としてよみがえってきているわけですね。記憶としてよみがえることでいまの具体的な事態が、伝統によって強固に正当化される。そう考えていくとなぜ在日韓国朝鮮人が、これほどまでに自分のイメージ、あるいは周りの日本社会からどう見られているかについて、常に何か恐怖感というんでしょうか、そういうものを持たざるを得ないのかということの一つの原点がわかったような気がしました。

「戦後」でなく「植民地後」と捉える

私自身は特に大英帝国によるアジア支配の問題についての研究やイギリスを中心とする帝国と植民地の問題などについてのかなり広範な総合的研究が行われていて、そういうものから教わるものが多かったもので、きょうは少し――カタカナ文字であまり座りがよくないんですが、「ポスト・コロニアル」というようなことで、一つ在日を捉えてみたいなと思っています。主にこのポスト・コロニアルというのは、イギリスの場合でいうといわば大英帝国から一応解き放たれた植民地の、いわば英文学の独自の解釈や批判的な読みの中から出てきた言葉なわけです。私自身はこのポスト・コロニアルを、日本のコンテクストの中でどう活かせば豊かな意味をもつものにできるか、いろいろ考えていたんです。

そこで私は考えたわけですが、なるほど日本は戦後五〇年以上経っている。英語的にいうとこれは「ポスト・ウォー」となります。ウォーというのは、当然第二次世界大戦を指す。ではなぜ、それを「植民地後」といわないんだろうか。せめて「帝国以後」「ポスト・インペリアル」といってもいいはずです。この間、座談もしたアメリカの歴史学者キャロル・グラックさんは、「帝国の記憶」という問題を指摘していましたが、これをあえて「ポスト・コロニアル」とみることで何が見えてくるか。

そのとき、まずこの「ポスト」というのには、一応三つの意味が考えられると思います。英語的に正しいかどうかは別にして、いわゆる「後」という意味でこの言葉を考えますと、「植民地から解放されている」あるいは「脱植民地」ということが第一にある。しかし、「ポスト」には、「やはり前から続いている」「切断されていない」という意味もある。完全に百パーセント、全く新しい時代が来るということはありえない、何かそこに連続しているものがあるということです。それからもう一つやはり「ポスト」というわけですから、何かこれまでとは違う新しい社会への展望みたいなものも、そこに含まれている。この三つの意味を、一応考えてみます。

そういう三つの意味を持つ「ポスト・コロニアル」という視点で在日というのを見ていくと、どういうことがいえるのか。そういうことを考えることで、在日というものを、何か特殊なものとして顕微鏡でしげしげと見るよりは、もう少し拡がりをもった存在として考えてみたいと思います。在日という存在をポスト・コロニアルという歴史的な存在として見ていくことで、この問題から波及的にいろいろなものが見えてくるのではないか。

姜尚中　（カン サン ジュン）
1950年熊本県生。在日２世。早稲田大学大学院政治学研究科博士課程修了。東京大学教授。政治思想、現代思想。著書に『ふたつの戦後と日本』（三一書房）『オリエンタリズムの彼方へ』『ナショナリズム』（岩波書店）『東北アジア共同の家をめざして』（平凡社）等。

「戦後」という意識が消したアジア

まずポスト・コロニアルとして在日

を捉えていく場合、これが日本人にとって何を意味するのかを考えなければいけない。在日を日本というナショナルな空間のいわば痛ましい弱者として見て、彼らをいかに、日本国民が享受している従前の権利義務の主体にまで引き上げるのか、ある種の差別撤廃運動的な見方だけでは全く見えてこない問題がある。そうではなくポスト・コロニアルとして在日を捉えていくことで、日本の、とりわけ戦後日本のあり方それ自体を根源的に問い直すほどの、大きな問題が見えてくる。

その一つはポスト・コロニアルではなく、ポスト・ウォーということで、自らをつくりあげた戦後日本は、一体何を消そうとしたのか。あるいは遠近法的にいえば、何を遠景化しようとしたのか。それがアジアであったわけです。これはかっこつきの「アジア」、具体的には朝鮮半島をまず指していると考えるべきだと思います。

考えてみますと、先ほど杉原さんが帝国的な広がりということをいわれましたが、日本はやはり帝国へと向かうことによって、既に国民国家を超えていたわけです。国民国家を超えるという形で、植民地や満州に近代日本国家の理想、あるいは日本のエッセンスを移植しようとした。とすれば、本来、これほど自らのアイデンティティに関わる重大な問題はなかったはずで、それがなぜ敗戦と占領支配、そしてその後の一国単位的な戦後復興の中でほとんど忘却されていったのか。そのあまりにも大きな転換が、なぜ起きたのか。そしてその転換こそが、実は戦後という歴史の刻み方をつくりだしたのではないか。それはいわば帝国としての日本が、単一民族的な戦後の、かっこつきですけれども「平和国家」に、いわば収れんしていくことと同時にその裏側で起きたことでした。

それはまた、日本帝国による戦前のアジア主義やアジア・モンロー主義の自給自足的なアウタルキーのある種の地域主義が「痴人の夢」としてついえさり、植民地支配もろともタブー化されたことを意味しているのではないかと、私は思います。

消失されたものの生き証人としての「在日」

そういうような戦後日本の単一民族化された空間の中で、在日は旧宗主国・日本の中に残された、いわば「リビング・エビデンス」というか「消失されたものの生き証人」だった。何が消失されたかということを、絶えず生きた証人として日本の中に突きつける存在だった。だからこそ、戦後日本の国家も、根強い差別意識に支えられつつ、その同化排除、あるいは抑圧にかなり大きなエネルギーを割いていた。細かいことは省略しますが、吉田首相のいろいろな発言をみていてもそういうことがいえるわけです。

そうであるがゆえに、逆に在日にとってはそのような状況に対する反発と抵抗、やはり「恨」といっていいのか、そういうものを根拠にせざるを得なかった。少なくとも一世、あるいは二世のある部分にまで、そうしたものは自らの自己形成に決定的な影響を与えました。それは左か右か、あるいは思想、信条の違いを超えて、在日の民族的な紐帯の支えになっていったと思います。

その限りで一九七〇年代前半まで、在日というのはやはりポスト・コロニアルという意味で続いている、継続している「いまそこにある過去」を生きていた面があったのではないかと思っています。

ポストコロニアル国家としての二国

第二に、なぜ在日をポスト・コロニアルとみなすべきなのか。在日にとって解放されたはずの祖国、これは何であったのかということを考える場合に、このポスト・コロニアルという問題がある。つまり一言でいうと、解放された祖国も実はポスト・コロニアル国家ではなかったか。冷戦の巨大な歯車の中に組み込まれて、結局コロニアルの清算がなし得なかったポスト・コロニアル国家だった。これは北朝鮮もそうだと思います。その歴史の中で、つまり日本による植民地支配の中で分断が始まり、そして半世紀に及んだ。その意味でも、やはりこれは脱であると同時に、続いているという意味でポスト・コロニアルだと思います。

植民地支配の時期が三六年間であるとすると、もうそれを上回る形で南北分断は継続している。統一的な国民国家の形成に結局失敗してきたわけで、朝鮮半島の分断国家が南北を問わず、ポスト・コロニアル国家としての歴史を刻んできたわけです。そのいびつな構造が、国際的な冷戦の力学によって強いられたにしても、歴史的に見ればやはり植民地支配の遺制がその背景にありました。

このことは逆にいえば、日本にとって何を意味するか。それは朝鮮半島におけるポスト・コロニアル国家の清算と南北の和解と共存が成し遂げられなければ、日本の国家としての、あるいは国民としての植民地支配に対する歴史的清算は完結しないということを意味しているわけです。

ところが戦後日本は、アジアを遠景化することで、むしろそうしたポスト・コロニアル国家を、戦後日本というかっこつきの「平和国家」の地政学的なバッファ、緩衝地帯として活用し、それにてこ入れを図ってきたのがいびつな日韓関係のあり方でした。少なくとも一九七〇年代から一九八〇年代初頭まではそういえるでしょう。日韓条約締結から、いわゆる例の朴正煕の独裁体制、そしてその間に続いた日韓のいびつな関係は、そのことを意味していましたし、残念ながらいまも北朝鮮、朝鮮民主主義人民共和国との正常化は成し遂げられないでいます。

「在日」にとっての祖国と国籍

そして南北のこの二つのポスト・コロニアル国家は、一言でいえば敵対的な相互依存関係に立っていたと思います。つまり南北は、それぞれのポスト・コロニアル国家の内側の政治力学を活用しつつ、その体制の存続を図ってきたわけです。逆にいえば半世紀にわたって、姜萬吉氏のいう「分断時代」を通じて南北のポスト・コロニアル国家の間に、その内部的な制約を超えるような統一的な意思は形成されなかった。そこにいたるという、一応の誓約みたいなものはあったわけですが、残念ながらそれは実現されていない。南北のポスト・コロニアル国家のこのようないびつな構造は、旧宗主国日本に居住する在日にも、やはり大きな影響を与えてきました。在日においても、ポスト・コロニアル国家同士の対立が、全面的ではないにしてもある意味で反映されていた。そのような形で差別的な境遇の中で激しい対立を繰り返してきたわけです。

戦後として書き換えられたポスト・コロニアルな歴史における差別と屈辱から逃れる最後のよりどころとしてあったのが、ポスト・コロニアル国家としての祖国へのコミットメントであったわけで、在日の一世や、限られていますが二世にとって自らの存在を賭けたアイデンティティの一つのよりどころだった。北朝鮮帰還運動、さらに激しい朴独裁体制下の韓国へのいろいろな形での祖国志向的な学生の運動などです。

逆にその反転像として、自分たちの生活の現実が実際に営まれている在日というのは、非常にミゼラブルで展望のない、湿地のような場所というか、そういう位置づけがなされていたのではないか。

しかしながら、その不毛な沼地であれ湿地であれ、実際にそこで我々は生きているわけで、その在日の条件にこだわろうとする動きがやはり一方ではあったと思うんです。それはやがて、私もささやかながらその一環に入っていた祖国志向か在日志向かという論争や、若い二世や、あるいはその周辺でさまざまな論争ともなりました。

しかし実際には祖国へのコミットメントからも離反し、あるいはそれに対する切実な実感も持ち得ない新しい世代がふえてきましたし、在日という要件はやがて、既に既定の条件として受け入れられる傾向が強まっていったことも事実だと思います。つまり在日というのは仮寓の地ではなくて、自分たちがここで住まざるを得ない一つの、受け入れざるを得ない前提となっているんです。

さらに「日本国籍者」との「国際結婚」。これも果たして国際結婚といえるかどうかわかりませんが、「国際結婚」が多数を占め、帰化の流れも定着を見せる中、他方では国籍あるいはナショナリティにおいてポスト・コロニアル国家に帰属しながらも、つまり韓国、あるいは朝鮮というナショナリティを持ちながらも、それから切り離され、民族的なものの空白を生きる在日が現れたことも、また事実だと思います。

韓国の民主化とコリアン・ネットワーク

では第三番目に、しかしながら在日には第三の新しい、大げさにいえば新しい世紀の可能性を窺わせる道がある。それはより主体性を帯びた、投企的な意味を含む「ポスト」、そういうポスト・コロニアルを生きる道です。既に第二の点で述べましたが、在日は長期的に見れば日本社会に溶け出していくのではないかと、一時期いろいろな形で危惧されていました。しかし実際には、決してそうなっていません。それはなぜか。これには在日の要件といったものとも関わりますが、やはりポスト・コロニアル国家としての韓国の変容が大きく関わっている。

冷戦期のポスト・コロニアル国家としての軍事独裁体制下で粘り強く進められてきた韓国の民主化は画期的なものでした。東北アジアにおいて冷戦が終わっているとは決して思えませんが、しかし跛行的、もしくは偏頗的な冷戦の終結があったことは事実で、韓国における民主化は、暫定的な目標は一応達成したといえると思います。それは恐らく台湾と並んで、ある種の「自生的」な民主化が達成されたという貴重な経験です。東北アジアの歴史における画期的な歴史的転換だったと思います。もちろんいろいろな矛盾点や不十分な点もあると思いますが。

韓国では、いわゆる「圧縮近代」という形で急速な産業化が成し遂げられ、ＩＭＦの管理下という構造的な矛盾も露呈しましたが、かなりの程度で大衆社会、大衆消費社会の到来が実現されたといえます。そこには貧富の格差、いびつな経済構造、金融問題、労働問題、雇用、社会保障、環境問題など、考えてみれば気の遠くなるような難題があります。しかしそれでも間違いなく韓国社会はその面目を一新した。もちろんそれによってポスト・コロニアル国家の構造的な制約要因がすべて払拭されているわけではありません。しかし、冷戦の桎梏が確実に国民意識の中から払拭されつつある。

そういうなかで韓国社会に、これまで関心を向けられていなかった朝鮮半島の外に散在する海外同胞へのアテンションが高まってきました。具体的にいうとロシア沿海州、中央アジアの高麗人、中国の朝鮮族、さらに在日との結びつきが、少なくとも前よりは、冷戦下においては考えられないような形で浮上してきた。もちろんそれらも極めて本国中心的なナショナリズムの発露となっている面もあることは否めませんが、東北アジアから中央アジアにいたる、あえていえばネットワークの存在が見えてきた。コリアン・ディアスポラといえるかどうかわかりませんが、私自身も中央アジアや沿海州の高麗人の歴史は、冷戦下においては全く知りませんでしたが、そういうような人々との結びつきが、その可能性が見えてきました。

こういう新しい動きは決して朝鮮半島だけに固有のものではありません。冷戦崩壊により旧ソビエト連邦が瓦解するなかで、ユーラシア大陸における少数民族としての高麗人のアイデンティティが浮上してきましたし、中国の改革開放政策に伴う朝鮮族の越境的な活動、韓半島への労働者として移民があります。もちろんそこでいろいろまた問題もまたあるわけですが、それを経由して、日本へ移民ということも一方ではいわれています。

「在日志向／本国志向」の二者択一を超える

このような形で、在日が自分たち以外の東北アジアに散在するコリアン系マイノリティの存在とのつながりを意識するようになったわけですが、これには、かなり大きな意味があると思います。その結びつきが今後どうなるかは別にして、またその中でさまざまな差別の動きも出てくる恐れもありますが、このようなネットワークを意識することすら冷戦下では考えられなかったことで、かなり大きい意味があると思うのです。

まだ微弱ではありますが、いま多様な結びつきを模索しつつあるコリアン・ネットワーク。なぜそういうものが出てきたか。こうした動きは、何よりもまず韓国内部の市民社会の中のさまざまな活動と、その境界横断的な活動のつながりに関係していると思います。さらに在日の中にもそういう動きが、新しい世代と共に登場しつつある。帰化や同化をするにしても何かエスニックなものを持ち、さらには帰化や同化から距離を置きながら民族の過剰に対しても非常に違和感を持ち、しかしどこかで何かしらコリアンといっていいのか、そういうかすかな意識を自らのアイデンティティの、ワン・オブ・ゼムとして生きようとする世代が現れているというのも事実です。

私は、これによって一九八〇年代にいわれていた在日志向か本国志向かという、二者択一的な問題設定は突き崩されたと思います。もう既に日本人が年間三百万人も韓国に渡航しているような現実の中では、その境界そのものが意味をなさなくなってきた。

確かに在日の民族的かつ政治的な解放、最終的には人間的な解放というものは、政治的な統一によっては達成されないでしょう。けれども少なくとも民族的かつ政治的な解放が、南北のポスト・コロニアル国家が清算され、朝鮮半島に統一的な国民国家が誕生したときになされることはいうまでもありません。

ポスト国民国家の時代における国家形成

ポスト国民国家の時代とあえていいたいと思いますが、しかし私たちは、ポスト国民国家の時代において国家形成を遂げなければならないという、非常に、歴史のアイロニーを生きようとしているわけです。国民国家という存在自体が厳しく問われている時代の中で、統一へ向かうさまざまな模索を進めていくという。そうして生まれる統一国家は、少なくとも古典的な意味での十九世紀的なネイション・ステートにとどまり得ない。あるいはそこにそれ以上の意味が含まれなければならない。そのひとつが、ネットワーク化した複合国家としての統一コリアということになるのかもしれません。

その点で注目したいのは、日本、中国、沿海州といった朝鮮半島の外に散在する、コリアン系マイノリティの存在です。言語においても文化においても、そういうそれぞれのコンテクストを生かしながら、南北の共存と和解に間接的に加わり、朝鮮半島をより開かれた社会へと変えていく、そうした共同作業の中で実現できる、新たな緩やかな共同体こそコリアン・ネットワークだと思います。

そして在日もまたコリアン・ネットワークの一環として、そのような共同作業に加わり、そのことによって自らのアイデンティティの複合的な性格を自覚し、自らが日本国家の中に封じ込められた単なるマイノリティではなく、東北アジアの越境的な広がりの中に開かれた存在であることを確認できるのではないか。このような共同作業に同時に日本の人々がそれぞれの立場で参加することで、少なくとも朝鮮半島においてポスト・コロニアルの時代にピリオドを打ち、新しい時代を迎えることができるのではないかと思うのです。

こういうような話は非常に夢想家のユートピアのように思われるんですが、実際、大きな流れとしてはそちらの方に向かうのではないかと期待も込めながら、私の話に代えさせていただきます。

——ありがとうございました。それでは最後に朴さん、お願いします。

三国のはざまに位置する「在日」　朴一

天皇のルーツ発言とワールドカップ

最初に上田先生のお話を聞いて思い出すのは、平成天皇のルーツに関する発言です。あの発言は随分韓国でも反響を呼んで、平成天皇が自らの出自について赤裸々に語ったということで、日本のマスコミでも大きくとり上げられました。どうも私は根がひねくれているのか、心から天皇がそういうふうにいったのかどうか確かめるため、改めて家でとっておいたビデオを繰り返し見てみました。すると途中で言葉を忘れた天皇陛下が原稿を見直して、もう一度顔を上げて、慎重に言葉を選んでしゃべっている様子が映っておりました。あれは、宮内庁がそういう言葉をしゃべらせているのではないか。そうすると一体宮内庁は何のために、天皇にあのような発言をさせたのかということが非常に気にかかったわけです。これはやはり、かなり政治的に意味を持った発言ではないのかと。例えばようやく天皇陛下が上田先生のような業績を認めて、自らのルーツの中で日本の皇族と朝鮮半島との関係を位置づけたというのならばいいんです。けれども政治的な文脈の中で、もしあの言葉が出てきたとしたら、やはり少し考えてみなければいけない。すると、これはやはり日本と韓国で共催するワールドカップが、どこか影響力を与えているのではないかなと思いました。

元々この日本と韓国のワールドカップの共催について、日本は極めて否定的でした。韓国よりも随分早く、日本は単独開催の準備を進めてきたわけです。ところが鄭夢準氏が開催の数年前に東アジアの平和共存という大きなテーマを持ち出し、分断国家で北朝鮮との関係を修復する上でも、そして過去の日韓のわだかまりをほぐすためにも共催は必要だという政治的レトリックを出し、見事に共催の方向で行かざるを得ない状況に日本が持ち込まれた。そういう意味では完全に日本は政治的に敗北した上での共催であって、韓国は政治的勝利の上での共催なんです。それだけに本当に日韓の共催が国民レベルで受け入れられて進むのか、私にはとても興味がありました。だが改めて大会を振り返ってみると、果たしてあれは共催であったといえるのか。極めて分催的色彩が強いと言わざるをえません。本部は韓国と日本に両方あり、しかも最後までコリアを先にするか、ジャパンを先にするかでいい争いが続いた。そういう意味で非常に今回の日韓共催は、なじり合いを隠蔽したまま共催という美学が表向きだけ貫かれた色彩が強いんですね。

　ただこのワールドカップというのは、元々非常にナショナリズムの強い競技です。日ごろ国家とか国民とかに全くの興味を示さない学生が長居競技場に結集して、日の丸を振りながら「ニッポン、チャチャチャ、ニッポン、チャチャチャ」と大声で叫んでいる様子を見たときに、やはりワールドカップというのは、日本のナショナリズムを高揚させるためには非常にいい手段であると改めて痛感させられました。非常に怖いのは、このようにワールドカップで国民の間に醸成したナショナリズムがいつの間にか有事法制議論の中に昇華し、ワールドカップのナショナリズムが戦争肯定の

朴 一　（パク イル）

1956年兵庫県生。在日３世。同志社大学大学院商学研究科博士課程修了。現在、大阪市立大学教授。朝鮮半島の政治と経済。著書に『韓国NIES化の苦悩』（同文館出版）『〈在日〉という生き方』（講談社選書メチエ）等。雑誌『ほるもん文化』（新幹社）編集委員。

ナショナリズムに変質していく危険性が出てきたことです。これが非常に怖いんですね。

合法的な復讐戦

私はそういう話をゼミの学生たちにしますと、「先生、それは韓国人も一緒やないか。韓国の応援の仕方は、もっとえげつないで。ソウルの競技スタジアムは、全部真っ赤や。あれは一体何や。とにかく、ほかの国を応援する意思が全く韓国人にはない。あれは、日本よりひどいんじゃないか」ということをいうわけです。私は「それは違う。韓国のナショナリズムというのは、競技場の中で顕在化した健全なナショナリズムなんだ」と反論します。「韓国は日本に植民地にされ、その復讐戦をサッカーという競技を通じてやっているんだ。これは戦争のような野蛮な復讐ではない。韓国はワールドカップで日本よりもいい成績を収めることで日本からの脱植民地化の戦いを終えるんだ」と説明するんです。

そうした韓国の思いが典型的に表れたのは、実はベスト8を賭けた試合だったのではないかと思います。こうした韓国人の感情は日本がちょうどトルコと、韓国はイタリアとベスト8を賭けて試合をすることが決まったときから強くなっていったと思います。前評判では、圧倒的に韓国の不利がささやかれ、韓国は恐らくイタリアに勝つことは九九・九九%不可能で、恐らく日本は、トルコには勝つだろうといわれていました。残念ながら韓国が負けても、日本がトルコに勝ってベスト8に進むから韓国人は応援してくれと。そういうようなことを、たくさんの人に私はいわれたんです。ところがふたを開けたら日本はトルコに敗北し、韓国はイタリアに勝ったんです。

朝鮮型サッカー

この決定的な分かれ目はどこだったのでしょうか。サッカーという競技は当然ヨーロッパ、イギリスから発生して生まれてきたんですが、サッカーほどアジアの中で脱亜入欧が叫ばれてきたスポーツはないんです。日本も韓国もアジアのレベルを脱してヨーロッパのレベルに追いつかなければいけないということで、ヨーロッパから監督やコーチを連れてきて、ヨーロッパ流のサッカーを徹底的に学ばせてきたんですね。

一九六六年、北朝鮮が初めてワールドカップにアジアの代表としてイギリス大会に出まして、奇しくもイタリアに勝ってベスト8まで残ったとき、北朝鮮は全員で攻撃して一点をとり、全員でその一点を守り抜くという非常にオーソドックスな、テクニックよりも運動量に力点を置いたアジア的なサッカーをしていたんです。ところが近代のヨーロッパ・サッカーというのは、選手のポジションを完全に攻撃と守備に分けるわけですね。フォワードはフォワード、ディフェンダーはディフェンダーで、役割が固定され、それ以外の仕事は一切しないわけです。

日本はこうしたヨーロッパ型サッカーをとり入れてベスト16に残ることができました。けれどもトルコには勝てなかった。結局ヨーロッパ型のサッカーを堅持したまま負けてしまった。ところが韓国は、イタリアに一対〇とリードされた後半三〇分に、何と守備の要の洪明甫を引っ込めて、フォワードの選手を投入するんですね。そして、全員で一点を取りにいたんですよ。ヒディングがヨーロッパ型のサッカーを打ち壊した瞬間ですね。これは実は一九六六年のイングランドで、北朝鮮がやったサッカーと同じ攻撃パターンです。まさに韓国は土壇場でアジア型のサッカーを思い出し、ベスト8に残った。韓国がヨーロッパスタイルではなくアジアンスタイルのサッカーでイタリアに勝ったことが重要であると思います。私はここが、日本と韓国の大きな違いだと思うんですが。

日韓の応援・競技スタイルの違い

韓国と日本は、応援の仕方も全く違っていました。韓国では、基本的にサッカーという競技の中でナショナリズムを完結させようとする政治的配慮が見られます。ところが日本はどうでしょうか。ワールドカップの直前に小泉首相が靖国神社参拝を決行しました。ワールドカップ共催が迫ったこの時期なら韓国もクレームをつけないと考えたのでしょう。自分たちのナショナリズムを貫徹するために、日本はワールドカップを政治的に利用したわけです。

この結果、後に日韓でアンケート調査をやったとき、共催して非常によかったと日本人は答えたのに対して、韓国人は共催はよくなかったと答えている人が圧倒的に多かったんです。共催直前に小泉首相が靖国神社参拝を決行したことは完全に韓国、日韓共催に対する裏切り行為だと多くの韓国人は考えました。韓国側からすれば、こんなことをする人たちに共催をする資格があるかということです。しかしワールドカップを成功させるために政治的に反撃することはできない。反撃するには、サッカーで日本よりいい成績を残すしかないということだったんですね。

ワールドカップで考えさせられたこと

例えば、フランス対セネガルという試合がありましたけれども、植民地であったセネガルが宗主国のフランスに勝つという象徴的な試合がありました。ナショナリズムとナショナリズムのぶつかり合いの中で、植民地の怨念をワールドカップという国と国との威信をかけた格闘の場で打ち負かしたという意味で、セネガルの国民は熱狂したわけです。そして非常に成熟していたのは、それを見ていたフランスの国民の中に喝采を送った人が多かったことですね。フランスのプレイヤーはほとんどフランス国内でプレーしていませんが、セネガルの選手はほとんどフランスのリーグに所属していたためかもしれません。

私は、これを見たときにすごくうらやましかったですね。

これは例えば韓国が最後にベスト8に残り、ベスト4でトルコと戦ったときに日本人が、かなりたくさん応援に行ったということを私も知っています。韓国がベスト4になった直後から、日本の新聞や雑誌、あるいはインターネットの掲示板に「隣国のベスト4は八百長」などという誹謗・中傷が飛び交っている状況を見ると、日韓関係はフランスとセネガルほど成熟していないと思うのです。

在日社会における南北分断と和解

話題をワールドカップから変えたいと思います。私は姜尚中さんがいったように、ポスト・コロニアルの時代の中で、在日自身も対話的な相互依存関係ができていたことは間違いないと思います。その象徴的な出来事はワールドカップだけではなく、二〇〇〇年六月の南北首脳会談だったと思うんです。在日社会は韓国を支持する民団と北朝鮮を支持する朝鮮総連という二つの勢力に分断され、これまで反目を続けてきたんですけれども、この会談を契機に二つの組織に和解ムードが生まれ、全国各地で両者の文化交流が活発化していきました。これは、すごく大きなことだったと思うんです。さらにすごいことは、この南北の交流に日本人の市民団体がまじって、日韓朝の連帯が生まれていったということです。

例えば二〇〇〇年一―三月には大阪で「ハナ祭り」というのがあり、これは「一つ」を意味するハングルの「ハナ」からつけられた名前なんですけれども。民団と総連のメンバーに加えて多くの大阪市民が参加しました。これは非常に象徴的な出来事でした。そういう意味では南北和解の動きが、非常に二〇〇〇年からワールドカップの今年まで継続的に繰り返されてきたということは、うれしい事実です。

しかし完全に民団と総連の対立が氷解したわけではありません。二つの組織の組織的イデオロギーの違いから、例えば参政権問題への対応とか、民族教育の考え方の違いとか、対立する争点がたくさん残っているわけですね。しかし一番私が今回残念だったのは、やはり在日の金融機関の破たん問題、あるいは在日の民族教育に決定的に影響を与えた歴史教科諸問題に、二つの組織が共同歩調をとれなかったということなんです。そういう意味で、いわゆる組織中心型のこれまでの在日コリアンの反差別、反人権運動は限界にさしかかっているのではないかと思います。

民族組織主導から市民運動へ

というよりも在日コリアンによる反差別、人権擁護運動の担い手というのが、姜尚中さんがいったとおり、二つの国家を媒介にした民族組織から、もはや明らかに住民を中心とした市民運動に代わらざるを得ない時代に向かってきているのではないかと強く感じます。

そもそも市民運動、在日の反人権、反差別運動の歴史を振り返るときに、先ほど杉原先生は指紋押捺運動というものを象徴的に挙げられたんですが、私は四つの大きな局面があったと思うんです。一つは一九六〇年代の韓日会談反対運動。それから一九七〇年代の国籍条項撤廃運動。一九八〇年代の、杉原さんがいった指紋押捺拒否運動。それから一九九〇年代の参政権運動。在日コリアンの運動史には、この四つの大きな波があったと思うんです。

こうした大きな流れを整理してみると、やはり一九六〇年代の運動というのは、民団を中心にした韓日会談反対運動にしても、総連を中心にした帰国運動にしても皆、組織中心の運動で、上からの指導で組織が動いて、一般の人々がその運動に参加する形をとっていたんですね。

ところが一九七〇年の朴鐘碩さんの日立就職差別事件を契機に民団や総連が組織的に関わっていけない状況が出てきたんです。当時日立のような日本企業に就職することは同化につながるという理由で民族団体は望ましいこととは考えていなかったからです。日立の就職差別運動を振り返ってみると、支援、連帯をしたのは日本のキリスト教の組織だったことがわかります。そういう意味で、この日立就職差別撤廃運動は、日本人と在日コリアンによる共同戦線によって差別撤廃というものを法廷にまで持ち込んだ、非常に大きな意味のあった闘争ではなかったかと思います。

方法としての「在日」

在日コリアンの民族的な生き方についてかつて大韓基督教青年会全国協議会の会長職にあった崔勝久さんが興味深い問題提起をされています。彼は、在日コリアン二世・三世の民族意識を、①素朴な民族意識、②国民意識としての民族意識、③被差別意識の裏返しとしての民族意識の三つのタイプに分類し、在日コリアンは残念ながら素朴な民族意識とか国民意識が希薄化する一方、日本人に差別されることによってやっと自分が民族であるということを自覚するような、そういういびつな被差別意識の裏返しとしての民族意識が一般化しつつあると述べました。しかしそれを聞いた人たちから、こういう反差別撤廃運動をやっていくということは自らの民族意識を形骸化させていくことにつながるのではないかという、自己撞着の疑問が提起されたわけです。そしてこういうような問題意識を背負ったまま日立就職差別事件を真に支援、連帯していくということは、逆に在日コリアンの同化を導くとして崔氏は大きな批判にさらされました。

これは、その随分後で姜尚中さんが『三千里』というところに「在日の現在と未来の間」という論文を書かれて、梁泰昊さんと論争した議論と通じる部分があります。私は当時大学院生で、この両者の論文を読んで随分考えさせられました。非常に難解な文章で、私もよくわからなかったんですが、姜さんがいいたかったことは何かということを改めて考えてみると、民統連の運動は非常にすばらしいけれども、結局日本の中で在日に対する差別を撤廃するということは、結局日本人との差異をなくしていくということであり、差別を撤廃していけばしていくほど日本人との差異も失われていくということを述べられたのではないかと思います。そういう理念なき無思想な差別撤廃運動の限界性といいますか、それを恐らく姜尚中さんは問題提起されたのではないかと思うんですね。これはまさに崔勝久さんが批判にさらされた被差別意識の裏返しとしての民族意識を持つ危険性を別の角度から論じたものではなかったのかと思います。

坂中論文と「第三の道」

一九七〇年代の後半に発表された「坂中論文」も在日コリアンの生き方に大きな影響を与えました。彼は「今後の出入国管理行政のあり方」という論文で在日の生き方を、①祖国に帰国する、②日本国籍をとる、③韓国、朝鮮籍のまま日本にとどまるという、三つの生き方に分類し、在日コリアンの近未来を次のように展望したわけです。祖国に帰る人はこれから減る。帰化システムが非常に複雑だから、日本国籍はなかなかとらない。したがってこのままでは大部分のコリアンが韓国、朝鮮籍のままとどまってしまう。これは厄介だからもっと帰化しやすいシステムをつくったらどうかと、坂中さんは法務省に問題提起されたわけです。在日外国人への参政権の見返りに最近日本の国会では帰化簡易法案の提出が準備されているといわれていますが、これは坂中さんのアイデアがようやく採用されたものと考えられます。

坂中論文は在日コリアンの多くの批判を受けましたが、その代表的なものは、雑誌『朝鮮人』に掲載された飯沼二郎氏と金東明氏の対談「在日朝鮮人の第三の道」でした。彼らは坂中さんが提起された三つの生き方の中では、むしろ韓国、朝鮮籍のまま日本にとどまっていくことが正当に評価されるべきだという、第三の道を提案されました。祖国に帰ることも、日本国籍をとることにも抵抗があった私は、ずいぶんこの「第三の道」論に励まされたものです。しかし韓国・朝鮮籍にとどまって生きていくことにどういう意味があるのかについては明確なポリシーがあったわけではありません。結局、その後、韓国・朝鮮籍のままとどまって日本で生きていく「第三の道」が王道化され、公務就任権を求める運動、指紋押捺拒否、そして現在の参政権につながっていったのではないかと思います。これらの運動はみんな韓国・朝鮮籍という日本人との差異を維持したまま、日本人との平等な政治的権利を主張している運動といえます。

日本国籍と民族性保持の両立は可能か？

しかしその一方で実は忘れてはいけないのが、日本国籍を求めてきたサイレント・マジョリティの声です。日本国籍を取得する在日コリアンは年々増加し、その数はざっと二十万人に達しています。しかしその人たちがすべて朝鮮人としてのアイデンティティを捨てて日本人になろうとしているかというとそうではなくて、日本国籍をとろうとしている人の中からも、韓国や朝鮮の名前を維持したまま日本国籍をとる人も出てきました。その代表的な例はソフトバンクの孫正義さんでしょう。しかしながら今日まで日本国籍取得論というものがタブー視され議論されてこなかったんですね。

亡くなった梁泰昊さんは一九八一年の第七回の民統連の集会で、日本国籍を取得しても朝鮮人として生きることができるというようなことを提言されています。東京大学の小川晴久先生も、一九八四年に発表した論文の中で「日本国籍の取得と民族性の保持は両立し得ないのか」というような問題提起をされています。

東アジアの中で考える

このような問題提起というのは指紋押捺とか参政権運動と全く逆に、すなわち日本籍をとっても朝鮮人として生きる道を模索する運動、これは例えばネイションとして生きるのか、それともエスニック・マイノリティとして生きるのかという議論につながっているのではないかと思います。ただネイションとして生きるとしても、エスニック・マイノリティとして生きるとしても、私はやはり姜尚中先生が最後にいわれたように、ボーダーレス時代の在日の生き方として問われるのは、祖国のために何ができるのかとか、日本のために何ができるのかというだけではなくて、いわゆる特定の国家の利害を超えて、東アジアの平和と安定のために何ができるのかということです。そういうエゴとしてのナショナリズムを超えた、超国家的な観点から自分たちの存在意義が再検討されなければいけないのではないか。まさにそういう意味で姜尚中さんが最後にいわれたような点は決してユートピアではなくて、これから在日はそうした役割を果たすことができるのではないかなと私は思うんです。まさに在日コリアンは日本の国内で外交を展開し、日本の国外で内政に関与し得る存在として、超国家的な存在として自分たちの活動をグローバルな次元から展開できる存在だと、私は思います。

民族意識を失っていない若い世代

最近の若い人は随分変わってきたという話を姜尚中さんの方からされたんですが。私も実はこの間大規模なアンケート調査を在日コリアンを対象にしてきました。以前に書いた本では兵庫県の伊丹市で三千人ぐらいを対象にしたんですが、やっと今年大阪市でも、大阪在住の在日コリアンの意識調査を実施し、その結果がつい最近出たんです。そうした調査からわかったことは、在日コリアンの若い世代ほど日本化しているという言説には妥当性がないということです。実際、二世、三世、四世と流れる中で、若い世代ほど日本名を使っている人が多いとか。若い世代ほど朝鮮語ができないとか。若い世代ほど、日本の人と結婚している人が多いとか。いろいろなことがあるんですけれども。そのアンケートの結果からわかったことは、その中の言説で唯一当たっていたのは、若い世代ほど日本の人と結婚している人が多いことでしょうか。この言説は、かなり妥当性を持っています。ただもっというと、実は若い世代ほど結婚していないんです。未婚という生き方を選ぶ人が、これからふえていくのではないかと思います。だからその意味でも日本人と結婚するという選択肢だけではなくて、未婚のまま子供が生まれるような、柳美里さんのような人もこれからふえていくのではないかと思います。

それから若い世代ほど日本の名前を名乗っているというのも語弊があって、実は一番通称名を名乗っている世代は、四十代、五十代なんですよ。実は三十代、二十代になると、民族名を名乗っている人がかなり分厚い層をなしてきているんですね。それから母国語の理解度でもっとびっくりしたんですが、実は一番韓国語のできないのは四十代、五十代でして、実は三十代はかなり言葉のできる人がふえてきているんですね。留学組です。もちろん二世の方が母国語を理解できない背景には、時代の制約もあったと思います。

「在日」としての価値をどう活かすか

私らの時代は、韓国に留学するのは権威主義の下でかなりリスクを伴う行為でした。いまは自由に韓国に行けますが、彼らが留学する動機は、祖国のために何がしたいとかというのではなくて、もっとファジーな意味でのエスニック・グループの中で、自分はどういう在日としての価値を生かせるのかという問いかけだと思うんですね。だからあまりネイションとして生きるという方ではなくて、むしろ在日コリアンという立場をどう生かしたいのかという自己表現ではないかと思うんです。それはまさに先ほどいった東アジアの中で自分がどういう役割を果たせるのかということを考える上では、非常に力強いパワーを持った、先ほど姜尚中さんはディアスポラといいましたけれども、そういう存在になり得る可能性は十分にあり得るのではないかと思います。

―― どうもありがとうございました。今のお話をもとにご自由に議論していただければと思います。

討論

「在日」差別意識の起源

朝鮮半島との関係を無視した歴史

上田　先ほど杉原さんがおっしゃっていただきましたが、一九六九年三月から司馬遼太郎さんと私が顧問になり、鄭詔文さんが実質のオーナーになられ、金達寿《キムタルス》さんとか、李進熙《イジンヒ》さんとか、そういう方たちが中心になって『日本の中の朝鮮文化』という雑誌を五〇号まで続けて、毎回座談会をやりました。これは中央公論社から四冊の本になり、いまも中公の文庫に入って数多くの皆さんに読まれているようです。私がこの仕事に協力したのは、一九六〇年代のころから、あまりにも日本の歴史や文化を論ずるのに朝鮮半島との関係が無視されていたからです。あるいは、とり上げられたとしても非常に軽視されている。中国のことはやはり割合書いてあるんですが。しかしこれは基本的におかしい、その実像を見失ってはならないんだといい続けてきました。

高松塚検出後の変化

上田　今年は高松塚が検出されてから三〇年を迎えますが、一九七二年のときにはもう『日本の中の朝鮮文化』は出版されていました。確か一九六九年から始めたと記憶していますが、高松塚検出のときには、すでに三年が経過していたことになります。そして一九七二年の三月二十一日にあの壁画が出てきたんです。

それからマスコミの論調がぐっと変わったんですね。そして新聞やテレビで「帰化人」という言葉が消えて、多くが「渡来人」とか、「渡来集団」とかいうようになりました。歴史教科書にも高松塚は大きな影響を与えて「渡来人」と表記する教科書が多くなりました。なかには「渡来人（帰化人）」と表記するものもあった。初めは文部省もためらっていたんですが、高松塚検出以後は、渡来人と書いてもフリーパスになる。

それからやはり古代史だからできたのかもしれませんが、東アジアの学術交流が進んだ。私どもが中心になって、高松塚検出によって初めて朝鮮民主主義人民共和国の代表団を招いたんです。金錫亨《キムソッキョン》先生が団長でした。高松塚というのは、当時の日本の文化がいかに東アジアと関係をもっていたかということを物証として明らかにした。ですから韓国からは当時ソウル大学の教授だった金元龍《キムウォンヨン》先生が団長として、それから中国も社会科学院の考古研究所長の王仲殊《ワンチュウシュ》先生がというように、相次いで来日されたんです。私は本当は全員一堂に会して、高松塚をめぐる討論をやりたいと思っていろいろ努力したんですが、残念ながらそれはできなかったんですが、それでも私は幸いに、各団との高松塚をめぐる討論会には全部出たんです。これが機縁で、いまもそうですが、アジア史学会という学会をつくることができたんです。

北の金錫亨先生、それから韓国の金元龍先生、中国の王仲殊先生など有力な学会の代表的な先生に呼びかけて一九九〇年に学会ができたんです。国家とかイデオロギーとか、国交があるとかないとかということを超えて。古代史だからこそできたのかもしれませんが、古代史を中心に国際学会ができた。それも、やはり高松塚が契機になりました。

市民運動としての古代史研究

上田　ですから高松塚が与えた影響は非常に大きい。古代史ブームはいまも続いていますが、それも高松塚以後です。古代史ブームについていえば、もちろん古代にロマンを求めている人もいますが、年配の人がたくさん参加していて、それらのなかには誤れる皇国史観を自らの目で確かめるということで勉強している人が多いんです。だから市民運動としての古代史の勉強ともいえる。例えば大阪の「東アジアの古代を考える会」というのは、すでに五百回に近い講演会を毎月やっています。僕もときどき講演に行くんですが、一回につき最低三百名来られます。しかも本当によく勉強している方が多い。

それから京都には「日本書紀を読む会」というのがあって、原則として毎月開かれています。ですからそういう方々は、『続日本紀』の高野新笠の話などは知っているわけです。教科書には書いていないんですが。

東アジアを視点に研究しなければならないということは、発掘成果を見れば一目瞭然です。最近発掘された遺跡の多くについても古代の東アジアの環境を抜きに論じられない。日本の古代は島国だから日本の国内だけのことを調べたらわかるという悪しき島国史観がいかに間違っているか。初めに大和朝廷ありきというような中央史観がいかに間違っているか。そんなことは発掘成果を何のイデオロギーも先入観もなしに謙虚に見られたらもう明らかでしょう。そういう意味では、やはり古代史の問題を媒介に、在日の問題を熱心に考える人も生まれてきている。

僕は日本人の心ある市民は、日本国家のためにとか日本民族のために勉強するというような枠を超えて、先ほど姜先生や朴先生がいわれましたが、まさに自らの眼で歴史の真実を見出して、そして善隣友好に寄与したいと考えている、自発的にそう思っている市民がふえているし、多数の若者もやはり変わってきたと思うんです。

若い世代への期待感

上田　サッカーの歴史も確かに国威宣揚の場です。ワールドカップは一九三〇年から始まっていて、悪しき民族主義の高揚の面もあることは事実なんですが、しかしだんだんと変貌してきたのではないか、そして二十一世紀最初のワールドカップを、アジアで初めて開催し、少なくとも結果として日韓が共催したのはよかったのではないか。

サッカーの、あのサポーター諸君を見ても、若いサポーターがあれだけ交流したのは、ヨーロッパのサッカーでは考えられない。若い人びとの交流の芽は、非常に育っていると思います。東京の新宿のコリアンタウンに若い日本の諸君が行って、一生懸命に韓国のチームを応援している。あの姿を見て僕は、日本の若い諸君もまだまだええとこがあるなと。そういうところに、やはり我々は希望を見出すんですね。だから姜さんがいわれた、コリアン・ネットワークに期待するという指摘に僕も同感です。国民国家自体がもう変わらざるを得ない時代になっているんだと思います。

天皇の称号と日本版中華思想

――先ほどの先生のお話で驚きましたのは、古代から日本人がとにかく朝鮮人を差別していたということですね。

上田 日本人というと、あまり正確でない。日本の支配者層ですね。飛鳥時代をいつごろに見るか、それがまた問題ですが、例えば六世紀の後半から七世紀の後半の約一世紀を飛鳥時代と呼ぶとすると、飛鳥時代で一番有名なのは厩戸皇子、すなわち聖徳太子が活躍した時代です。そのころには、まだそんな差別意識はなかったと思います。むしろ異文化へのあこがれ、憧憬、それが強かった。

例えば「天寿国繡帳」というものがあります。太子には複数の配偶者がいて、その中で一番太子が愛したと思われるのは橘郎女でしたが、その橘郎女が、厩戸皇子は四十九歳で亡くなるんですが、その菩提を弔って刺繡の帳をつくる。これをいま「天寿国繡帳」と呼んでいる、中宮寺などに断片が残っているんですが、それには銘文がありまして、秦久麻というのがディレクターだと分かる。それで、絵を描いた人物は三人いて、東漢末賢という人物と、漢奴加己利という人物と、高麗加西溢という人物なんですね。まさに渡来系の画師なんです。高麗は高句麗です。秦久麻というのは、新羅系です。漢奴加己利とか東漢末賢というのは、百済・加耶系ですね。そういう画描きさんが下絵を描いて、采女が刺繍したものなんです。これは一例ですが、そういう人たちが前面に出て飛鳥文化を担っていたわけですから、このような時代に差別は顕在化していない。

しかし白村江で大敗北を喫して、当時の政府は一大危機に臨む。白村江の戦いは六六三年です。六六〇年に百済が滅ぶんですが、残された貴族・官僚たちが中心になって百済復興軍が立ち上がって、御承知のように六六三年に滅ぶ。その戦いに倭国の軍隊が、ベトナム戦争によく似ていると僕はいうんですが、百済救援を名目にして出兵する。そして大敗北し、大変な危機を迎えた。それで初めて都を大津へ、後の制度でいうと畿外に都を移し、律令体制をつくっていくわけです。

日本国という意識は、そのころから誕生するんです。つまり日本国と天皇という称号は、ペアです。日本国を名乗るとともに、天皇を名乗るようになる。そして東夷の中華であることを目指す。中華たるためには、夷狄がいる。自分で中華といったって中華として尊敬してくれる集団がなければならない。そこで国内に蝦夷や隼人という集団を設定して、これを夷狄にする。法律にもはっきり書いてあります。大宝令に、夷狄とは何ぞやと。これは蝦夷や隼人だと。そうやって国内にも夷狄をつくる。

朝鮮は新羅が統一しますが、その新羅、それから渤海などが蕃国とみなされる。つまりわが国に朝貢する国であるという考え方が具体化する。はっきりしているのは、中国に遣唐使として行くのは、位が大体四位なんです。ところが新羅や渤海はよくて五位、あるいは六位。つまり官僚の位の低い人が大使になっていると。

朴　例えばアメリカ大使とか、エジプト大使とかみたいなものですね。

差別意識と国家意識

上田　そう、明らかにランクづけをしていますね。つまり国家意識が差別をつくりだす。支配者層の国家意識が差別意識を育てる。民族差別、あるいは国家に対する差別を生んでいく。ですからそうした差別は七世紀の後半から非常に顕在化してきたと、考えていいのではないでしょうか。そしてその後もそうした意識は支配者層の中でずっと持続していったのだと思います。しかし民衆は、必ずしもそうではない。

私は「国際」という言葉はあまり好きではないんです。これは「インターナショナル」の翻訳語ですね。明治二十年代に国際というふうに日本人が訳した。中国の古典にも、朝鮮、韓国の古典にも出てこない言葉です。国際という漢字のイメージからは、国家と国家の関係がイメージされます。国際も大事ですが、民族と民族の交わり、これを「民族際」といっているんですが、国際や民族際の大前提には民衆と民衆の交わり、すなわち「民際」がいる。もうこれは、三〇年前からいっています。

例えば朝鮮通信使を研究し出したきっかけは、雨森芳洲と出会ったことなんですが、朝鮮通信使を調べると、第七回のときから、日本の民衆がその歓迎に積極的に参加しているんですね。これはすごいなと。つまりそういう朝鮮通信使歓迎の渦に、日本の民衆が参加している。差別意識を持っていたらあり得ないと思うんですね。

朝鮮通信使を大歓迎した民衆

朴 それは動員されたのではなくて、自発的に参加したのですか。

上田 ええ、自発的に。岡山県の牛窓などに来ますと正使、副使、あるいは従事官というような通信使の上の役職の諸君は、本蓮寺というお寺に泊まりますが、全員は泊まれない。そこで民宿するんです。そうして民衆と仲良くなるんですよ。実際に民衆とつき合って必然的に交わるわけで。

通信使には芸能人も加わっていますが、牛窓などには通信使から学んだ唐子踊りというのがあっていまもずっと続いています。また実際に通信使が通ってもいない三重県の津でも、通信使にちなむ唐人踊りが残っています。そういうものが民衆の間で残っている。神社へ奉納している絵馬にも、朝鮮通信使行列の絵馬が多い。とくに関西には多い。それから京都には伏見人形という人形がありますが、通信使の人形を実際につくって売っていた。そのように民具にまで朝鮮人が登場する。こうしたありようは差別意識を持っていたら生まれるはずがない。ですから民衆のレベルの差別意識が顕在化するのは、幕末・明治以後ですね。明治以後、帝国の思想のもとで民衆の差別化を助長していった。支配者層のあいだには、悪しき記憶がずっと残っていたのだと思います。

杉原 先生、質問なんですが、それぞれの寄宿地の村の人々がこぞって通信使とのつきあいを求めるという、いま御指摘になった話。それは朝鮮通信使に関する八巻本の図録ですね、あれにも出ていると思うんですが、一方でそれは貴重な民衆の記録であるとともに、同時にそれは違和感を覚えた民衆の意識というか、そういうものでもあったのではないでしょうか。つまりその両方があったのではないかと。後者の面については、どんなふうに考えたらいいでしょうか。

上田 一つの例は亀山ですね。亀山藩というのが三重県にありました。ここは守山へ接待に行くわけです。琵琶湖の東側を通って、彦根から摺針峠を通って、大垣へ行くんです。ですから通信使の行列は、亀山藩を通ってはいないんですが、接待をしなければならない。接待に莫大な費用が要る。それでその費用を年貢として徴発したんです。そうしたら民衆が、百姓一揆をやる。そのときの文書など見ると、通信使ばかり歓迎しやがってという反発がある。不満も起こりますね。そういう例もありますからすべての民衆があこがれたわけではないんですが、数多くの民衆が歓迎したということは事実でしょう。ですから江戸時代の民衆の朝鮮観と、明治以後の悪しき歴史教育で育てられた民衆の朝鮮観とのあいだには、雲泥の差があるのではないでしょうか。

「外地」での経験と差別意識

姜 いまのお話を受けて杉原さんにお聞きしたいのですが、やはり国家の中枢のエリートは、文字を知っているわけなので、いろいろな記憶や意識が文字を通じて伝達されるわけです。それに対し民衆においては対面的な関係がかなり重要になる。するとやはりある種の朝鮮や朝鮮人に対する差別、蔑視観みたいなものがつくられていくときにも、対面的な関係がかなり意味をもったのではないでしょうか。

近代以後の民衆の意識についていえば、一つは日清戦争が大きかったのではないでしょうか。つまり日清戦争といっても、実際の戦地は朝鮮半島ですね。そこに農民兵士などが動員されて実際に戦地に行く。その

とき彼らはある意味では勝者として入っていくわけで、そのときに身体感覚的な違和感を感じたのではないか。

江戸時代ブームのときに、僕はその歴史的事実はよく知らないんですが、どれほど江戸時代が江戸以外の大都市と比べて衛生状態がよかったのかという話がありました。もしそういう状態がもとになって明治国家になったとして、そして軍隊を外に出すときにはかなり防疫には気をつけていたと思うんですが、すると下級兵士まで含めて衛生の意識はそれなりに浸透してはいたと思うんです。そういう意識をもった一般の兵士が初めて外地に出て、そこで得た経験を、今度は国に帰ってどういうふうに伝達していったのかということについて僕は興味があったんです。

杉原 最初は日清戦争ですが、規模的に大きな意味をもったのは日露戦争だと思います。日露戦争については色川大吉さんが出征兵士の家族あての手紙の分析を書かれていますね。それは例えばどういうものかといいますと、戦場は中国で、中国をどう見ているかが問題になるんですが、最初は驚きの目をもつ。次には嫌悪の念で、そして最後には、勝者の侮蔑意識を込めて中国人の生活の細かな様子を、「野蛮」「不潔」「貧困」「愚昧」といったタームで描いていると、色川さんはまとめておられるんです。

それからこれは兵庫県の龍野の方の史料だったと思うんですが、ひろた・まさきさんも、鋭い分析をされています。やはり日露戦争に行った人の手紙の分析です。そこにあるのは皇軍、日本の皇軍の力、それから大都会の光、具体的には大阪なんですが、そういうものに示される、文明国の一員という帰属意識。それが中国への蔑視観とパラレルに存在しているというわけです。つまり一方の基準としての文明がいわば強制的に作動することによって、他方でバーバリアンというレッテル張りが行われていくとともに、同時にそれは一般兵士を日本国家へ回収している。そういうことがセットになっているのです。同じことを日清戦争についてどれだけいえるのかは私自身いま勉強中なのですが、非常に重要なテーマだと考えています。

ここで思い出したことがあります。私の祖母は明治二五年の生まれで、亡くなって三〇年になりますが、私の小さい頃に、祖母が「チャンチャン坊主の首切って、李鴻章の……」とよく歌っていたことを思い出したのです。この歌詞の続きはわからないのですが。李鴻章は下関条約の清国全権ですね。おそらく祖母が子どものときにはやった歌なのでしょう。それが祖母の中に残っていて、孫に口移しで伝えられ、私の中で懐かしい祖母の記憶とともに、この歌が断片的であれ、甦ってきたわけです。

子どもたちの遊びと民衆レベルの意識

朴　私も授業で明治維新以降の日本人の国民意識、対アジア、特に朝鮮、「支那」に対する意識がどう変わっていくのかを説明する際の資料として、先ほど先生がいわれた兵士の手紙とかですね。それから一番わかりやすいのは子供の遊びですね。当時の子供がどんな遊びをしていたかを学生たちに教えるんです。

例えば日清戦争のときに、私が学生に資料として配るのは「いくさごっこ」という、いわゆるいまの戦争ゲームですね。子供が二つに分かれるんです。そのときに、子どもたちは、大体、日本軍対支那軍に分かれます。それで一番けんかの強いやつが日本軍の大将になって、弱いやつを支那軍にさせて、闘うというものです。それを当時の方が日記に書いているんですよね。絵も残っています。ところが、たまたま支那軍が勝ったときがあって、先生が、なぜ、支那軍が勝つんだと怒ったというようなことが日記が書いてあるんですけれど。こうした子供の遊びの中に「支那」に対する日本人の意識が反映しているんですね。

例えば朝鮮通信使が当時江戸時代に来ていたときに、何かそういう遊びはあったのでしょうか。

上田 あったかもしれませんね。

朴 そういうのが、わかればいいんですけれどね。

上田 唐子踊りなどは、子供二人で演ずる童舞なんです。だから通信使の中には。子供の芸能者もいた。そういうものを学んでいるわけですからね。

姜 それは知らなかった。

上田 だから非常に親しみやすかったのではないですか。音楽隊が参加しているから賑やかですよね。そして踊りながら行くわけだから。それはお祭気分になりますよ。

朝鮮通信使の規模と行路

姜 規模的にはどれぐらいなんでしょうか。

上田 大きいですね。一回だけ三百名という記録もありますが、これは江戸へ行ったのが三百人で、その他大坂で止まっている人もいます。多いときで五百名、少ないときでも四百名あたりだと思います。ですから一大文化使節なんです。そして医者・画師も来ますし、曲馬団も来る。馬に乗って、曲芸するんです。ですから相当華々しい使節団だったわけです。

大坂までは船で来るんです。対馬から藍島（相ノ島）、赤間関（下関）、上関、それから牛窓あるいは室津などに寄港し、そこに泊まって、芸能披露などもしていく。大坂からは上陸して、行列を組みながら行く。ですから当時の画師がたくさんの通信使行列の絵を描きました。貝原益軒とか当時の知識人が、通信使と面談することを「生涯の一大快事」と書いています。このように大変な一大イベントだったわけです。

朴　朝鮮通信使が来たときに、日本の幕府も最大限もてなしをしていますね。私が一番驚いたのは、当時通信使の人にふるまわれた料理です。全部レシピが残っているんですが、一の膳、二の膳——五の膳まであって、最後の五の膳を見たらオランダからとり寄せたカステラまで全部入っていて。それを三百人か四百人分全部出すわけですから、これは相当最大級のもてなしですよね。

上田　だから白石が待遇改悪を第八次のときに切り出すのもそれなりの理由がある。幕府は、大体百万両使うわけですから。

朴　百万両というのは想像もつきませんね。

上田　大変な金額ですよ。勅使以上の待遇をしているわけです。ですからもっと簡略にせよという意見が出てくる。しかしすぐ復活します。白石のときに改悪されたんですが、第九次、享保四年から元に戻ります。

通信使は「戦後処理」として始まった

上田　ではなぜそんなに大事にしたかといえば、いわゆる秀吉による朝鮮侵略、壬辰・丁酉の倭乱がありましたが、実は朝鮮通信使はその戦後処理として始まるんです。その点が非常に大事なんですね。日本は太平洋戦争の戦後処理をあいまいにしてきましたが、第一に通信使に学ぶべきなのは、この戦後処理なんです。戦後処理として使節を迎える。これは徳川幕府が招請したんです。そして朝鮮側も、もちろんそんなにすぐに気を許していません。ですから通信使の第三回までは「探賊使」という名称がついていました。「賊を探る使節」というわけです。「通信使」と朝鮮側が使うようになったのは第四回からです。つまり「本気か」という偵察です。決して最初から友好的であったわけではないんです。

また幕府側にすれば、諸国の大名が接待をするわけで、接待する大名は経費を使うわけです。参勤交代と同じです。負担させるわけだから。ですから幕府の大名統制策でもありました。

朴　わざとそうするわけですね。

上田　そうです。そして経済の発展を図る。それにあわせて朝鮮通信使を通じて、中国の情報を得る。朝鮮王朝は北京へ燕行使をたびたび派遣していますから当時の清朝の情報は通信使を通じて入っていた。それで幕府の権威を高める。幕府にとっても政治的なプラスがあるから実施するわけです。家康が始めるんですが、十一代の家斉までつづきます。

外交に力を入れていた徳川幕府

上田　その他江戸には、オランダ使節も来るんです。これは東海道なんですね。それから琉球使節も。ですから「江戸時代は鎖国の時代や」などという間違った教育をしていてはいかんのです。よく教科書や年表に「寛永十六年、鎖国完成」などと書いてある。「鎖国」という用語は、オランダ通詞の志筑忠雄が一八〇二年にケンペルの『日本誌』を訳したときに、初めて使った言葉です。いわゆる「鎖国令」は貿易制限令であり、禁教令にすぎないのであって、「通商の国」であるオランダとは実際に貿易をしている。また清朝とも通商している。長崎の出島には、オランダ商館や唐人屋敷があり、しかもオランダ使節も、徳川幕府に来る。そして「通信の国」琉球と朝鮮王朝とは、貿易もやり外交もする。幕府の文書に「通商の国」「通信の国」と出てきますように、完全鎖国はしていない。そういうところにも、日本のかつての歴史教科書の間違いがあるんです。

朴　新しい歴史教科書では、鎖国という言葉を使わないという教科書も出てきましたね。確かに、先生がおっしゃったとおり。

上田　それはいいことです。

朴　上田先生にもう一つ伺いたいのですが、当時、例えばキリシタン大名が奴隷貿易もやっていたということを聞いたことがあるのですが、本当なんでしょうか。

上田　一部にはありましたね。そういう動きに対する批判もあったことは事実です。ですから教科書の問題というと、自虐史観などが問題になっていますが、それ以前に基本的な間違いが多々あって、それらを改めなければいけない。

例えば、遣唐使は道真が停止を進言し、それで国風文化が起こりましたなどと書いているわけです。そんなことはいえません。遣唐使はやめても、渤海との交渉は、続いているわけです。また民間交易が盛んになったから、財政窮乏のなかで国費をたくさん使うような遣唐使はやめようということなどもあって、中国も唐末ですから国力は衰えているわけです。停止するのは当然ですよ。しかも民間貿易が活発になっているからやる必要がそもそもない。貿易商人と富豪の輩の交易もさかんでした。それを何か、遣唐使をやめて日本文化が実ったと、よう、アホなことを（笑）。それ以前から国風化は始まっていますが、いまだにそういうようなことが書いてある。だから基本的な問題についてもさらに検討して行かなければなりません。

杉原　それは、いってみれば華夷思想がいまだに続いているということですよね。

上田　そうなんです。ですからそもそも「遣唐使時代」などというのがいけないんです。多くの人がそういっているのですが、約二百年間に正式の遣唐使は一二回しか派遣していないんですよ。実際は新羅とか渤海との交渉の方がはるかに頻繁でした。そういうことをもっと教えなければいけない。つまり華夷思想なんですね。日中国交回復三〇年を記念して、そういうことを新聞にも書きました（『京都新聞』七月二八日付）。怒ってくる人があるかもしれませんが、しかしこれは本当のことなんです。ですから、そういう誤れる歴史の記憶を是正する必要がある。それこそ清算しなければならない問題のひとつです。

姜　家永さんの検定不合格の教科書にしても、「江戸時代は鎖国」といったような極めて閉ざされた見方をしていて、その点は、右か左かを問わず表れていますね。ですから家永さんのあの教科書には、先生がおっしゃったような通信使のことは全く出てこない。とくに李朝朝鮮との交流についてほとんど記述がされていない。それには、僕は違和感を持っていたんです。

上田　この間ある中学校の先生のお話を聞いて、いい先生なんですが、一生懸命やっていても生徒がなかなか反応してくれない。でも「通信使は、ものすごくみんなよくわかってくれた」と嬉しそうにいっておられました。

部落差別と朝鮮人差別

上田　それと在日の問題、杉原さんのお話とも関係しますが、江戸時代の中期になると部落差別を合理化するために、帰化人の子孫説が……。

姜　ありますね、最近のは全部そうですね。

上田　最近でもありますか。

姜　ありますね。

上田　これは被差別部落の発生をめぐる「民族起源説」というんですが、江戸中期のころから具体化してくる。私はずっと批判してきたんですが。このように朝鮮差別と部落差別をオーバーラップさせてきたのも、日本の近代の歪みではないでしょうか。朝鮮人の部落と被差別部落は割合近くにあることが多い。京都などもそうなんです。ですから差別の二重構造がある。そういうものを支配者は巧みに利用してきたと思います。民族起源説は全くの間違いですね。

姜　よく流言飛語として、そういうことが流れることがありますね。それには全く根拠がないのですが、そうやって部落差別と朝鮮人差別を重ね合わせ、そういう意識が一般の民衆のあいだで身体化されていくのはいつ頃のことなのでしょうか。

上田　特に明治以後、そういう説が朝鮮差別にとても大きな影響を与えたのではと思います。そしてそれがまた逆に部落差別を助長するという構造です。全く誤った説なんですが。瀧川政次郎先生なんかも書いておられたことがあって、僕は批判したことがありま す。いずれにせよ差別を合理化するための、誤った説が民衆の考えを歪めていくという傾向もありますね。

「在日」の現在と未来

ネガティブなイメージからの解放

姜　在日の歴史の中で「いまに生きている過去」みたいな皮膚感覚は、やはり我々の世代ぐらいまでまだありました。先ほど杉原さんが触れられた、日露戦争における中国民衆へのそういうネガティブなイメージを自分自身の中に自己イメージとして持ってしまうわけです。その点は、一世と二世ではまた違っていて、一世は否応なく自分の身体として、やはり自分の生まれた社会のいろいろなものを持っている。しかし二世だと、なかなかそれが備わっていない。しかしネガティブイメージだけはある。時代的にいうと大体一九七〇年代までは、自分たちの実感としてもそういう二世的な感覚を持っていました。ただ、いまはもう自分には子供が二人いますが、子供を見ていても、やはりどこかかすかに何かを感じていることは間違いないですね。

しかし先ほど先生もおっしゃったことですが、僕もワールドカップについては先生と同じような評価なんです。どちらの社会に自分が帰属意識を持つかどうかは別にして、韓国社会がこの三十数年で民主化を達成したということは自分自身の実感にとっても非常に大きいものでした。決してナショナリスティックな感性としてではなく、自分たちの学生時代も韓国の民主化ということが一番大きなテーマでもあったわけですから。

そして今度ワールドカップを自分の子供たち、あるいは四世の若い人がどう見たか。確かにワールドカップはナショナリズムと結びつく点はありますが、同時にサッカーほどグローバルなスポーツはないわけで、つまりグローバルな世界の頂点と底辺が入り乱れるわけです。そうすると、単なるナショナルなものだけでは語り得ないものが出てくる。先ほどのセネガルの例もそうですね。それで自分がナショナリズムで韓国チームを応援しているかというと、そうではない。やはり先ほど朴一君がいってくれたように、イタリア戦をみていて、その試合の面白さと、韓国チームのパワーに圧倒されるような印象をもってしまったのです。私の子どもたちも、ナショナルな意識よりもそうした印象が強かったようです。その「サッカー力」といえるようなスポーツを通じた強烈なメッセージを通じて日本の「呪縛」が解けたような感覚をもったのです。

朴　それは、そうかもしれませんね。

姜　スペイン戦でしたでしょうか、「Pride of Asia」という人文字の英語で出したでしょう。僕はあのとき、アジアというのはどこを指すんだろうと思ったけれども、アジアのプライドというのを英語で発信した。しかもそのアジアというのは、かつて植民地を支配した日本も含んでいたと思うんです。しかもそれはサッカーの弱小国である中国に対するメッセージでもあっただろうと思います。またそれは東南アジアのワールドカップを見て感激した人たち、すべてに対するメッセージでもあったんだと。そういうなかで僕は、これで日本の「呪縛」から解き放たれたような感覚を持ったわけです。

世界にデビューした韓国

姜　もう一つはKBSが報道していたんですが、ヒディングがオランダ人だということで、韓国とドイツがやるときに、オランダには結構太極旗が町に翻っていた。その裏にはオランダとドイツとの関係もあって……。

朴　オランダは、また予選で負けて出場していないんですよね。

姜　そうなんですね。それでなおかつ、オランダとドイツの関係は複雑でしょう。二十数年前にドイツに行ったとき、だれも韓国なんて知らなかった。「どこ？そんな国あるのか」と。あのときはメイド・イン・ジャパンの製品が洪水のようにヨーロッパにあふれていた時代で、大国中国と日本の影に隠れて、独裁国家のわけのわからない国の存在すら認められていなかった。ですから今回のワールドカップは、韓国が初めて欧米の眼差しにすぎないかもしれないけれど、世界の舞台に立ったといえるのではと思うんです。世界の舞台にデビューしたと。そして日本がアジアにデビューしたのではないかと。日本はとっくに世界にデビューしていましたが。そういうふうにとると、結構意味のあるワールドカップではなかったかと。

つまり僕の周りのシンガポールや台湾の留学生は、「日本は、一番嫌っている韓国とよくやりましたね」といっていた。日本がベスト4で、韓国がベスト16だったら、これはだめだった。例えばBBCを見ていたら、「コリア・ジャパン・ワールドカップ」ではない。「ジャパン・サウスコリア・ワールドカップ」だった。それがやがて「サウスコリア」が抜け落ちて「ジャパン・ワールドカップ」になる。それはイギリスチームが日本にいるからでもあるんですが、BBCというのは、世界的な配信のネットワークでしょう。彼らから見ると、やはり「ジャパン・サウスコリア」なんですね。しかし今回の大会でそういうものが、やっと変わりつつある。だから僕は朴一君の評価もわかるんですが、もう少し肯定的に見てもいいのではと思うんです。

韓国のイメージと北朝鮮のイメージ

朴　つまらない話ですが、ワールドカップの表記は全部KoreaではなくてCoreaなんです。あれは私は、ラテン語ではCで始まるからラテン語で統一していると思って向こうの人に聞いてみたら違うんですね。日本と韓国のどちらを先に持ってくるかというとき、アルファベットではどう考えても、KはJより後になってしまう。ならばCoreaではどうかということで、それでCに変えたと、ある人はいっていたんです。それは本当かどうかわかりませんが、どちらの表記を先にするかでもそれほど微妙な問題があったと思うんです。

姜さんのいわれたように、ワールドカップは非常に韓国という国を世界に認知させた。それは大きなことで、本当に自分の国に対して後ろめたさを持っていた在日の若者たちが、堂々と自分のルーツである国家と向き合うことができるようになったわけです。これは、例えば日系ブラジル人の子供がそうなんですよね。今回ブラジルが優勝したことで、日系ブラジル人の子供がすごく元気をとり戻しました。それと一緒だと思います。

ただ問題は、今回一番微妙な立場にいたのは日本にいる朝鮮籍の人たち。私は先ほど、ワールドカップにおける日本のナショナリズムの熱狂が有事法制につながっていかないか、そういう危険性を指摘したわけですが、やはり今回有事法制が出てきた背景として日本が仮想敵国としているのは、中国やロシアではなくて北朝鮮なんですね。北朝鮮のテポドン、それから不審船、それから拉致疑惑問題。これによって日本の北朝鮮に対するイメージは、ますます悪化していったわけです。

この間の世論調査でも、これは毎日新聞のデータですが、人道的援助をストップしろという声が世論の四割を超えているんです。さらに拉致疑惑問題の解決をめざす自民党のタカ派のグループが、在日朝鮮人の再入国を認めない法改正を求めるなど在日朝鮮人に対する弾圧を強めています。韓国に対するイメージが上がる一方で、北朝鮮に対するイメージはどんどん下がっているわけです。ワールドカップで在日の韓国籍の若者たちと朝鮮籍の若者たちは一体化していきましたが、日本人の北朝鮮に対するイメージは悪化し、日朝関係が冷却化していくというアンビバレントな現実をどうとらえたらいいのでしょうか。

さらに日本では拉致問題を解明するために北との戦争もいとわないということを世界に対して表明した石

原慎太郎の支持率が、七割を超えるともいわれています。ワールドカップの日韓共催を支持している人々が、一方で北朝鮮に戦争をけしかける石原知事を支持していると考えると、何か怖いものを感じるのです。

姜 その点については僕もかなり同感しますね。先ほどから話に出ていたバーバリアンというイメージが、北朝鮮に対して依然として強く持たれているわけですね。「北朝鮮人」などと新聞に平気で書いている。そうやって分断されていることにほとんど疑いを挟まないような見方を強化している。そして在日同胞が、三八度線の南側にみんなふるさとを置いている人間であるということもわからない。

アジアの将来のカギを握る韓国

姜 ただ僕はもう一方でいい兆しだと思ったのは、先ほど日本の「呪縛」といいましたが、もう一つ大切なことは韓国において反共の「呪縛」が解けたことですね。例の「レッド・デビル」。赤を自分たちが着た。ですから今後あの国は、たとえ国家が再び反共の国家となるにしても、もちろんハンナラ党なども存在しますが、民衆レベルでかってのような反共意識がもたれることはもはやないのではないか。

僕も北と南のイメージが逆転していることは問題だと思っていますが、我々四人にいま共通していることは、在日をアジアの中で見るということだと思います。そのときに、何も自民族中心主義でいうのではないのですが、今の状況を一番変えられるファクターはどこかというと韓国だと思うんです。

つまり韓国が完全に反共を清算する。そのようにして日本以上にいまの北に対する対応を最もドラスティックに変える。もし韓国がそれに成功し、自由な行き来ができるようになれば、自ずから日本もその流れについていくしかないと思う。その意味でキャスティングボードは韓国にある。韓国はこの方向を徹底して、市民の動きや社会運動の足腰も固め、そうやって韓国社会が変われば、在日同胞も南北へと向かっていけるようになる。そういう展望をもつことは可能だと思う。今回のワールドカップも単に韓国を応援するのではなく、そういう視点で見ていくとなかなか肯定的に捉えられるのではと思うのです。

もう一つの理由は、非常に些末なことですが、日本の応援の青シャツは、スポンサーの大企業がつくったから高かった。一着あたり、数千円します。

朴　韓国は、二千ウォンでしたね。

姜　日本円でいえば二百円ぐらい。ですからレッド・デビルというのはボランティア・グループで、それを中心にこれが数十万人になったわけです。NGOやNPOを見ても、いわゆる市民社会を支えていく下からの動きが韓国の中に結構出てきていると感じます。ですから市庁の広場であれだけ熱狂した数十万人の人が、終わった後結構ごみを拾っているんですね。ですから今回のワールドカップはたかがサッカーなんだけれども、僕自身にとっては非常に意味があった。単なるサッカーファンということを超えてね。

朴　例えば瀋陽で、中国から亡命してきた人を韓国に流出させるために大使館に逃げ込ませたのも、実は韓国のNGOですね。だから市民レベルでは、やはり金大中政権が太陽政策をしてから反共意識は消えていますよ。北朝鮮を同じ民族、同じ同胞として迎え入れようという意識がすごく強いです。

ただ問題があるのは、上田先生が先ほどいった、いわゆるエリート層とかトップですよね。彼らは、非常に太陽政策とかに対して懐疑的です。私はこの間ハンナラ党の人とお会いしたんですけれども、非常に太陽政策に対して懐疑的だし。現在大統領の予備選が行われていますけれども、野党だけでなくて与党も太陽政策に批判的です。だから南北交流を進めてきた太陽政策が、一つの試練に立っていると思うんです。今後は、民際交流のレベルで、どうやって太陽政策を継続していけるか。日本も韓国も含めて、これからが大事になってくると思うんです。

「在日」として生きるとは

姜　そのことが先ほどの朴一君がいっていた、韓国・朝鮮ということを引き受けて在日同胞が生きることに意味があるのかという問題ですね。それは何か大儀のためというのではない。僕自身はいまの段階では、日本国籍をとろうとるまいと、それについて反対はしない。その人が、自分がエスニックといえるかどうかわからないけれども、自分はコリアンとして生きる。ではそうやって生きるということは、民族のためにとか何か倫理的な命題をもって、非常に力んでそうしようとかいうのではなく、自分がこれから生きていく現実の中で韓国・朝鮮というものを引き受けていくことが、やはりこの南北の共存や平和、韓国社会の変容と結びつき、そのことが自分の人生をもっと豊かにしてくれると思うんです。

アイデンティティというのは損得を超えているんだなと思うんです。やはりサッカーを見て、「先生、まじめにいうと、あした自分は法務省まで全部調えた書類を持って、帰化に行こうと思っていました。でもイタリア戦を見てやめました」と。それはあまりに極端ないい方かもしれませんが、ただ、そういう感じの人が僕の身の回りでも何人もいました。

僕の教え子で、朝鮮籍で韓国に留学している院生がいるんです。やはりその院生を見ても、民族的なアイデンティティというのは、これはやはり何か損得とは違うと。何かあるべき何かがあって、それを持って生きるということに積極的な意味があるということを、在日を生きている我々が提示、というのはおかしいけれども、何かはっきりと示すことができれば、やはり在日というのはそう簡単に日本社会の中に溶け出していくわけではないと思うんです。やっと何か、その手がかりが見つけ出せたのではないかなと思うんです。

朴　何となくわかりますね。

姜　やっとなんですが。

父親が「在日」だったある卒業生

杉原　つい最近なんですが、何年か前に卒業したゼミ生と大学の近くでばったり会ったんです。その人の卒業論文は「ドイツにおける外国人政策」だったんですが、本人がいうには、「いまだからいえるけれども本当は、日本のことをやりたかったんだ」と。「自分の父親は在日でした」と。お母さんが日本人で、子供が生まれてお母さんの籍に入って、自分の国籍は日本である。その後父親は非常に苦労して、何度も何度もトライをして落とされながら、ようやく日本国籍を取得したということを語り出したんです。職業の遍歴があるんですが、いま公務員をしている。それで公務員という立場に立って、日本国籍を持ちながら、しかし地方公共団体、地方自治体で外国人を含む住民のための施策を具体的に提言していきたいと。そういうことを考えていくときに、どうしても自分の父親の問題は一回は潜り抜けなければならないと考えている。自分は学生のときに、思い切ってそのことと正面から向き合う自信がなかった。でも今度はやるつもりだというので、別の学部ですが、社会人で大学院に行き始めたんです。今度は頑張りますと。

国籍は日本なんですが、その人にとっては、この場で話されているような自分自身のアイデンティティを探していく中で、父親の問題を潜り抜けない限り自分自身が実現できないということを、自分の人生の中ではっきりつかんだのでしょうね。だから最初は銀行に入ったんですが、それも辞め、公務員になり、その仕事をやっていくなかで、日本国籍ではありますが、いままでのいわゆる帰化というイメージとは全く違うタイプのスタイルを目指しているんだと思います。そういうことを非常に晴々とした感じで語ってくれて、驚きとともに感激したんです。

韓国・朝鮮籍を保持することの意味

朴　ワールドカップがきっかけになって、ワールドカップの前からそうかもしれませんが、日本が少しずつ多文化社会に移行するにつれて、自分のルーツと向き合う人たち、カミングアウトする人たちが随分ふえてきました。先生がおっしゃるように。それと同時に日本国籍をとっても、元々朝鮮半島にルーツを持つ新井英一さんみたいな歌手が出てきて、彼の曲がレコード大賞をもらって社会で評価されていく。やっとアメリカみたいに、黒人たちがブルースを、自分たちのルーツを歌って、それが白人たちにも迎えられるような。そういう傾向が日本でも出てきたと思うんです。

ただ問題は先ほど姜さんがいわれたように、在日コリアンにとっての国籍の意味です。私たちが韓国・朝鮮籍を持っている意味は一体何なんだと、若者たちは問い続けているわけです。いままでは、韓国・朝鮮籍を持つ意味ではなくて、日本籍をとらない理由が語られてきました。日本籍をとっても、結局は帰化人としてしか扱われない一方、在日社会からも弾き出され、二重の差別で苦しんでいるのが、帰化した人々の末路というわけです。日本国籍をとっても日本社会の一員として迎え入れられないのなら、韓国・朝鮮籍のままでいた方がましだというのが、国籍保持の理由だったんですね。それがやっと今回のイタリア戦の勝利でもっと韓国・朝鮮籍を持つ意味を積極的に考えてみようではないかというウェーブが若者たちの間にも出てきたように思います。それは、やはり私たちこそが韓国人にも日本人にもできないことをやれる存在ではないかという気持ちの表れだと思うんですね。

例えば、国籍をとってコリアンとして生きる道もあると思うんですが、韓国・朝鮮籍を維持したまま、日本で私たちが国籍条項の壁と闘っていくことで、出自とか国籍による不利益を受けない社会をこの国でつくり出していきたい。それこそが実は日本社会を、本当の人間らしい国に変えていく道なんだという生き方もあると思うんです。

だれをもって「在日」というのか

姜　いまのお二人の話を聞いていて思い出したんですが、だれをもって在日というかということですね。それは日本国籍を持っていても、あるいはハーフであっても、やはりいま杉原さんがいったように、紆余曲折の果てにある一つの問題に突き当たったことをずっと持ち続けている人もいる。先ほど朴一君の調査でもあったとおり、世代が若いほど「日本人化」しているかといえば、実はそうではない。時間が経つほどいわゆる在日というものから離反していって、それがなくなっていくのかというと、そうではない。それは在米マイノリティのコリアンも同様です。

ではだれをもって「在日」というのか。僕自身は、まず韓国・朝鮮籍ということが一つのコアにはなると思います。しかし先ほど朴一君が一つ挙げていたように民族名で帰化申請するようなそういう形もある。あるいは父親、母親のどちらかが在日で、どちらかの国籍をとって、しかし自分もそういう問題に関わっている人もいる。これも広義の意味で在日といえる。そのあたりはどうなんでしょうか。先ほどの上田先生のお話でも、国家以前的には、

それは渡来であって、国家が出来上がって初めて帰化というと。

そこからずっと考えていたのは、これも杉原さんにお聞きしたいんですが、英語で「デニズン」(denizen)というのがありますね。ある意味で我々はデニズンというのか。韓国籍を持って、半世紀以上にわたって日本に住む。日本では法的な概念はないけれども、これを定住外国人といってきたわけですね。それで、もしデニズンという形で日本の社会に定着すれば、何も帰化する必要はないと思うんです。帰化しても、しなくても同じだと。だったら帰化するだけ手続きは煩雑だし、やめた方がいいというようなそういう議論も出てくるのではないか。そして日本の社会が、今後日本のナショナリティを持たない人々を、それぞれ個別具体的な背景を持っている人をどう受け止めていくか。そういうことが在日の問題を通じて問われている。同時に我々が在日というのをどう捕らえていくのかが問われている。

「在日」とかっこつきでいうときに、ふつう韓国・朝鮮人のことを指す。しかし先ほど杉原さんがトライアングルとおっしゃったけれど、日本にいる中国人、あるいはアメリカ人も在日というべきか。ではそういう人たちの問題に韓国朝鮮人はどう対応をしてきたのか。今後ふえるニューカマーとしての韓国人や、中国朝鮮族、あるいは沿海州から来るかもしれない高麗人にどう対するのか。いろいろなことが考えられると思うんです。そうすると、これまでは在日といえば実体的に確定できる存在として議論してきたところがありますが、むしろもう少しそこは広げて捉えることも大切なのではと思います。

「在日」と戦後日本社会

歴史としての「在日」

杉原 実はどんな時代にあっても、どんな社会にあっても、束縛を振り切って自分で自由に飛躍するというか、飛んでいく力を持った人はいると思います。しなやかで、軽やかにいろいろなハードルを乗り越えていく。それは不思議ではないし、それに対して拍手もおくるし、善とか悪とかという評価を下すべきではないと思います。例えば在日ということについて考えた場合、いまや多文化共生というのは右も左も関係なく、みんなが一応プラスの価値をもった一つの言葉として使う時代になってきています。

ただそのときに、僕は改めて立ち止まって考え直してみたい。姜さんがいった在日とは何ぞやという見直しの中で、先ほど朴さんがいったアンケートで若い人の動向を見ていくならば、ある意味で軽やかな動きが出てきているとともに、他方でもう一度在日朝鮮・韓国人の歴史性についてきちんとした議論をしていかなければと思うんです。そうしないと何かある流れの中にすっと乗っていってしまって、いつの間にかその実体が明確にならないまま、在日の由来が隠蔽されてしまう気もするんですね。

歴史としての在日というか、思想としての在日といったらいいのか。それは決してノスタルジックな意味合いではなく、むしろ混迷を深める時代の中でこそ、在日という存在をもう一度しっかりとつかみ出す必要があると思っています。

日本国家の内に封じ込められたマイノリティではなく、アジアの平和のために開かれていくところに在日の理念があるということを姜さんがいわれた。それからアンケートを通じて、そのような可能性が現実に存在し得るんだということを朴さんはいわれたわけです。これを日本人である自分が受け止めようとするときにどういうことが考えられるのか。それには先ほどの上田先生が話された、国民国家自体が変らざるを得なくなってきているということが、一つの手がかりになると思うんです。

つまり地理的な国境としての日本が厳然として存在することを見なければならないとともに、それだけではなく非常に重層的な構造を内包した脈絡というか、姜さんの言葉でいうと文脈というか、コンテクストですね。コンテクストとしての日本というもの、そういう枠組をもっと概念的に鍛えないといけない。つまり歴史としての在日を論じることは、日本社会を歴史的にどう論じるのかということとセットのものとして捉えなければいけない。勝負がここでかかってくるんだという気がするわけです。それは歴史学であろうと政治学であろうと経済学であろうと、人文社会科学のいずれの分野においても、それらを横断する問題として、非常に重要なポイントになってくる。

その際、まず近代の固有の問題をそれとして詰めて考えていかなければいけない。例えば一般民衆の中に身体化していく差別意識の問題です。ただしそれだけではなく、上田先生がいわれたようなもっと長いスパンの問題として捉えていく必要がある。そういうことをこの何時間かの議論の中で随分感じるようになったんです。

とりわけ考えなければならないのは、華夷思想というものが、実は国家が生まれるとともに出てきたということ。そのことを上田先生がきょう明確におっしゃったわけですね。それは繰り返し、繰り返し、いろいろな形をとりながら出てきた。そしていままさに北朝鮮をもって「蕃」とするという思想が非常に強固なものとして存在している。この機会に「蕃」を徹底的にやっつけようという人がいる一方で、それとは一緒にされたくないと考える人が出てくる。そういう意味での二項対立を突破していくような形で在日をどう考えるのか。同時に日本社会をどう考えるのか。何か出発点に戻るようで申しわけないんですが、そんなことを考えて、議論を新たな地平で組み立て直さなければと、いま強く感じています。

戦後処理として

朴　やはり私はそういう意味で考えるなら、上田先生がおっしゃられた、朝鮮通信使はある意味で慶長、文禄の役の戦後処理だったと思うんです。その流れでいわせていただくと、日本の戦後処理がある程度ちゃんと進まないと。本来は日韓のワールドカップ共催なんてすべきでなかったというのが、私の本音なんですよ。だから戦後処理が放置されたまま日韓ワールドカップが上手くいった、上手くいったというのも問題があります。いまの若い世代の日本の人たちがどれだけ両国の過去と真剣に向き合い、日韓の未来に向き合えるか。それを私は一人の教師として日本の若い人たちにどういうふうに伝えれば、ちゃんと考えてもらえるか。これは、すごく難しいんですね。あまり私がキーキー声を立てると余計に引いていきますし、淡々というと聞かないし。やはり姜尚中さんみたいなスターがいわないと（笑）。

姜　朴一君の話が一番おもしろいよね。

朴　やはり、在日から姜尚中さんみたいなスターがたくさん出てくれればと思いますけれども（笑）。

「在日」を問うことは日本社会を問うこと

上田　皆さんのおっしゃったことに、大変教えられましたし、同感するところも多いんですが、やはり在日の問題は、杉原さんがいわれたように、日本のあり方そのものが問われる鏡になっていると思うんです。ですから帰化の問題にしても、日本国民の多くが日本国は単一民族国家だと思っている。そういう政治家もまだまだ多い。それは全く歴史的事実に反します。日本はまぎれもなく複合民族の国家なんです。これはもう歴史学だけではなくて人類学、考古学の研究成果を見れば一目瞭然です。

例えば大正の時期にすでに喜田貞吉博士が、「日本は接木の民族である」といわれています。接木、つまり単純な一本の木ではなく、接木されてきたのだと。そして戦後の研究で、それを論証してきたわけです。これは、我々の責任でもあるわけですが、しかしそういうことが、まだまだ日本国民の間に浸透していないんです。ですから単一民族国家観を打破することは、帰化の問題を考える場合にも重要です。つまり帰化することによって差別されるというのは、単一民族という誤れる史観があるからです。朝鮮系日本国民がいていいわけですし、アメリカ系日本国民がいていいのに、何か日本は単一民族国家であるという錯覚が災いしていると思いますね。

アジアの平和に寄与する「在日」

上田　そして、これは持論なんですが、やはり国際には限界がある。国家では国益が優先されます。そして今後、国家そのものが、変わらざるを得ない段階に入っている。また変わりつつある。そういう時代に来ているわけですから、やはり民族と民族の交わりこそが求められる。あまりいい言葉ではないですが、あえて「民族際」ということをいっているのは、例えば朝鮮民主主義人民共和国とは国交がない。しかし大韓民国と共和国とは朝鮮民族ということでは同じなんです。共和国とつき合っているわけではなく、朝鮮民族とつき合っているわけです。それをさらにもっと深めて民衆レベルで民衆と民衆の交わり、つまり民際を活発にしなければいけない。あくまで民際がベースであって、国際はその上部構造に過ぎない。ですから国家というもののみに重点を置いて外交史などを考えるのも誤った史観になりがちです。古代史などをやっていても、国家以前の交わりがあるわけですから。弥生時代なんかには、まさに民族際と民際以外にはない。紀元前三世紀以前の頃には朝鮮にも国家はできていませんし、倭国もできていない。だから何か現代の国家意識だけで過去を論じ、未来を論じたらひどい間違いを犯すことになると思います。

そういう意味で、アジアの平和や発展に寄与する在日のあり方は非常に重要だと思いますし、大いに期待したい。その意味できょうの座談会は有意義だったと思います。

アメリカと「在日」から見る戦後日本

姜　先ほどの上田先生から、高松塚が発見されて、朝鮮民主主義共和国と中華人民共和国と韓国と、それから日本と、そういうような形で全員一堂に会するのはなかなか難しかった、しかし古代史をテーマに国の枠を超える学会をつくられたというお話がありました。実はきょうの話の中で僕がもう少し語ればよかったんですが、一つ語られていなかったのは、そういう難しい関係がなぜ出来上がってしまったのか。確かに、内在的に東北アジアの諸国は互いに複雑な関係を歴史的にもっています。それは華夷思想という問題です。それと僕はもう一つ、やはり戦後日本国家、戦後の東北アジアというものを、それ以前と比べて考えていくときに重要になるのが、アメリカの存在だと思うんです。このアメリカを論じておく必要もありますね。

上田　そうですね。

姜　なぜそうなのかというと、結局在日というのはアメリカの対極にある。先ほど先生は、大唐がアメリカだとおっしゃったわけですが、それは国家としてのアメリカだけというよりは、アメリカ的なイメージですね。そのアメリカというイメージと、在日朝鮮人について持つイメージというのは全く対極なわけです。ある意味では在日というのは、アジアのみすぼらしいものを見事に代弁している。かつてはバラック建に住んで、不潔なところに住んで、それで全く洗練されていない、要するにバーバリアンのような存在。

その対極にデモクラシーと消費文明のアメリカが、いまの東アジア、東北アジアにおいても巨大なものとして存在している。そのようなアメリカが、それぞれの民際、あるいは民族際という動きを、いわば半ば阻害するような国際関係をかなりつくり出している。先ほど杉原さんは戦後日本とは何かとおっしゃったけれども、戦後日本を内側だけから解答を見出そうとするとそれは不可能で、アメリカの問題をかなり深刻な問題として考えなければいけないと思うんです。例えば一九四八年の阪神民族教育闘争の問題も、GHQなしには考えられないわけですし。

杉原　非常事態宣言ですね。

「在日」とアジアにとってのアメリカ

姜　そうでしたね。戦後のいびつさは、そこにアメリカが入ってきているということでさらに重層化されている。そんななかで、では在日はどういう存在か。在日にとってアメリカはどういう存在か。アメリカの圧倒的な影響下にある日本はどういう存在か。

これは、韓国も同様です。先ほど僕はポスト・コロニアル国家といったけれども、韓国に行ってもみたら、韓国でも在韓米軍の問題が大問題になっていた。ワールドカップで安貞桓あたりがソルトレーク冬季オリンピックでの韓国スケート選手の「雪辱」のために反米的なパフォーマンスをしましたが、それと前後して女子中学生が二人、アメリカの装甲車でひき殺されたんです。沖縄の事件と同じです。

僕は、これまでの在日の問題というのは、日本と在日、あるいは日本とアジアということで見られていましたが、どうもやはりこの東北アジア全体を視野に入れて考えていくためには、東北アジアにとっての大唐であるアメリカがどういう存在であるか、どういう存在として自分たちの意識や社会の中に埋め込まれているのか。これを少し考えないといけないと思うんです。

なぜこういうふうに東北アジアでは国際関係が上手くいかないのか。アメリカと二国間関係で日米安保があり、米韓相互援助条約があり、アメリカと北朝鮮が対立している。そして米中関係の問題もある。その中で日本は一体どこに国として立っているのか。そしてそういう複雑な状況の中で在日はどういう存在か。

だから僕自身はずっと、なぜこんなに日本の人々はアメリカにあこがれ、我々を蔑視するんだろうと、若いころ考えたんですよ。やはりそれはアメリカ的なものの対極に自分たちが置かれているし、そういうふうに書いた論文を発表したこともあります。我々はアメリカを光とすれば、闇の部分に対極として見られているし。そういう意識をつくり出した戦後日本のあり方。なぜそうなったのか、人々の意識の中で。特に東北アジアの中で日本が一つ異質なのは、徹底して親アメリカなんですよ。一部の潜在的な反米意識は確かにあるんだけれども。韓国でももちろんアメリカをフレンドリーだと思っていると同時に、今回のワールドカップではかなり反米が出てきましたね。中国でも、もちろんアメリカに対するあこがれはあります。しかし日本とはまた違うでしょう。それが一つ、僕は戦後日本を語るときに一つ重要な面ではないかなということを、ちょっと問題提起として出しておきたいと思います。

日本の脱亜入米と韓国の入亜脱米

朴　いま姜尚中さんがいわれたとおり、特に日本のスタンスは、やはり徹底的にこの間「脱亜入米」だと思います。アジアを脱して、アメリカに追従するという姿勢が顕著です。二〇〇〇年六月の南北首脳会談以降、太陽政策を金大統領が展開し、その後でアメリカからペリー報告が出て、クリントン大統領がオルブライトを北朝鮮に派遣し、急速に米朝関係は好転して、米国大統領の歴史的訪朝も実現するかも知れないという一歩手前まで歴史は動いたわけです。ところがブッシュさんが登場して「悪の枢軸」発言が出て、急激に米朝関係が冷却化していった。そして米国の対北強攻策を日本が支持したため、完全に太陽政策は行き詰まってしまった。なぜそこまで日本はアメリカに追随するのかなと思うんですけれども。

韓国は、これまでアメリカを美国、美しい国といってきました。しかし米国はもはや韓国にとって美しい国ではありません。醜い国になりつつあるといってもよいでしょう。典型的なのは、姜尚中さんがいった在韓米軍の撤退問題です。ただ南北首脳会談で金正日総書記は一定時期までは在韓米軍の存在を認めると、非常に譲歩した発言をしていたんですね。にも関わらずアメリカは、北朝鮮に対して徹底的に悪者呼ばわりです。アメリカにとって、フセインやビン・ラディンや金正日は悪の三羽ガラスなんです。これはかつてのドイツとイタリアと

日本が、いまや北朝鮮とイラクとアフガニスタンに変わっているだけなんです。はっきりいって。そうしたアメリカの善悪の観念が、そのまま日本に持ち込まれている。そして日本の若者たちの北朝鮮に対する意識が、驚きから嫌悪に、嫌悪から侮蔑に変わっていくわけです。

六〇万人の「朝鮮通信使」として

朴　私はやはり、日本人の誤った朝鮮認識を変えていくことが必要だと思うんです。それは何も北朝鮮を代弁することではなくて、もっとやはり日本が北朝鮮を知ることが必要だし、もっと日本が在日コリアンを知ることが重要だと思います。その意味でしつこいけれども、いわゆる朝鮮通信使は慶長・文禄の役の戦後処理ということでしたけれども、在日コリアンは、戦後の未処理によって誕生した。いわば現在の朝鮮通信使なんですよね。私たちの存在が、いわゆる総体的な朝鮮という存在を日本に知らしめている存在であるわけです。

しかしその在日が本当に日本の中で存在意義を発揮できるのは、戦後処理がやはり完結したときだと思うんです。私たちはいま、実は戦後処理の中心になっているんですね。朝鮮人の軍人、軍属問題もそうだし、従軍慰安婦問題もそうです。その他にもさまざまな戦後処理問題があるんですが、その先頭になって在日は、祖国と連帯しながら日本の社会の中でこの戦後処理を進める中心的な担い手になってきている。この問題を私たちが解決したときに、在日コリアンの本当の存在意義が見えてくるのではないかと思います。そのときに、私たちは先ほど姜さんがいったような、国家とか国籍を超えた存在意義を見出せるのではないかなとつくづく痛感しますね。

だからこそ私は、朝鮮通信使としての六〇万人在日コリアンの存在を甘く見てほしくないし、大切に扱ってほしいと思うのです。

まだ戦後ではない

杉原　いまのお二人のお話を聞いていて、戦前の日本にもその側面はあるにしても、特に戦後の日本ということを考えるならば、アメリカを影としてアメリカを内面化することによって、在日とそれからアジアに乗っかるような形で浮き上がってきたのが日本社会だというふうに、改めて感じました。その日本社会を正面から再考していくことを、どうしてもやらなければならない。その場合に、いま朴一さんが強調されたように日本の戦争責任の未処理、未決算というか。それは実は、もはや何十年にもわたる戦後責任の問題としてあるわけですね。私たちは戦争責任というけれども、一九四五年の八月一五日で戦争が終わったといっているのはせいぜいヤマトの人間だけであって、沖縄の人間はそういうことをいいませんし、朝鮮半島の人間はいまだに休戦状態ですから、決して戦後なんて来ていないわけですね。当然中国、台湾ということも考えていくならば、戦後というものはア・プリオリに成立しているわけでは全くない。にも関わらず、姜さんが最初にいわれたように、それを忘却することを当たり前のことのようにして過ごしてしてきた数十年というのが、厳然と現在進行形で存在している。これに対して、長期的スパンで上田先生がおっしゃるところの朝鮮通信使ということを、もう一度現在によみがえらせる必要がある。そして将来の平和のアジアに向かって発信していく在日という歴史的かつ未来的存在と改めてどういう関係を日本社会が結んでいくのか。そういうところに焦点を絞って考えていかなければならないということを、つくづく思った次第です。

アジアの連帯、アジアの光

上田 高松塚のときに共同の場所で南北の学者と共同に討論しようと思ってできなかったのは、基本的には南北分断の厚い壁があったからですけれども、しかし一九九〇年にアジア史学会が成立いたしまして、現在アメリカからもフランスからも研究者が参加している。東アジアを中心に研究している古代史の歴史学者、考古学者が入っております。北朝鮮も正式に評議員を選出している、モンゴルも入っていますが。そういう学会になっているんです。

ところで私は、二十世紀というのは欧米が世界の政治、経済、文化をリードした世紀だったと思うんです。逆にいえば、アジアやアフリカが評価されなかった世紀だった。欧米が発展することを批判しているわけではないのですが、アジアがもっと自信を持って世界に向かって発信すべきです。そういう点から、二十一世紀の冒頭にアジアでワールドカップが日韓共催でやられることの意味は、単にスポーツの問題だけではなく、これに失敗したらもうアジアの評価はますます下がると思っておりましたから、曲がりなりにも成功したことは、私の持論からいえば非常にありがたいことだった。きょうのお話にもありましたが、そういうアジアの光が輝くことを、世界戦略としてアメリカは歓迎しないのでしょう。ですから例えば東アジアが連帯を結ぶ方向などは、極めて望ましくない方向でしょう。だから余計に、東アジアの連帯という方向へ私なりに学術の交流で具体化しようとしている。

この十一月に第十一回の大会を開きますけれども、微力ですがそれなりの努力をしたい。杉原さんは二国間の問題にしないという立場から問題提起された。そして指紋押捺における、在日の皆さんだけではなくて、日本におられる外国人の皆さんが、それぞれ国籍は違っても連帯された動きを紹介された。そして姜さん、朴さんの方から、在日の役割として国家を超えたアジアという視点を語られたのは、そういう意味からも私は大変に意味があるとうけとめています。アメリカの世界戦略というものが背後にあるから、よけいアジアなんですね。私はそういう立場でずっと考えてきているわけです。ですから二十一世紀をアジアの輝く世紀にするためにはどの点をどう克服すればよいか。私は、そういう視点でアジアを考えなければと思っています。

「在日」としての「独自の役割」を活かす

上田 どうしても日本がアジアを論ずる場合は、従来は日本からアジアを論じている場合が多いのです。これが間違っている。日本は、アジアの中の一つなんです。だから日本から論じますからどうしても日本中心主義になってゆく。アジアの中の日本という位置づけを我々自身が明確にしないとだめなんだと、私は考えております。だからそういう意味で在日の皆さんの役割は、それなりに大きいと。逆にいえば、南北を乗り越えられる存在なんですね。おこがましいいい方ですが。つまり国籍が南の方、北の方、それぞればらばらでしょう。そういう意味では、統一していない。つまり統一国籍ではない。いわゆる単一民族国家の枠に縛られている日本人と同じようになるわけにはいかない。在日の皆さんには、そういう意味では独自の役割があるのではないか、そういうふうに考えてほしいと思っています。

「在日」の若い世代に期待する

上田　僕の経験で申しますと一九九三年、いまから九年前、京都で建都一二〇〇年事業のあったその前年ですよ。ワン・コリアパレードというのが実施されたんです。これには感動しました。僕も実現に協力して、建都一二〇〇年協会の大島啓事務局長と協議したりしましたが……これを、やりたいといってきたのが総連の青年諸君なんです。僕の家にわざわざ来られた。亀岡の家に。「先生、何とか」と。それはいいことだといって、総連の若い諸君がいい出して、民団の諸君も賛同されてパレードが実現したんです。そして順調に運営されていたんだけれども、四年目ぐらいから妨害が入って、残念ながらできなくなったんですが、けれども在日の青年諸君からそういう要望があった。そういう動きは、各地で体験しています。

大阪府の岬町で、あるお寺に、強制連行で亡くなった——爆撃を受けて、あそこは軍事工場がありましたから――お骨が三体納まっています、引きとり手がなくて。それを「先生、慰霊祭をしたい」と、地元の在日の青年諸君と学校の先生方が言い出した。僕は当時大阪女子大の学長をしていた。それはええことやと民団、総連に声をかけて、共同で慰霊祭をやったんですね。その場合でも、在日の若者が一緒にやろう、やりたいと。そういう動きは一九九〇年代ぐらいから若い諸君からもりあがってきている。そこへワールドカップがあったわけですね。九月末から釜山で開催される第一四回アジア競技大会での若者の交流も、あらたな前進を示すにちがいない。私は在日の皆さんの、若い皆さんの動向に期待している。きょうの朴さんの調査結果を聞いても頼もしく思いましたね。だから明日の展望がひらけてくる。在日の明日はあると思いますね。

姜　十年以上前からようやく明日があると実感するようになりましたからね。

―　本日はどうもありがとうございました。

（二〇〇二年七月二六日／於・ホテル京阪京都）

古代の朝鮮系移住民

山尾幸久

歴史的地域「東アジア世界」

紀元前五世紀、九州北部での水田稲作の開始を、「縄文人」による「渡来人」の文化の主体的受容とする。考古学界では有力な一評価である。近代天皇制国家の国境や国民の枠組みを古代に遡らせ、その内部での史的発展を考える思惟習慣は、このように今も根強い。何しろ皇国史観・植民史観には一〇〇〇年もの伝統がある。一九一九年に内藤湖南は、「日本国の成立する素因を幾分外界の刺激に帰することさえも不都合と」するような「国学者流の圏套を脱しない」「日本中心主義」を歎いていた（「日本上古の状態」『内藤湖南全集9』一九六九年、筑摩書房）。島国一体的で内因内発的な一国完結史像は、立場の如何に拘らず実に牢乎たるものである。

朝鮮半島南部と九州北部との人的・物的ネットワークは紀元前五世紀まで溯り、住民の生活過程は相補的ないし一体的であった。その地域で育まれた生活文化が、紀元前三世紀代までに、西日本に波及していたのであった。

「倭人」と呼ばれた西日本の社会への海外からの移住民は、紀元前二世紀初め頃に一度あったと思う。古代日本で農耕社会の形成が本格化するのはこれ以後である。中国の戦国時代（紀元前五〜三世紀）に一〇ばかりあった国家を秦が統一し、その支配に対してすぐに大叛乱が起き漢の帝国が成立した。この、紀元前三世紀末葉の戦争の時代、山東・河北・遼寧の万を以て数える民が、朝鮮半島の西北地域に難を避け（『史記』朝鮮伝）、やがて西南・東南地域にも移動した（『魏志』韓伝）。その一部が、古来のネットワークを伝って、高度で異質な文化を拠点的に西日本に移植したと考える。

これ以後、倭人社会の歴史は、中国皇帝の周辺君長に対する政治的規制力ないし文化的規範力が形作る歴史的地域「東アジア世界」の（上原専祿「世界史の見方」『上原専祿著作集25』一九八七年、評論社。西嶋定生「東アジア世界の形成」『中国古代国家と東アジア世界』一九八三年、東京大学出版会）、盟主の力の利用を必要とした縁辺として、展開したのである。五、六世紀にはその中に、百済王・新羅王・加羅王・倭王の政治的交流によって「韓日政治世界」が構成されるようになる（鬼頭清明「古代東アジア史への接近」『日本古代国家の形成と東アジア』一九七六年、校倉書房）。朝鮮民族史・日本民族史としての独自性は、この二重の歴史的地域世界における、王権間・国家間の交流関係によって次第に特化し、七世紀第Ⅳ四半期に至って、統一新羅国家・律令制日本国家として、同時に析出 separate された。朝鮮半島と日本列島との古代史は王権・国家・民族の形成という重要な画期が、悉く連動し共時的 synchronic である。古代東アジア史を研究対象とせねばならない所以である。

「応神朝への帰化人」観の批判

既に天皇によって統合されていた「日本民族」の文化に、「応神朝への帰化人」が技術面で貢献したと考えられている。『古事記』『日本書紀』が共通して崇神から応神までに描いている体系的で段階的な建国史を信じる限り、そういうことになる。古代東アジア史研究はこの歴史像との闘いを避けて進めることができない。

崇神・垂仁・景行・成務・仲哀・神功（皇后摂政）・応神の歴代に描かれた建国史とは何か。神の子孫が、神の意志によって、神に佑けられつつ神の帝国を建設した過程である。応神の時代には、「中洲」（奈良盆地）、「畿内」、「華夏」（領域行政官「国造」治下）、「夷狄」（九州南部・東北中部）、「外蕃」（朝鮮半島の「直轄領」と「保護国」）という、中国皇帝的君主たる天皇の君臨統治の構造は、神意の顕現として、ひとたび実在したことがあった。そういう「歴史」である。王権・国家・民族の東アジア史的追究とこの「歴史」とは、手を握ることができない。

律令体制（天皇統治）は列島内部の社会経済史的または国家形成史上の必然の帰結と見られている。その先入見が、神の帝国建設史を相対化できない根本原因である。とんでもない。律令体制は、六六〇〜六七六年の「東アジア世界」「韓日政治世界」に未曽有の、国家存亡の危機への全国的臨戦態勢として踏み出され（六七〇年）、為政者のリアルな国家観、歴史認識、不退転の権力意志、政治思想、それらに駆動されて何とか七四〇年頃までは維持された、唐帝国の皇帝支配の完全模倣を志向した特異国家である。社会組織、経済構造を上から権力的に改造して富国強兵を実現しようとした。

唐皇帝的天皇の統治の建設を、「聖帝」仁徳（応神の次。四世紀後半〜五世紀初めに実在）の黄金時代の再来と意味付ける必要は、天武朝（六七三〜六八六年）には強烈だった。そのような、正当根拠として求められた「伝統」、現実によって創られた「歴史」、それが、崇神・応神間の、神の帝国建設縁起の国家的陳述 statement である。四世紀などという古い時代に天皇によって統合された「日本民族」はまだ存在しない。「応神朝への帰化人」の「応神朝」は、史実探究の立場からは全く何の意味もない。

それなら「帰化人」はどうか。『古事記』『日本書紀』は神功胎中の応神が住吉三神らから朝鮮半島を授けられたとし、「外蕃」をもつ神の帝国は建設が終ったとする。この「歴史」を大前提として、「神の国日本」の「聖《ひじり》の王《きみ》天皇」（「神功紀」）への、秦造《はたのみやつこ》・漢直《あやのあたい》らの祖先の「帰化」を書く。だから『古事記』『日本書紀』が「帰化」とすること自体は正当なのである。今は「渡来人」と呼ぶことが多いが、なぜ「帰化人」が実体を指していないのかの認識が浅い。差別語的言い換えに終っている。「帰化」が客観性を欠くのは、崇神・応神間の神の帝国の建設が、創られた縁起であって、存在した歴史ではないからである。

古代的概念としての「帰化」は、古代中国人が文明社会の秩序規範と考えた「礼」に基づく差別と同化の思想「華夷観念」なしには存在しない。「外蕃」から「華夏」の帝徳に自発的に帰依して同化する。具体的には、国郡に供給安置され戸籍に編附され天皇の民となる。そういうことである。日本の貴族層の歴史的自己意識として、朝鮮との関係で華夷観念が認められるのは六八八、九年である（『持統紀』三年）。特異な完全模倣国家「日本」の建設、領域国家の公権力を神格化した「天皇」の創設、そのさなかである。

だから七世紀以前に「帰化」の語を使うのは、史料的事実と歴史的事実とを混淆するものである。朝鮮諸国を「宮家《みやけ》」（天皇の民の委任統治）としたり、朝鮮諸国の外交上の供与を「調《みつき》」（天皇の土地からの産物貢納）とするのと同じで、客観性は全く何もない。偽物の石器を埋めて旧石器時代の歴史が捏造されたことなどわれわれの歴史意識に何の影響もない。しかし天武ドクトリン神話、天武朝の歴史の捏造は、皇国史観・植民史観として再生し、今も確実に日本人の歴史意識を搦め捕っている。

「渡来」は外国の使節にも用い、往来する行動を指して言う。人々は住み着いたのだから「帰化」に代り得る語ではない。古代に「今来《いまき》」という語が実際に使われていた。「今来の隼人《はやと》」（『延喜式』隼人司）の語もあり、在来の土着民に対して新参の移住民を指す。「応神朝への帰化人」に対して五世紀後半の（雄略朝への）新しい「帰化人」を指すと誤解されているのだが、しかし「今来」とは移住そのものの謂である。だからここでは朝鮮系移住民と呼ぶが、その渡来には三回のうねりがあった。

技術革新のパイオニアたち

第一の波は五世紀代である。文献の検討からは第Ⅱ四半期から多くなった筈である。ヤマト王権の中枢に来た人が多かったが、王権を構成する西日本の豪族の本拠に定着した。慶尚道の人々が大半であろうが、第Ⅳ四半期には百済王都からも来た。当初は人間の掠奪もあったらしい（「神功紀」五年）。しかし、彼らは、倭人社会または王権の必要によって迎えられた。これが根本の性質である。文献の知識で技術を革新する水準に達するのは七世紀を待たねばならない。しかし三、四世紀には社会を組織できた価値観念は行き詰り、技術を革新する必要はあった。そのためには技術をもつ人を朝鮮半島から迎え入れねばならなかった。王権の中枢にいた葛城《かづらき》の豪族を始め西日本の雄族は五世紀第Ⅱ四半期から朝鮮半島で活動したが、その一つは移住民の招致である。

朝鮮半島の側にも、戦禍を厭い、自分達を需める国に安住したいという動きがあった。五世紀代は、高句麗軍の南下に対する百済・新羅・加羅の服従や反撃、倭の介入が基本構図で、朝鮮半島の南半分では紛争状態が慢性化していた。

五世紀第Ⅳ四半期に「韓日政治世界」は著しく活性化した。それも移住民の波と関係がある。①四七五年から数年間、滅亡に瀕した百済王権の復興を、ヤマト王権は支援した。②四七九年から、統一加羅国家の樹立を目指して、大加羅（慶尚北道高霊）の王が、倭王と特別の友好関係をもった。③右の①②と関係するが、倭人の有力者が加羅諸国や百済の熊津王都（忠清南道公州）に移住した。交流や移住は双方向的なのである。倭国に移住した朝鮮系有力者も、百済に移住した倭人の有力者も、二世の時代までは故国との繋がりを保ち、往来は頻繁に行われた。

五世紀代の朝鮮系移住民は技術革新のパイオニアであった。文献から判るのは五世紀後半に王権が組織編成した技術だけだが、およそ次のようである。

①陶部《すえつくり》。硬い陶質土器。ロクロで成形した土器を半地下式上り窯の高温で焼き、終りに焚き口などを塗り込めて還元焔の状態にして焼き締める。②錦部《にしごり》・呉服《くれはとり》。高級絹織物。経糸《たていと》を均整に保ちつつ緯《よこ》糸《いと》を打寄せる「筬《おさ》」を用いた織機が使われ、透薄の絹織物が生産された。③鞍部《くらつくり》・甲作《よろいつくり》・作金人《かなつくり》。馬具・武具・装身具、その他の金属加工。武具では甲冑《よろいかぶと》の鋲《びょう》留め技法が目立っている。総て極めて精巧な細工である。④山部《やまべ》の一部と韓鍛冶《からかぬち》。製鉄。一部の山部は、ヤマト王権の韓鍛冶（精錬・鍛造）の組織に鉄素材（鉱石・砂鉄を製錬した半製品）を供給する鉄の生産・貢納集団の首長である。五世紀後半の日本列島で拠点的に、朝鮮系移住民が担う本格的鉄生産が操業され始めた。それまでは慶尚南道金海など「東アジア世界」規模の流通センターで、ヒスイ・塩・絹織物などと交易されていたらしい（『魏志』韓伝）。⑤馬飼《うまかい》。中型馬の生産・飼育・調教。ヤマト王権が宮廷馬車、軍事組織、緊急連絡などに馬を使い始めた。

この他、文献から推測できることに治水潅漑の土木技術がある。古代の移住民系大富豪である秦《はだ》の一族がもたらした。京都の深草、京都の葛野《かづの》（「太秦《うづまさ》」）、大阪の茨田《まんだ》（寝屋川市。「太秦」「秦」）の三つの地域で、五世紀第Ⅳ四半期に、それまでの倭人社会にはなかった土木工事によって、大規模に水田が造成された。

考古学の研究から判っている五世紀後半の変化の一つは、木製の鍬《くわ》を「U字形鉄製鍬先《くわさき》」に挿し込む起耕具の出現である。比較的小規模な水田開拓や畑作による雑穀栽培の本格化が推測されている。もう一つは煙出しを備えた住居内造り付けのカマドが普及し、大型の「甑《こしき》」（把手付きで底に多くの小孔がある蒸し器）が出現する。それまで芋や雑穀を混ぜた「お粥」を食べていたのだが、五世紀後半から時々は「強飯《こわめし》」も口にされるようになった。

五世紀の朝鮮系移住民の史的意義

〔1〕五世紀後半の王権の中枢に移住民系の有力者によって王直属の官人集団が組織された。「東《やまと》・西《かわち》の漢《あや》」系諸集団がそれである。彼らが主導して、王権の宮廷諸制度・職務分掌の全体が改革された。九州・関東の豪族が共に近畿中部の宮廷に出仕する慣行が制度化した五世紀後半は、共通語的な「原日本語」の胎動期でもある。何しろ古代東日本方言は、基底にある北アジア文化圏の言語の影響によって、古代西日本方言とは音韻組織が違っていたらしいのである（福田良輔『奈良時代東国方言の研究』一九六五年、風間書房）。文字表記の必要水準も高まった。倭王武の上表文（『宋書』倭国伝）や、千葉・埼玉・熊本の古墳出土の刀剣銘は、安東将軍府に宋の皇帝が派遣した中国官人が書いたものだから証拠にならないが、「東・西の漢」系の官僚組織が書記術なしに運営される訳がない。それは、固有名詞に漢字の字音を宛てることはあったと思うが、正格の漢語・漢文であった。漢語・漢文を知ることは「東アジア世界」の権力に直結したから、三世紀半ば以来（『魏志』倭人伝）倭人はこれを学んだが、どこまでも外国語の修得であった。五世紀後半に文字言語創造へと胎動が始まったと思うのは、書き手も読み手も、中国語として声に出して棒読みしていた訳ではなく、字面を追って、つまり中国語音声から切離していきなり日本語訳文を、目で読んで、意味内容を理解していたと思うからである。漢字の訓読（白

川静『字訓』一九八七年、平凡社。河野六郎「隣接諸民族語における漢字の適応とその発展」『文字論』一九九四年、三省堂）への胎動は五世紀後半まで溯る。

〔2〕ヤマト王権に王に直属する先端手工業技術の分業組織が編成された（既述）。右の〔1〕〔2〕は権力中枢において豪族に対する王の絶対優位の確立に与って力があり、各地の首長とヤマト王権との関係を支配・服従に変える力となった。

〔3〕倭人社会の経済構造の変質をもたらした。六世紀後半の社会史の特徴は国家掌握下の地域共同組織「村」の一斉の成立である。国家支配の末端を担う村落首長級小土豪の小経営生産様式が根底にある（吉田晶『古代村落史序説』一九八〇年、塙書房）。その技術水準は五世紀代の朝鮮系移住民がもたらした。

〔4〕朝鮮系移住民が迎えられて定着したのは、倭における国家機構、および民族的実体の形成よりも前であった。『古事記』『日本書紀』に共通する神の帝国建設の縁起は、「帰化」以前に天皇による民族統合は成就していたとする。しかし天武朝が捏造した「歴史」であって、王権の完成は五世紀後半、国土統一は五世紀末と六世紀前半、中央高権による地方社会の制度的収取は六世紀中葉に始まる。この、国家支配の持続によって、血縁世襲の王を秩序の根拠として、「百済人」「新羅人」に対応する「ヤマト人」という、民族 ethnos 的実体が形成されてゆく。朝鮮系移住民は、「日本人」の祖先であり、日本の「民族文化」は朝鮮半島の人々の文化を大規模に習合しているのである。

百済からの中国南朝系知識人の移住

百済王と倭王との友誼三〇〇年史の中でも、四八一～五五四年に当る百済東城王・武寧王・聖明王と、倭王の雄略・継体・欽明との間は、特に濃密な関係であった。

東城王も異母兄の武寧王も共に倭国で誕生した。父の昆支《こんき》は蓋鹵《がいろ》王（在位四五五～四七五年）の弟で、四六一年から十五年間滞在して倭王の対外政策に影響を与えようとした。子孫は「河内飛鳥」の文化的創造の主体となった。大阪府羽曳野市の飛鳥戸《あすかべ》神社は昆支を祭神としている。武寧王は子供の淳陀を継体に側仕えさせたが、その子孫が桓武天皇（在位七八一～八〇六年）の生母高野新笠《たかののにいがさ》の出身氏族「和史《やまとのふびと》」氏である。桓武天皇の「血」には百済王の「血」が混じっている訳だが、そのような「血」の規範観念は古代にはなかった。近代的意義における「混血」は古代の常態である。

東城王・武寧王・聖明王（前半）の時代に倭国の有力者が百済の熊津《ゆうしん》王都（忠清南道公州）に移住して臣下となり、その二世が百済の内治・外交・軍事に活躍した実例が沢山ある。『隋書』倭国伝は、六世紀末の百済の泗沘《しひ》王都（忠清南道扶余）について、「其の人、雑《まじわ》りて新羅・高麗・倭などあり。また中国の人もあり」とする。「中国の人」とは南朝の梁の人の移住（『梁書』百済伝）が主であろう。未だ百済人として同化融和しておらず、文化によって「倭」などと帰属が識別されていた。

これは『新撰姓氏録《しんせんしょうじろく》』から知られる九世紀初めの平安京と畿内五国との状態と共通する。中央政府で一定の政治的資格をもつ家柄一一八二氏の約三割の「始祖」は、中国人や朝鮮人（百済が最も多く高句麗が次ぎ、それより少ないが新羅・任那《みまな》もある）なのである。「始祖」は信仰的な帰属規範だから史実性（とくに中国系）には問題が多い。しかし古代の百済も日本も、多様な文化単位の共存共生という差別なき複合体であったのは確かである。

倭王の継体・欽明の要請で、百済の武寧王・聖明王は専門の指導者を提供した。五一三年から五五四年までに五回記録され、五三〇年代以後大規模になった。「五経博士」「医博士」「易博士」「暦博士」「僧」「採薬師」「楽人」といった専門名が書かれている。「工匠」「畫師」（『梁書』百済伝）もいたと思われる。諸博士は古代国家建設期の専門指導者だが、特に「五経博士」（官吏登用のための学館の責任者）は、王の諮問に中国の歴史を根拠として答申した王の政治顧問であったと思われる。膳臣巴提便《かしわでのおみはすひ》を使者として百済聖明王に要請し（『隋書』百済伝。「欽明紀」）、五四七年に（山尾幸久「日本への仏教伝来の学説をめぐって」『立命館文学』五一一、一九八九年）、仏（「釈迦仏金銅像」）・法（「説仏起書巻」）・僧（「僧道深等七人」）を伝えてもらったのも、中国を範とする古代国家建設の志向と関係する。

中国南北朝時代の南朝文化の黄金時代は梁代（五〇二〜五五七年）であった。百済は梁とゆかりが深く、諸博士は梁の人やその二世、中国の学芸・技術の粋を体得し当時先端を行く百済の知識人らであった。一八七〇、八〇年代を中心にモース、ベルッといった三〇〇〇人近い欧米人専門家が来日し、政府の近代化政策で重んじられた（「御雇外国人」）。諸博士はこれと一脈通じる。「東アジア世界」「韓日政治世界」の縁辺の島に高水準の文化を伝えた指導者であった。五三〇年頃からの百済王は、倭王に対し対高句麗・対新羅の軍事力の提供を要請しており、一種のバーターであった。

諸博士は普通は交替して帰国したのだが、同じ時代に百済から移住した知識人もいた。派遣博士団の中にいた人々だろうと思われるが確かではない。東・西の漢系官人集団の指揮下に配属され、子孫には「〇〇（地名）の漢人《あやひと》の村主《すぐり》」と呼ばれた人もいた。当時の倭国の必要から学芸・技術の高い水準にあった知識人で、七世紀初めの飛鳥の仏教文化を担ったのはその子孫である。

六世紀前半の百済の専門家の指導を通じて、権力を担う識字階級の漢語漢文の訓読は本格化したと思われる。日本における文字言語の創造に関連する史料と事象が六世紀半ばに集中するのはその到達を示す。三世紀における漢字の受容は、「東アジア世界」の盟主中国皇帝を必要とした倭にとって不可避の必然だった。六、七世紀は、漢字を、中国語から切離して（音読せず）、日本語に適用する（同義の単語と結合する）過程である。政府書記官（「博士《ふびと》」「史官《ふびと》」）による記録の作成・保管、それは六世紀半ばからの国家形成と本質において関係する。政府書記官の第一号は五四〇年代に百済から来た王辰爾《おうしんに》（「応神朝の王仁《わに》博士」伝承のモデル）であった。古代朝鮮では民族語を漢字で表記する工夫が既にはじまっていたが、彼は高句麗独特の漢字文をも解読できた人で（李成市「高句麗と日隋外交」『古代東アジアの民族と国家』一九九八年、岩波書店）、彼らの努力で、漢字の字義によって理解される記録、それが作られるようになった。『隋書』倭国伝が、倭国には古来固有の「文字無く、ただ木に刻み縄を結ぶ。仏法を敬い、百済に求めて仏経を得て、始めて文字を有《も》つ」とするのがそれである。

滅亡した百済からの貴族の移住

唐帝国の、六四〇～六七六年を盛りとする対外政策を羈縻《きび》支配と呼ぶ。羈は馬のたづな、縻は牛の鼻づな。つなぎ止める意味である。戦争によって外国の王を降伏させた上で、皇帝が都護《とご》を派遣し、旧国家の体制秩序を温存利用する占領地経営法であった。朝鮮半島に百済の滅亡、高句麗の滅亡、新羅の統一、日本列島に天皇制律令国家を成立させた根本原因である。価値判断は正反対だが、皇国史観の史学も唯物史観の史学も、律令体制（天皇統治）を日本列島内の歴史の内的必然と見ている。とんでもないことで、「東アジア世界」「韓日政治世界」における二つの領域国家の国家公権の共時的 synchronic な析出 separate に他ならない。

六五五、六年高句麗・百済・倭の軍事同盟が結ばれ、唐・新羅連合との対決は不可避となった。唐軍十三万・新羅軍五万は極秘裡に作戦を進め、六六〇年七月一気に百済を滅ぼした。義慈王や王族、貴族・高官の一部は唐に連行されたが、九月に百済の二十余城で唐の進駐軍に対する一斉の蜂起があり、爾後三年間百済王朝復興戦争が続いた。擁立されたのは倭に滞在していた義慈王の子の夫余豊《ふよほう》だった。高句麗と倭とは連携して支援したが、六六三年八月錦江河口の海戦で完敗した。

九月には百済の貴族・官人・武将・百姓らは大挙して倭に向った。百済人百姓で近江や東国に安置されたものだけでも三一〇〇余人。六七一年には唐から百済の俘虜一四〇〇人が倭に送られてきた。恐らく五〇〇〇人前後の百済人が定着した。生活文化を変えるほどの出来事だったと思われる。

王族・貴族は後に一時摂津国百済郡が建てられた地（大阪市天王寺区堂ケ芝あたりを中心とする地）に、百済王氏《くだらのこきしうぢ》（夫余豊の弟の禅広—昌成—良虞—敬福ら）を中心に纏っていた。いわば「在日百済王家」を中心とした「日本のなかの小百済国」である。中国皇帝的君主である天皇の支配理念にとって必要な存在だった。朝鮮系移住民としては第三波に当るこれら百済人は、「日本天皇」の統治体制とその文化との創造に決定的な役割を果した。

近江大津宮で六七一年に発足した日本最初の律令制的な政府組織には要所に専門知識をもつ百済貴族が配置され、全部で六〇人以上の百済人の中央官人が出現した。これより先、史上最古の成文個別条規集が制定されたのだが、それは、中国の古典や律令に通暁する彼らの移住によって可能となったことである。

中国の学術・思想・文芸の本格的移植という点で画期的であった。六世紀半ば以来の下地はあるのだが、古代文化史上最も大きな飛躍的発展は六七〇年前後にある。漢文訓読語法を採り入れ日本語のシンタックスで漢字の音訓交じえて表記する方式が、地方の土豪にまで、弾けるように拡がった。助詞・助動詞、活用語尾に漢字の音を借用する送り仮名方式も間もなく成立した。一三〇〇年の時を経て今日に繋がる「原日本語」の誕生である。

●エッセイ

一回きりのパスポート

金石範

「一回きりのパスポート」と題した投稿コラム（日大生、黄慈権『毎日新聞』02・7・6夕刊「すた・こら」）を読んだのがこのエッセイを書くきっかけになった。

地元浦和レッズのサポーターでもある筆者の黄《ファン》君は、「朝鮮」籍者には一度だけ韓国へ行ける臨時パスポート（正式名称は旅行証明書）を、W杯の準決勝を韓国で見るために使った。そして韓国対ドイツ戦に燃え、「魂を揺さぶられた」。

「……あの試合を見たのだから悔いはない。そう思っていたはずなのに、飛行機の中で無性に悲しくなった。もう一度、韓国でサッカーを見たくても、もう見ることができない。その理由がどうしても理解できなかった。悔しくて、悲しくて、言葉に出来なくて涙が出てきた。『国籍なんて簡単に変えられる』。そんなのは詭弁だった。飛行機が離陸すると、僕は額を窓にくっつけた。二度と来られない大地を雲と雲の間からずっと見ていたかった」。

この私も涙が出てしようがなかった。そうだとも、「在日」の若い黄君には「その理由」がどうしても理解できなかった。

次の引用は国立大学院生である「在日」の若い女性からの手紙の一節である。

「……『三世である君が、国籍にこだわるのはかえっておかしい』といった言葉もよく聞きますし、私自身も本当は国籍などはどうでもいいという気持ちもあります。ただ、今の時点で『韓国』の国民になること、北と南のどちらかの選択を強いられる状況に対して、どうしても抵抗があります。何らかのかたちで選択を迫られることはあるかもしれません。ただ、国籍選択しなければ、博士論文のための資料集めすらできないというならば、本当にかなしい、というより情けない現実だと思います……」

私自身、悲しく、情けない。胸を突き刺される思いで読んだ。

幸い、彼女は臨時旅行証明書有効期間の六カ月の滞在を認められて、現在ソウル大の研究所に留学中だが、私は冒頭に〝幸い〟と書くよりも〝当然〟と書くべきだろう。そうなることで、黄君の嘆いた「どうしても理解できないその理由」が、理解できるものになる。彼女の場合は何とか今回三度目の入韓を果したが、次回は韓国籍への変更が待っている。

私はどうしても必要であれば（本質は分断による一方の国家権力による強制にあるのだが）、「在日」が朝鮮籍から韓国籍に変えるのに反対はしない。八八年に最初の韓国入国を果たして以来、朝鮮籍のまま昨年四月まで五回の韓国往来をしている、いわば〝特例〟の私は先の二人の若い

「在日」のことばには防御の方法を持っていない。

私はある日、知人のニューカマーの若い女性に、いつでも自由に韓国へ出入りできるあなたは、同じ在日の朝鮮籍者がそうでないことに、心痛まないかと訊いたことがある。その場合は韓国籍への変更を当然と考えている彼女は、けろっとして、問いの意味が分からない。やがて、そうですね……とうなずくことになるのだが、彼女は先に引用した投稿や手紙の短いことばをどのように感じ取るだろう。

そして韓国籍を取得して自由に韓国に出入りしている人たち、以前から韓国籍の「在日」たちは（もとは一つの「朝鮮」籍から分化したものだが）、自分の「自由」についてどういう思いでいるのだろう。日常化したその「自由」を改めて自覚することもないだろうが。「三世である君が、国籍にこだわるのはかえっておかしい」と、韓国籍への変更を勧めるまえに（入国許可をする当事者の韓国政府当局――在日大使館の場合はさておいて）、往来の自由を保証された人たちは心に痛みをおぼえないか。心の一隅にすまない気持ちを起こす想像力はないだろうか。

これまで、朝鮮籍同胞の韓国籍変更へと直、間接の権力が作用し、在日同胞側が歩み寄ったとすれば、民主化された現在は、権力側から在日同胞のほうへ歩み寄って、朝鮮籍者の韓国往来の道を（「韓国」民でないからパスポートがないため、毎回入国の都度に入国許可申請をするにしても）、開くべきでないか。

統一朝鮮の観点に立てば、「北」も「南」も一方の「かけら」の「国家」であり、「国籍」

もそれに伴なう「かけら」であってまっとうなものではない。私は朝・日国交正常化に際して共和国籍を選ばぬ朝鮮籍のままの無国籍者が生まれる「在日」からはじめて、南・北全体にそれぞれ在来の「国籍」とともに、自国内での二重国籍的な準統一国籍を制定すべきだと考えている。

「一回きりのパスポート」の、「一回きり」のことばの響き。黄君のその一回きりのパスポート故に二度と韓国へ来られないだろうと飛行機の窓に額をくっつけて泣く、若い「在日」たちのその涙の一粒一粒が集まり、分断国土の上に統一の虹をかけるに至るだろう。

黄君よ。再び韓国でサッカーが見られるよ。

2 「在日」百年のなかで

「在日」百年の歴史

姜在彦

一　在日朝鮮人史の起点をめぐって

私は一九五七年に、日本による植民地支配下の在日朝鮮人史を概観した『在日朝鮮人渡航史』（『朝鮮月報』別冊、朝鮮研究所）を出したことがある（姜在彦在日論集『「在日」からの視座』に収録、新幹社刊、一九九六年）。

そこで在日朝鮮人史の起点についてのべた私の見解が、一九九〇年代に批判されているので、その該当部分を引用することにしたい。

一八九九年七月二十八日の外国人労働者入国制限法（勅令第三三二号）では、その第一条のなかでつぎのように述べている。

条約若ハ慣行ニ依リ居住ノ自由ヲ有セザル外国人ノ居住及営業等ニ関スル件
第一条　外国人ハ条約若ハ慣行ニ依リ居住ノ自由ヲ有セザル者ト雖モ、従前ノ居留地及雑居地以外ニ於テ、居住移転営業其ノ他ノ行為ヲ為スコトヲ得。
但シ労働者ハ特ニ行政官庁ノ許可ヲ受ケルニ非ザレバ、従前ノ居留地及雑居地以外ニ於テ居住シ、又ハ其ノ義務ヲ行ウコトヲ得ズ。

とくに当時の事情としては、行政官庁が朝鮮人・中国人労働者の移住を原則的に許可しない方針であったことから考えて、この在日朝鮮人というのは、ほぼ留学生か、親日的政治家であったといえるだろう。ところがこの制限法は、一九一〇年の朝鮮併合と同時に、朝鮮人には適用されなくなった。

つまり一九一〇年の「韓国併合」（併合当時の国名は「大韓帝国」、略称「韓国」）までは、一八九九（明治三二）年の勅令第三五二号が朝鮮人・中国人労働者の入国を原則的に許可しなかったから、在日朝鮮人史の起点を「韓国併合」の一九一〇年とした。

一九九四年に出した小松裕・金英達・山脇啓造編の『「韓国併合」前の在日朝鮮人』（明石書店）は、勅令三五二号の対象は中国人労働者であって、朝鮮人労働者はそれ以前と同様、居留地外の居住や就労の自由が認められたこと、「併合」以前から日本各地の鉄道や水力発電所などの工事に従事していた具体例を掘り起して提示している。

私は五七年後も、在日朝鮮人が当面する現実的問題についてはいろいろ論じてきたが、在日朝鮮人史そのものの研究からは、長い間はなれていた。このさい勅令二三二号にかんする、一九五七年の私の見解を修正しておきたい。

ただし、「併合」前の在日朝鮮人問題は、在日外国人問題一般に属するものであって、日本と朝鮮との間の支配と被支配との関係のもとにおける在日朝鮮人問題とは、本質的に異なる性格のものであることも踏まえておかなければならない。

したがって植民地支配期における被支配民族としての在日朝鮮人問題の起点は「併合」の一九一〇年と見るべきであり、「併合」前の在日朝鮮人問題とは厳密に区別しなければ、戦前・戦後期をつうじての在日朝鮮人問題の本質に迫ることはできない、と考える。

二　植民地支配期の在日朝鮮人

「併合」前の在日朝鮮人は、留学生であれ（これが大多数を占めた）労働者その他であれ、一過的な性格のものであった。かれらが日本社会のなかで定住しはじめるのは、基本的には「併合」後の第一次大戦期（一九一四〜一八年）からであろう。日本は戦争景気によって労働力が払底し、労働ブローカーが朝鮮に出かけていって労働者募集をおこなっている。植民地支配期の在日朝鮮人の人口動態は、**表1**の通りである（拙著『「在日」からの視座』六七頁、新幹社）。

「併合」直後の数字は、資料によって若干の食い違いがあるが、一九一五年の約四〇〇〇名から二〇年には三万名を突破し、三〇年には約三〇万名、三八年には約八〇万名と急増している。

　その原因については、二つの側面から考えることができる。その一つの朝鮮からのプッシュの側面は、植民地支配期における朝鮮農村の地主―小作関係に求めることができる。例えば植民地初期の土地調査事業がおわった一九一八年現在の統計によれば、全農家の三・三％の地主のもとで、三七・六％の農家が小作農、三九・三％の農家が自作兼小作農、自作農は一九・六％にすぎない。在日朝鮮人

表１　在日朝鮮人人口動態（1909–1945）

年度	在日朝鮮人	増加人口(前年比)	在朝日本人
	人	人	人
1909	790		126,168
……			
1915	3,989	—	
1916	5,638	1,649	
1917	14,501	8,863	
1918	22,262	7,761	336,872
1919	28,272	6,010	
1920	30,175	1,903	
1921	35,876	5,693	
1922	59,865	23,989	
1923	80,617	20,752	
1924	120,238	39,621	
1925	133,710	13,472	
1926	148,503	14,793	442,326
1927	175,911	27,408	
1928	243,328	67,417	
1929	276,031	32,703	
1930	298,091	22,060	501,867
1931	318,212	20,121	
1932	390,543	72,331	
1933	466,217	75,674	
1934	537,576	71,359	
1935	625,678	88,102	619,005
1936	690,501	64,823	
1937	735,689	45,188	
1938	799,865	64,176	
1939	961,591	161,726	650,104
1940	1,190,444	228,853	
1941	1,469,230	278,786	
1942	1,625,054	155,824	752,823
1943	1,882,456	257,402	
1944	1,936,843	54,387	
1945	2,100,000		
	(5 月推定)		

資料
・1909 年統計――『日本帝国年鑑』
・1915 年～ 1944 年統計――内務省警保局統計
　在朝日本人――総督府『朝鮮事情』昭和 17 年版(軍隊除外)

が日本に渡航する前の朝鮮での職業は、八割以上が農民である。
もう一つの日本側からのプルの側面は、日本人労働者も忌み嫌う底辺労働分野に、しかも同一労働・民族差別による低賃金労働者にたいして日本資本主義の需要があったからである。戦前に北海道炭鉱汽船の労務部長であった前田一は『特殊労務者の労務管理』（一九四三年刊）のなかで、同一労働にたいする日朝労働者の賃金比較をあげたうえで、つぎのようにのべている（一二～三頁）。

斯の如く彼等はきわめて僅かな収入を得るに過ぎなかったが、その生活費も亦想像以上に低廉なもので、おそらく人間としての最低限度の生活を維持して居るに過ぎない状態であった。住居は粗末で壁は落ち屋根は落ち、辛うじて雨露を凌ぐ程度のもの、殊に食物の点に就いては、よくもあれで生存に必要な栄養が摂取されるものかと疑われる程であり、食う分量は多いが、彼等は全く米と塩と野菜で生きて居る有様であった。しかし彼等は斯かる切りつめた生活に馴れて、月々の収入の範囲に於て郷里に送金もし、不時の際に備えて貯金をする健気の徒も尠なくなかったことは注目すべき事である。

おのずからこのような朝鮮人の吹きだまりである集落が、一九二〇年代から全国各地に分布するようになった。貧困と不衛生と、文字を読めない人びとが寄り添う朝鮮人スラムの生活空間は、かれらにたいする日本人の偏見を拡大再生産する物的根拠となった。日本人の親たちが子どもたちに、朝鮮人スラムに近寄るな、その子どもたちと遊ぶな、と偏見と嫌悪とを植え付ける恰好の見本となった。

表1でもう一つ注目されるのは、一九三五年までは「併合」以来、在朝日本人が数的に、在日朝鮮人をうわ回っていたことである。「併合」前年の一九〇九年には、軍隊を除外した在朝日本人だけでも一二万六〇〇〇名余りにたいし、在日朝鮮人は七九〇名であった。一九三五年に至って在朝日本人六一万九〇〇〇名余りにたいし、在日朝鮮人は六二万五〇〇〇名余りと数的に逆転し、その後は強制連行も加わって、在日朝鮮人数が在朝日本人のそれを圧倒するようになった。

いうまでもなく日本と朝鮮との支配と被支配の関係を反映して、日本社会のなかでの朝鮮人社会は、被支配者の最底辺層を形成していたのにたいし、朝鮮社会のなかでの日本人社会は、支配者としての特権層を形成していた。

三　戦時下の労働力・兵力の給源として

表1のなかでとくに注目すべきは、戦時下の強制連行がはじまる一九三九(昭和一四)年からの在日朝鮮人の加速度的な増加であろう。従来の在日朝鮮人は自主渡航によるものであった。むしろ一九二五年からは渡航阻止制度を実施して、日本人労働者との競合によるトラブルを防ぐため日本への渡航を制限してきた。

日中戦争が泥沼化し、しかもその戦線が拡大するにつれて日本本土(内地といった)の中堅労働力が兵力として動員された。その穴を埋めるために自主渡航による労働者に加えて、強制連行がはじまった。

表1によれば、一九三八年までは毎年数万人単位の増加であったのが、三九年には一挙に一六万人余り、その後は毎年二〇万人単位の増加ぶりである。そして一九三九年の九六万人余りから四四年には一九三万人余り、この五年間の増加数は、ほぼ一〇〇万人近くに達している。

日本政府は一九三八年四月に国家総動員法を公布し、同年五月には「国家総動員法を朝鮮・台湾及び樺太に施行する件」を通達し、それにもとづいて三九年七月には労務動員計画を発表した。

三九年九月からはじまる日本本土への集団的労働動員は、初期の「募集」方式、四二年二月からの「官斡旋」方式、四四年九月からの「徴用」方式と変るが、いずれのばあいも官権の介入によって本人の意思を無視し、強制的に連行したことに変りはない。

表2は日本本土に限定した各年毎の強制連行者数と、配置された就業分野を示すものである。強制連行された六六万七〇〇〇名余りの大部分が炭鉱、金属鉱山の地下労働をはじめ、土建などの過激で危険な重労働分野に配置されている。当然のことながら突貫作業にともなう労働災害が頻発しているが、それによる死傷者の全貌は公表されていない。

強制連行者の配置先は、もちろん日本本土に限定されなかった。一九四一年一二月八日からはじまる太平洋戦争の最前線にまで、国防土木の設営隊その他の名目で拡大されていった。一九四三（昭和一八）年度国民動員実施計画には、つぎのように書いている。

朝鮮人労務者ハ之ヲ内地ノ外、満洲、樺太（サハリン）、南洋群島及南方地域ニ供出セシメ、主ト

表2　年度別／割当職種別の日本に移入された朝鮮人契約労働者数（1939–45）

年　次[1]	総　数	割当職種			
		石炭鉱山	金属鉱山	土木建築	工場その他
1939	38,700	24,279	5,042	9,379	—
1940	54,944	35,431	8,069	9,898	1,546
1941	53,492	32,099	8,988	9,540	2,865
1942	112,007	74,576	9,483	14,848	13,100
1943	122,237	65,208	13,660	28,280	15,089
1944	280,304	85,953	30,507	33,382	130,462
1945[2]	6,000	1,000	—	2,000	3,000
合計（1939-45）[3]	667,684	318,546	75,749	107,327	166,062

１）会計年度（当該年の４月１日から翌年の３月３１日まで）。
２）会計年度第１四半期（４月～６月）の概数。
３）日本への移入総数。日本からの出国数や上記産業からの移動数については不明。
出所：厚生省勤労局からの提出資料
引用文献――戦後補償問題研究会編『戦後補償問題資料集』第２集（金英達担当）185 頁。

シテ生産拡充計画産業及国防土木建築業ニ従事セシム。

戦争が日中戦争から太平洋戦争に拡大するにつれて、日本の人的資源の不足が深刻な問題となった。そこで労働者の強制連行のほかにも朝鮮人を兵力として動員する問題が提起された。

すでに朝鮮では、日本の兵役法の完全実施に至るまでの「過渡的方法」として、一九三八年二月から陸軍特別志願兵制度をはじめた。その対象者は労働者と違って、最低条件として小学校程度の「皇民化」教育を受けた者でなければならない。当時朝鮮では義務教育がおこなわれておらず、就学率が大へん低かった。徴兵制を布くためには義務教育制が前提にならなければならない。

にもかかわらず日本政府は一九四二年五月、四四年度から徴兵制を実施することを閣議決定して朝鮮総督府に通達し、泥縄式に四六（昭和二一）年度から義務教育を実施するための準備を指示した。終戦前に徴兵検査が四四年度と四五年度の二回おこなわれ、義務教育制は実施されずに終戦を迎えた。

一九五三（昭和二八）年五月に、日本厚生省第二復員局が発表した資料によれば、もちろん日本本土に限った数字ではないけれども、兵力として動員された朝鮮青年は陸軍が一八万四九八〇名、海軍が二万二二九八名で、合せて二〇万九二七九名となっている。そのうち死亡および死亡確定が六三七七名、不明が一四名である。

また陸海軍の軍属が合せて一五万四九〇七名、そのうち死亡および死亡確定が九九六三名、不明が九名となっている。とくに海軍軍属に限ってみると、八万四四八三名のうち、死亡および不明者が六九八〇名の高い死亡率を示しているのは、日本軍が全滅した太平洋戦線の国防土木工事に強制連行されたからである。

もう一回、**表1**に戻っていえることは、日本への渡航と移住が自主的であれ強制的であれ、一九一〇年八月から四五年八月までの植民地支配の産物であるという事実である。

ところが戦後の日本では、ほとんど植民地支配の責任が問われることなく、むしろ旧植民地出身者の台湾人や朝鮮人を「第三国人」と蔑称し、民族差別のターゲットにした。

四　戦後の帰国と残留、そして「国籍条項」

一九四五年八月一五日、日本の敗戦によって在日朝鮮人の民族的地位も根本的に変った。つまり植民地支配システムに組み込まれていた被支配的地位から解放されたのである。

日本の敗戦と同時に、一日も早い帰国を望む朝鮮人が博多、仙崎、佐世保などに殺到して、収拾ができないような大混乱を呈した。また乗船地に通じる幹線鉄道の主要駅の周辺にも、各地から集まった群衆がひしめきあって急ごしらえのバラックが立ち、その日の生活の糧をうるために売り買いがおこなわれ、焼け跡に忽然としてヤミ市が現われた。

したがって戦後の混乱期に、どれほどの朝鮮人が帰国したのかを、正確につかんだ資料はない。ただ一九四六年三月、マッカーサー司令部の指示によって、計画輸送のための引揚げ希望者の登録がおこなわれた。それによれば在留者総数六四万七〇〇六人のうち、帰国希望者がその七九%に当たる五一万四〇六〇人となっている。だとすると四五年八月の終戦直後から四六年三月まで、一四〇万人余りが帰国したことになろう。

ところが計画輸送がはじまる四六年四月頃から、帰国熱がしだいに冷め、年末までの帰国者は八万三〇〇〇人にとどまっている。というよりはむしろ、一九五〇年六月の朝鮮戦争に至るまでいったん帰国した人の日本への逆流（密航）と強制送還が繰り返された。

その理由は二つあった。その一つは、植民地支配からの解放が、朝鮮本国の独立に直結せず、北はソ連軍、南はアメリカ軍によって南北が分断され、それによる政治的、経済的混乱がつづいたからである。とりわけ在日朝鮮人の出身地は、その九九%が南朝鮮である。その南朝鮮にアメリカ軍政が布かれた。

戦後の米ソ対立を背景にして、一九四八年八月には南の大韓民国、九月には北の朝鮮民主主義人民共和国が創立された。

かれらが帰るべき南朝鮮では、各地で武装ゲリラ活動がひろがり、軍警との間で国内戦が展開された。南北対立による政治的混乱は、一九五〇年六月二五日の朝鮮戦争に発展した。

他の一つは帰国者にたいする持ち帰りの通貨と荷物のきびしい制限である。つまり持ち帰りできる通貨は一〇〇〇円以下であり（日本銀行と朝鮮銀行の通貨は一対一で交換）、荷物は一人当り重量にして二五〇ポンドになっている。

残余財産は「二国間に正常の金融上の便宜」を設けるまで、日本に残すことになっている。因みに日韓条約が締結されたのが終戦から二〇年後の一九六五年、実質的に残余財産は日本に放棄するのと変らない。

通貨と荷物の持ち出しにたいするこのようなきびしい制限は、戦時中に単身連行された者と違って、在日年数が長く、故郷に生活基盤のない在日朝鮮人の帰国を不可能にした。

ところがサンフランシスコ講和条約が発効したのは一九五二年四月二八日、それまでの在日朝鮮人の国籍は「日本」である。当然参政権が認められなければならない。日本政府はこれを排除するために知恵をしぼった。

四五年一二月、女性参政権を盛り込んだ衆議院選挙法改正の付則で「戸籍法の適用を受けざる者」の選挙権および被選挙権を、「当分の内これを停止す」と規定した。じつに巧妙な論法である。

日本人と朝鮮人とは、戦前から同じく「日本国民」であっても、日本の「戸籍法」は朝鮮の「戸籍令」とは区別されていた。

つづいて四七年五月二日、明治期以来さいごの勅令となった「外国人登録令」(勅令第二〇七号)が公布された。それでは日本国籍を有する台湾人や朝鮮人を「当分の間、これを外国人とみなす」(第一一条)と規定し、外国人登録とその常時携帯および呈示を義務づけた。日本政府の都合によって、ときには外国人として、ときには日本人として扱われたあいまいな存在——それが「第三国人」である。

「第三国人」という差別語は、日本国民のなかでの人権意識の普及によって、長い間死語となっていた。ところが二〇〇〇年四月九日、陸上自衛隊の記念式典で、東京都知事石原慎太郎はつぎのようにのべている——「今日の東京を見ると、不法入国した多くの三国人、外国人が非常に凶悪な犯罪を繰り返している」としたうえで、「震災が起きたら三国人、外国人の騒擾事件が予想される」と、自衛隊の出動を期待している。一九二三年九月の関東大震災を想起させるような恐ろしい発言である。

先にのべたように、一九五二年四月二八日に対日講和条約が発効した。ところが日本政府はその前の四月一九日、国籍選択にかんする国際慣例を無視して、法務府(今の法務省)民事局長の一片の通達によって、講和条約の発効とともに一夜のうちに日本国籍を剥奪してしまった。この「国籍条項」が、日本国内法が定める諸権利から、朝鮮人を制度的に排除する法的根拠として利用された。

具体的な一例をあげよう。日本国籍を剥奪した二日後の四月三〇日、「戦傷病者戦没者遺族等援護法」が公布された。戦傷病者には傷害年金、戦没者の遺族等には遺族年金を支給するための援護法である。ところが戦時中に「皇国臣民」として徴用・徴兵されたが、自分の意思とは関係なく日本国籍を剥奪された朝鮮人を「国籍条項」によってその適用から排除している如きである。

いうまでもなく人権問題は、一国の枠をこえたグローバルな問題である。ところが、内外人を区別して外国人を差別する日本政府の閉鎖的姿勢は、当然のことながら、国内外の批判を浴びるようになり、内国人本位の国内法の修正を余儀なくされた。その大きな転機は、国連が一九六六年に採択した「国際人権規約」が一九七九年九月、「難民条約」が八二年一月に日本でも発効するようになってからである。

例えば「難民条約」の発効にともなって、「日本国内に住所を有する日本国民」に限定されていた国民年金法の「国籍条項」が撤廃され、外国人も加入できるようになった如きである。しかし現在でも加盟国に内外人平等を義務づけている「国際人権規約」の水準に至るまでには、少なからぬ課題が積み残されている。

五　在日コリアンの現在

「内なる国際化」と在日コリアン

すでにのべたように、一九五二年四月二八日の民事局長の通達によって、在日朝鮮人は一律的に日本国籍を離脱して、外国人になった。それまでは在日朝鮮人が常時携帯を義務づけられていた外国人登録証の国籍欄は、「朝鮮」という地域名で統一されていた。それがしだいに、三つに分化するようになった。つまり日本国籍を復活した「帰化」、外国人としての「朝鮮」および「韓国」である。

在日コリアンの中の「朝鮮」と「韓国」の比率は、一九六五年の日韓条約までは「朝鮮」が圧倒していたが、その後しだいに「韓国」が圧倒するようになり、今日に至っている。外国人としての「韓国」および「朝鮮」を含めて、マスコミではさいきん、「韓国・朝鮮人」と表記しているが、ここでは両者をまとめて「在日コリアン」と表記したい。

表3で分るように、少くとも一九八五年までは、在日外国人といえば戦後一貫して、旧植民地出身者の韓国・朝鮮人および台湾人（中国人の大多数）であった。

一九八五年の外国人登録者数八五万〇六一二名のうち、その八〇・三％の六八万三三一三名が在日コリアン、八・八％の七万四九二四名が中国人であった。この二者を合せて、在日外国人総数の八九・一％、つまり九割を占める。

ところが一九八五年から九〇年までの五年間に、大きな変動の兆しが芽生えている。在日外国人総数のなかで、八割以上を占めてきた在日コリアンの比率が、八〇・三％から六三・九％に低下した反面、中国人の比率は八・八％から一四％に上昇したばかりでなく、人口数からしても、ほぼ倍増している。

さらに注目すべきは、この五年間に「その他」の比率が倍増しているばかりでなく、その国籍（出身地）も多様化していることである。

一九九〇年末の外国人総数のなかで、在日コリアンの第一位、中国人の第二位は変らないが、第三

表３　国籍（出身地）別外国人登録者数（カッコ内は％）

年度	総数	韓国・朝鮮	中国(台湾を含む)	その他
1950	598,696 (100)	544,903 (91.0)	40,481 (6.8)	13,312 (2.2)
1960	650,566 (100)	582,259 (89.3)	45,535 (7.0)	22,772 (3.7)
1970	708,458 (100)	614,202 (86.7)	51,481 (7.3)	42,775 (6.0)
1980	782,910 (100)	664,536 (84.9)	52,896 (6.8)	65,478 (8.3)
1985	850,612 (100)	683,313 (80.3)	74,924 (8.8)	92,375 (10.9)
1990	1,075,317 (100)	687,940 (63.9)	150,339 (14.0)	237,038 (22.1)

〈資料〉入管協会『在留外国人統計』諸年度版，法務省入国管理局編『出入国管理』諸年度版から作成

位のブラジル人が五・二％の五万六四二九名、第四位のフィリピン人が四・六％の四万九〇九二名につづいてアメリカ人（三・六％）、ペルー人（〇・九％）その他となっている。

日本のバブル景気がはじまったのが、一九八五年頃からであった。マスコミで盛んに「外国人労働者」、「アジアの花嫁」の問題がとりあげられ、注目を浴びるようになったのも、この頃からであった。

一九九〇年は、在日外国人問題において、大きな転機を迎えたと考える。その一つが、戦後日本において、はじめて外国人が一〇〇万人を突破し、その後さらに増加しつづける始発点になったことである。

他の一つは在日外国人の人口数が増加しつづけている反面、在日コリアンの人口数はほぼ横ばい状態にとどまり、したがってその中で占める比率が低下しつづけるきっかけになったことである。

一九九〇年代における外国人の国籍別構成の推移

表4　国籍(出身地)別外国人登録者数の推移（カッコ内は%）

国籍(出身地)	1991年	2000年
総　数	1,218,891 (100)	1,686,444 (100)
韓国・朝鮮	693,050 (56.9)	635,269 (37.7)
中　国	171,071 (14.0)	335,575 (19.9)
ブラジル	119,333 (9.8)	254,394 (15.1)
フィリピン	61,837 (5.1)	144,871 (8.6)
ペルー	26,281 (2.1)	46,171 (2.7)
米　国	42,498 (3.5)	44,856 (2.6)
その他	104,821 (8.6)	225,308 (13.4)

〈資料〉入管協会『在留外国人統計』（平成13年版）から作成

を示したのが、**表4**である。日本社会の「内なる国際化」の今後を占ううえで、いくつか注目すべき点があるように思われる。

第一の点は、一九九〇年に一〇〇万名を突破した在日外国人が、二〇〇〇年には一六〇万名を突破したことである。日本総人口の一・三三%にあたる。今後このような趨勢は止まらないだろう。

第二の点は、在日コリアンの人口数はほぼ横ばいであるから、外国人総数のなかで占める比率は、五六・九%から三七・七%に低下した。それに反して人口数および比率において飛躍しているのが、中国人、ブラジル人、フィリピン人である。

在日外国人総数のなかで占める在日コリアンの比率が、一九五〇年には九一%、八五年でさえ八〇・三%であったこと、そして八五年からの一五年間に、その比率が、八〇・三%から三七・七%に転落したことを想起していただきたい。ニューカマーとしての外国人が、旧植民地出身者およびその子孫たちのオールドカマーを圧倒するようになった。

第三の点は、在日コリアンには在留資格において、他の外国人にはない「特別永住者」が大きな比重を占めていることである（中国人のなかの台湾出身者も含まれる）。「特別永住者」とは、戦前に渡日してきた一世とその子孫をいう。

二〇〇〇年末の在日コリアン六三万五二六九名のうち、約八〇％の五〇万七四二九名が、「特別永住者」に該当する。

二〇〇〇年は戦後五五年目である。朝鮮生れの第一世は、すでに老齢化しているうえに、在日コリアンの五％にもならないだろう。「特別永住者」のほとんどが日本生れ、日本育ちの第二、三、四世たちである。地方参政権をはじめとする在日コリアンの問題を考えるばあい、この点は必ずおさえておかなければならないキーポイントになる。

なお「内なる国際化」がこれほど進展しているにもかかわらず、在日コリアンが就職や営業上の差別を回避するため、日本特有の「通名」を使わなければならない現実がある。日本社会の開かれた現実と、それをまともに受容できない閉ざされた意識とのギャップを埋めることは、今後に残された大きな課題であろう。

地域的分布の特徴——関東と関西

在日コリアンの地域的分布は、各都道府県に万遍なくゆきわたっている。二〇〇〇年末の地域的分布を見ると、戦前からトップの座を占めつづけてきた大阪府の一五万八七〇二人を筆頭に、二位の東

表5　地域別外国人に占める在日コリアン（2000年末現在）

地域別	外国人総数	在日コリアン	%
関東地方			
東京都	296,823	97,710	32.9
神奈川県	120,332	33,576	27.9
千葉県	74,969	17,228	23.0
埼玉県	81,898	17,677	21.6
群馬県	38,570	3,202	8.3
関西地方			
大阪府	208,072	158,702	76.3
兵庫県	99,703	65,140	65.3
京都府	55,108	41,067	74.5
奈良県	10,803	5,960	55.2
和歌山県	6,700	3,831	57.2

〈資料〉入管協会『在留外国人統計』（平成13年版）から作成

京都が九万七七一〇人、三位の兵庫県が六万五一四〇人、四位の愛知県が四万七七八八人、五位の京都府が四万一〇六七人とつづき、もっとも少ないのが沖縄県の四七四人となっている。

すでにのべたように、在日外国人総数のなかで占める在日コリアンの比率は、二〇〇〇年末現在で三七・七％である。ところがニューカマーとしての外国人の集中度は、東京都を中心とした関東地方と、大阪府を中心とした関西地方との間に、かなり顕著な地域差があることに注目したい。

表5を一見して分るように、バブル景気をきっかけとして、ニューカマーとしての「外国人労働者」が関東地方に集中して、在日コリアンの比率は、軒並みに全国平均の三七・七％を下回っている。

それと対照的に、京阪神地方の外国人は、戦後一貫してオールドカマーとしての在日コリアンがその中心になっている。ことばをかえていえば、「内なる国際化」の度合いからみると、在日外国人の多国籍化は関東地方では高く、関西地方では低い「東高西低」の特徴を示している。

それが何に帰因するのかは分らないが、或いは関西国際空港がバブル景気がはじけはじめた一九九四年に開港したことと関連があるのだろうか。

関東および関西地方とは別に、戦前釜山と下関との間に関釜連絡船があり、朝鮮半島にもっとも近く、かつ炭鉱への強制連行者が多かった山口県および福岡県をみると、二〇〇〇年末現在で山口県のばあいは、外国人総数一万五二二四人にたいし、在日コリアンは一万〇八〇四人(七一・〇%)、福岡県のばあいは、外国人総数三万九二三一人にたいし、在日コリアンは二万二一〇二人(五六・三%)で、在日コリアンの比率は、関西地方に類似している。

六 結び——「共生」の時代を切り拓く

すでにのべてきたように、在日外国人の国籍(出身地)別構成は、一九八五年からはじまり、九〇年代にはドラスチックな地殻変動を起している。このことを直視しなければならない。

在日外国人のなかで、在日コリアンの比率は、たとえ低落しつづけているとはいえ、依然として数的に、第一位を占めている。

これまた再三のべてきたように、戦後の在日外国人とは、一部の特権的なアメリカ人のほかはすべて、旧植民地出身者の朝鮮人と台湾人であった。かれらにたいする日本政府の基本姿勢はどういうものであったか。

一九五二年四月二八日——対日講和条約の発効とともに、朝鮮人が法的にも外国人になった。その前から日本政府は「出入国管理令」を準備し、講和条約発効の日に「法律一二六号」として公布、施行した。その第二四条の退去強制にかんする規定は、つぎのようになっている。①らい患者（ハンセン氏病患者）、②精神障害者、③貧困者、放浪者、身体障害者、④無期または一年をこえる懲役、もしくは禁錮に処せられた者などである。

戦後の経済的混乱期に戦時中の各職場から追放された朝鮮人の生活現実は、まさに「貧困と放浪」そのものであった。③などは誰にでもひっかけられる条項であった。④は不当な処遇にたいする抗議活動を封殺するための条項であった。

ここには法治国家としての、また旧植民地支配国の反省にもとづく旧植民地出身者にたいする人権への配慮はひとかけらもなく、いろいろな口実をもうけて追放することに集中していたことが分る。強制送還のための大村収容所が長崎県に設置されたのも、朝鮮戦争最中の一九五〇年一二月であった。

また同じ四月二八日、外国人登録法が施行され、一九四七年五月二日の外国登録令（勅令第二〇七号）は廃止された。これでは外国人登録証の常時携帯と指紋押なつを義務づけ、それに違反した者の罰則を規定している。

時あたかも、朝鮮は、戦争のさ中であった（一九五〇年六月〜五三年七月）。要するに在日コリアンを、追放と治安対策のターゲットとしてみていた。

この二つの法律がGHQの占領政策から独立を回復した途端、日本政府が示した在日朝鮮人対策の原点であった。平たくいえば、必要なときは「内鮮一体」とか何とかいって強制的に連行し、その必要がなくなると、さっさと出て行け、というようなものだ。

その後の在日コリアンの戦後史は、生存権そのものを脅すような不当な処遇に対決する闘いの歴史であった。たとえ悪法であっても法は法だ、それがいやなら帰れ。悪いことをしたいから指紋押なつに反対するのだろう、というたぐいの大合唱のなかでの闘いであった。

日本社会のなかでの葛藤をつうじて、今ようやく外国人の異文化との「共生」を切り拓く、新しい時代への端緒がみえてきたような気がする。

その意味で在日コリアンは、戦後のきびしい試練を乗り超えて、日本社会の「内なる国際化」を切り拓く先駆的役割を果してきた、といえないだろうか。

もちろん異文化との「共生」といっても、口でいうほど容易なことではない。しかしそれが不可逆的な時代の趨勢であるからには、その現実をまともに受け止めて、多国籍化した外国人との「共生」の方法や対策を模索し、創造することこそ、日本社会の二一世紀を切り拓く歴史的課題といわざるをえない。

本来、日本文化そのものが古代以来、異文化を受容し、それとの葛藤と融合とをつうじて発展してきた伝統がある。異文化を切り捨てた日本文化を考えうるだろうか。

〈補足〉

本稿を書き終えた時点で、入管協会編の平成一四年度版（二〇〇二年）『在留外国人統計』をみることができた。

それによれば、二〇〇一年末の外国人登録総数は、二〇〇〇年末の一六八万六四四四名から一七七万八四六二名へと、一年間でほぼ一〇万名が増加している。そして日本の総人口に占める割合は、一・三三%から一・四〇%になった。

さらに在日外国人総数のなかで占める「韓国・朝鮮」は、人口数は二〇〇〇年末の六三万五二六九名から、二〇〇一年末には六三万二四〇五名に、比率は三七・七%から三五・六%に低下している。

それに反し中国人は三三万五五七五名（一九・九%）から三八万一二二五名（二一・四%）へ、以下ブラジル（一五・〇%）フィリピン（八・八%）ペルー（二・八%）、米国（二・六%）とつづく。

二〇〇一年末現在の外国人総数のなかで占める割合は、中国人とブラジル人とを合せて三六・四%となり、在日コリアンの三五・六%をうわ回るようになった。

この勢いで進むと二〇一〇年までには、在日中国人だけで在日コリアンをうわ回り、首位を占めるようになるであろう。

「在日」女性の戦後史

宋連玉

一　「在日」女性の戦後史を書くむずかしさ

友人が大阪の某大学医学部付属病院に入院していたときの話。

その医学部には大阪という地域柄から在日朝鮮人が相対的に多く在籍し、なおかつ付属病院にも在日朝鮮人の勤務医は多かった。

病室という隔離された空間で境遇の違う日本人中高年女性と時間を共有しているうちに、否応なく日本社会の本音を聞かされる。

ある患者などは主治医である在日朝鮮人への民族的偏見から、診療を託すことすら不安を抱いていたということだ（ちなみに事情はわからないが、本名で勤務していたその医師は一年後には通称名を使っていた）。

また同室には在日朝鮮人を夫にもつ韓国からのニューカマーもいた。彼女の話し言葉のアクセントやしぐさは韓国からのニューカマーであることを表しているが、夫婦別姓の韓国から来ても、通称は夫婦同姓の慣いにしたがっていかにも在日朝鮮人らしい夫の通称名を使い、病室内の民族的な偏見に満ちた発言にも表情一つ変えなかったということだ。私たちほど日本文化に同化されているわけでもないニューカマーですら、日本社会の差別的な空気に保護色ですっぽり身をくるんだ様子がおかしくも哀しい。在日朝鮮人の私たちが擦りへるほど踏んできたあの道を後追いしているようなニューカマーの姿。

冒頭から話が横道にそれてしまったが、本稿で編集部から書くことを求められたテーマは「在日」女性の戦後史である。

辞書には「在日」という言葉の本来の意味は「外国から来て日本に在住すること」とある。その外国が植民地期の朝鮮半島であり、今日の韓国・北朝鮮を指すという特殊な用法にこそ、まさに朝鮮半島と日本とのねじれた歴史的関係が反映している。「在日」という言葉にはその関係を正確に表現するわずらわしさを避けようとする胡散臭さが感じられ、日頃「在日朝鮮人」と自称しようとする私であるが、「在日朝鮮人」には植民地統治により宗主国の日本に住むようになった朝鮮半島出身者およびその子孫しか含まれない。

編集部が「在日」という言葉をあえて使うのは、先に紹介したような、いま現在も増加しつつあるニューカマーや日本国籍を取得した人も視野に入れることが求められているのだろう、と私なりに解釈した。むしろ「在日」という言葉が朝鮮半島ゆかりの者を指すという奇妙さに歴史のねじれを語らせながら、本稿では「在日」という言葉を使ってみることにした。

さて、「在日」女性の戦後史を書き始めてみて、なかなかどうして難しい作業であることを知った。そもそも女性史とは男性の記録からこぼれ落ちた歴史である。それが「在日」となると文書資料はいっそう乏しく、それゆえなのか「在日」女性の戦後史を概観したものは管見の限りではない。

かくいう私もどこまで書き込めるかは心もとないが、日頃心に引っかかっていたり、疑問に感じてきた部分を整理するつもりで書いてみたい。

二 「在日」女性史の始まり——植民地期

戦後史を書く前に、「在日」女性史の始まりについて少し触れてみたい。

資料によると、紡績労働者として一八九三年に朝鮮人女性が三重県につれてこられているが、定着はしなかったようだ。(1)

また留学生として日本の土を踏んだ女性は一九一〇年の「韓国併合」前から存在したが、彼女たちは時代のエリートとして専門的知識、社会主義やフェミニズム、恋愛などの新思潮、ファッションに至るまで日本の近代文化を朝鮮に伝え、朝鮮の女性界を揺さぶった。しかし彼女たちは留学期間中に本稿で問題にする、在日朝鮮人の名もなき庶民と交わることはほとんどなかったし、彼女たち主導の女性運動(2)や労働運動も在日朝鮮人社会を構成する階層の女性とは断絶があった。

朝鮮人女性が日本で定住するようになるのは、「韓国併合」後に大阪の紡績工場が済州島や慶尚南道の晋州から女性労働者を雇用したことに始まり、やがて一九二〇年代に入ると親類縁者を頼ってきた人たちで在日朝鮮人社会が形成される。大阪の在日朝鮮人社会の幕開けに済州島出身の女性たちの存在があったといえるだろう。

済州島から大阪へと向かう女性を主人公にした小説に、梁石日の『雷鳴』がある。主人公は作者の母親をモデルにしたといわれるが、植民地期の済州島を舞台に家父長的な儒教規範に縛られた女性の悲哀を描きながら、忍従の伝統的な女性像にとどめず、大阪という未知の世界へ旅立とうとする自立した姿で作品を結んでいる。

クライマックスで主体的な人生を切り拓く決意を浮かび上がらせているため、書き手がジェンダーのまなざしでもって家父長的な規範に対抗しているように錯覚させられるが、作品の中で主人公および主人公の婚家に設定した身分は下級両班《ヤンバン》(官僚になりうる支配階級、士族)ということになっている。なぜ両班なのか。作家の出自にかかわらず、主人公に与えられた両班という身分設定により、済州島の女性が経済活動に積極的に参加し、相対的にではあるが家父長制に拘束されることなく女性性を肯定的に評価してきた郷土のジェンダー性が読み手に伝えられなくなっている。

もちろん「蓬莱の島」といわれた済州島であっても、女性の社会的地位や家族関係、セクシュアリティに対する考えが全島で均質であるはずもないが、むしろ読み手は朝鮮の儒教的家父長制に苦しむ、ステレオタイプの女性像を想定してしまう。

社会学者、崔在錫が行った済州島での調査研究[3]によれば、むしろ陸地(朝鮮半島本土)の儒教的両班文化に見られる長男優遇思想は希薄で、労働、婚姻、相続、親族組織など見ても、母系の紐帯は強く、陸地ほどには済州島の女性の地位は低くない。泉靖一や李萬甲の研究では済州島が母系、母権社会と結論付けられているほどだ。

両班官僚が朝鮮王朝時代に儒教を定植する装置として使った「貞女二夫にまみえず」(女性にだけ一方的に貞操を強要した考え方)は済州島では社会経済的理由から受容されなかったようだ。女性が経済活動の重要な部分を担っていることが結婚、離婚、再婚、再々婚における女性の相対的に自由な選択を保障したのであろうが、当事者が自由に選択した過去を否定的に評価するようになるのはむしろ日本の近代的女性規範に出会ってからである。

済州島の女性たちは新たな生活の場で、前近代家父長制に縛られた陸地の女性たち、さらに近代家族イデオロギーのもとで近代家族に忍従する日本人女性を発見していく。女性を忍従させてきた旧道徳を、処女性の重視、性愛の一致、恋愛のゴールとしての結婚、離婚の制限など、新しいバージョンで語る近代家族イデオロギー。それを基礎に国民国家が支えられるが、皇民化の過程で近代家族の女性抑圧的規範があるべき理想として先進的なものとして在日朝鮮人女性にも伝えられた。

大阪に集住する沖縄出身者の戦場動員準備に並行して沖縄文化に負の価値を与え、日本文化に正の価値を認識させる生活改善運動が推進されるように、大阪在住の朝鮮人にも朝鮮文化の否定、日本文化の奨励あるいは強要が進められるが(4)、日本文化は「近代家族」諸価値とセットになって、生活の近代化・合理化として正当化された。

男性とは異なり私的領域に生きる女性に対して、「近代家族」の諸価値は日本の学校で学ぶ子どもを通じて持ち込まれ、済州島の女性が身体化させていた郷土のジェンダー性は否定されていく。

済州島女性が近代化＝皇民化に侵される過程で自己否定されていくが、梁石日は持ち前の鋭い感覚で家父長制に拘束されない積極的な女性を点描しながらも、彼自身が内面化している家父長制的なまなざしにより男の語りに閉じこめてしまっている。

潜嫂《チャムス》（海女）は済州島民俗の独自性を語る際に取り上げられる存在であるが、潜嫂は潜嫂以外の女性から卑賤視されている。家父長的な語りからは見過ごされる済州島出身の潜嫂の生活を聞き取り調査した貴重な記録に金栄・梁澄子共著の『海を渡った朝鮮人海女』(5)があるが、それによると、戦時総動員体制に潜嫂の労働力が火薬の原料となるカジメ採取に動員されたことが明らかにされている。

帝国日本の朝鮮植民地支配は済州島からさらに朝鮮半島の内陸部へと及び、済州島以外の地域からも出稼ぎのために、あるいは徴用・徴兵のために、男が郷里を離れ、男を追って妻や母、姉妹たちが海を渡ったが、それも及ばず朝鮮の近現代史は家族離散の歴史とも重なっていく。

三　「在日」女性の戦後史

1　家族に生きる「在日」女性

文献の残されていない女性史は家族史から析出するしかない。「在日」女性も個として可視化される社会経済的な条件が整うまでは、家族に埋もれ、家族とともに生きる闘いに参加した。

しかし「在日」を取りまく政治的・経済的状況はつねに家族の存続を脅かした。家族との深刻な葛藤がなかったわけではないが、家族から孤立したり、離散の憂き目にあうと別様の苦しみが女性に降りかかってきた。

サハリンに置き去りにされた夫と待ちわびる妻、「慰安婦」として暴力的に故郷から引き離された女たち、南北分断で互いの消息がわからなくなった家族、済州島四・三事件と朝鮮戦争、難民となって日本へ再渡航する夫と残された妻、一九五九年から始まった北朝鮮への帰国事業もまた家族の離散を拡大した。

済州島四・三事件に見る女性の受難の一例。植民地時代に近代教育を受け、故郷の発展に尽くそうと大阪から帰郷したが、「インテリ」だということで犠牲となった。娘の遺体を捜し出すために島に戻った母親は衝撃の大きさに心が壊れた。事件が引き金となって性暴力を受けた女性は還暦を過ぎた今も重い沈黙を抱える。女の学びを許さなかった家父長は事件の後、男にも学問を禁じた。

一九四五年一二月、日本政府は婦人参政権付与を盛り込んだ衆議院議員選挙法の改正と同時に朝鮮人・台湾人の選挙権を剥奪した。

日本人女性は一九四六年四月にはじめて選挙権を行使し、同年九月には地方議会への参政権も獲得したが、参政権という基本的人権において「在日」男性は「在日」女性並みに無能力になった。

日本を一歩も出たことのない日本人女性でも日本国籍が剥奪され、参政権が付与されないケースがある。すなわち朝鮮人・台湾人と結婚した日本人妻は、一九五二年に日本国籍だった「在日」朝鮮人・

台湾人の国籍選択権が剥奪され、自動的に外国人となると、戦前の「イエ」制度の規定により彼女たちの日本国籍も剥奪されたのである。

近代教育から疎外された多くの「在日」女性にとって、戦後史は政治の大波を直接かぶらなくとも、先の見えない政治状況に不安を募らせながら、家族とともに生きるための闘いを続けた。

日本赤十字社が「人道」的見地から北朝鮮への帰国事業を推進するために一九五六年に『在日朝鮮人の生活の実態』(6)という資料を作成している。それによると一九五四年末で在日朝鮮人総人口が五八万二八七〇人、定職者一五万一五五人であるが、その内訳は農業や牧畜、林業といった第一次産業従事が定職者の一二・六%、土方を含む土木建築を筆頭とする第二次産業従事者が四三・三%、屑鉄拾い、遊戯、タクシー等の運輸業、料理飲食と続く第三次産業従事者が四四%となっている。日本赤十字社は四四%がサービス業に従事しているということは「朝鮮人が一応それらしい職業にありつけた場合でも、その大半はこのような職業しか発見できない」ことを指摘している。

さらに密造酒、麻薬などの反社会的職業に従事する人口が一万八三九九人、別に日雇い労働者が三万五三三一人いること、完全失業率が日本人の八倍という高率であることが報告されている。

ちなみに日本赤十字社はこれらの統計数値に加え、日本政府や自治体が毎年二〇数億のカネを在日朝鮮人の生活扶助や医療のために使っていることを挙げて、帰国させることは日本の経済的利益にもかなっていると本音をのぞかせる。

反社会的職業とされている密造酒であるが、朝鮮戦争のさなか、一九五二年の三月に密造酒取締りという名分で警官、税務署員合わせ二一四人を投入して深日町、多奈川町（大阪府泉南郡）に住む九人の朝鮮人を逮捕する事件があった。

川崎艦船工場に徴用され、多奈川町に住むようになった朝鮮人は、敗戦とともに徴用解除され、路頭に迷ったが、やがて深日港から四国を往復する関西汽船で日本人が米を運び、朝鮮人が酒を密造するという利害関係が生まれた。麹製造業の町会議員いわく、密造酒禁止は町民の生活を奪うことになると。

逮捕に朝鮮人五〇〇人が抗議し、死者一人、二七人が検挙される大事件となった。[7] 半公認のどぶろく造りに大量の警察力が投入されたのは、深日港再軍備に向けての反対勢力を抑えるためだと当時の識者は分析した。

同胞社会相手に家事の経験を生かし日銭を稼ぐ女。家庭という私的領域では、働く女と飲んだくれ暴れる男との対立や葛藤が語り伝えられるが、民族差別する公的な領域、国家の暴圧に向かっては、その葛藤を超えて男女が共闘した。

再び日本赤十字社の資料に戻って、性別年齢別の構成をみると、男性が三一・二万人に対し、女性は二五・一万人であり、年齢が高くなるほど男性の比率が高くなる。これは前述したように植民地期に男性労働力が動員された結果であり、その後の政治的混乱による夫婦の別居生活が青壮年以上の男女比のアンバランスにあらわれている。

夫を追って日本に来たら、すでに同居する日本人女性がいたという話。そうなることを憂慮し、子どもを親族に預け単身日本に密航してきたという妻。私たちが視界の隅に見てきた、よくある話である。一九四六年に新設された「在日本朝鮮人連盟」（以下、朝連と略す）の「婦女部」の実質的な活動内容はハングル識字学級の運営とともに夫の女性問題やドメスティックバイオレンスに悩む女性のカウンセリングや救援であった。[8]

夫の女性問題は政治的混乱により生じたとも言える側面をもつが、一四歳以上の女子総数一四万六八六二人、無職の女子七万七七三八人、女子の独身世帯主は四六七〇人という数値に表れているように、女が自立して生きる経済的・社会的条件が整うには少なくとも日本人女性より一世代は待たねばならなかった。

朝鮮半島での政情不安はついに朝鮮戦争（一九五〇年六月～一九五三年七月）の勃発をもたらし、いよいよ帰郷を諦めた一世たちは息子の教育に希望を託した。

日本が朝鮮戦争の特需で経済復興をなし、経済白書で「もはや戦後ではない」と宣言した一九五六年あたりから企業では大学工学部出身者が歓迎された。在日朝鮮人は人並みの生活を夢み、息子たちの大学工学部への進学を希望した。それに対し、一部の例外を除いて、娘には早く働かせるために中学で卒えさせるか、嫁入りに必要な民族的素養を身に付けさせるために民族学校に行かせた。

教育を受けるか否か、においては言うまでもなく、日本の学校に行くか、民族学校に行くか、にもジェンダーバイアスが働いた。その民族学校では一九六〇年代から女性にだけ民族衣装の着用を求めた。[9] 北朝鮮のジェンダー規範に海外公民として従ったのであろう。

高等教育機関で専門知識を身につけても就職差別の壁の厚いことを知った息子たちは、「専門を生かす」という期待を抱いて北朝鮮行きを選び、民族運動に自己実現を期待した女性たちも国家建設参与を夢みて帰国船に乗った。そして日本政府から棄民された、貧困にあえぐ「植民地難民」が生存をかけて北朝鮮に行った。[10]

「在日」女性史、朝鮮戦争時の反戦運動など、在日朝鮮人史の空白を埋められないのは、北朝鮮へ帰国した人びとの歴史の証言が得られないことにもよる。

また、「学歴社会」日本で学歴として認められない民族学校を出た娘たちは、「結婚」という就職に恵まれなければ、家内工業の手伝いか、カネの稼げる接客業か、その選択肢は非常に限られていた。また結婚したからといって、相手が同じ在日朝鮮人男性では絵に描いたようなニューファミリーの実現は経済的に容易ではなかった。

2 分断国家と近代家族・良妻賢母

現在、「在日」の団体に大韓民国民団（一九九四年に居留民団[11]を改め民団とする——以下、民団と略す）、在日本朝鮮人総連合会（以下、総連と略す）、さらに韓国からのニューカマーの組織として二〇〇一年に結成された「在日本韓国人連合会」がある。

一九四八年に再編された民団は大韓民国を支持し、一九五五年に結成された総連は朝鮮民主主義人民共和国を支持するように、前二者はそれぞれ南北に分断した国家との結びつきが強い。

民団には婦人会、総連には女性同盟といった女性組織がそれぞれに存在する。民団婦人会草創期の活動目標は家庭・文化・経済に分けられ、近代家族を営む良妻賢母、良妻賢母に必要な文化的素養、合理的な家庭経営が謳われている。[12]女性同盟は「同胞女性の親睦と団結を図る」団体として「民族的アイデンティティをもち安心して子どもを産み育て、祖国の統一と民族の繁栄に向けて女性のすべき課題を果たしていく」ことを目標にしている。[13]

組織の歴史や綱領、活動内容は異なっていても、国家の利益にかなう良妻賢母を理念とする母親運動を展開するところに両者の共通性を指摘することができる。

前述したように、朝連「婦女部」では夫の女性問題に苦しむメンバーのカウンセリングに取り組むなど、女性の苦痛を民族の問題の下位に序列付けないフェミニズムの可能性が見られたのは、この時期、朝鮮民族が帝国日本から解放され、政治情勢は極度に混沌としていたとはいえ、女性が自分の声を上げられる、つかの間の解放空間が存在したのである。日本の国家的暴圧にも共闘するなかでむしろ女性独自の声は受け止められたといえよう。

ところが南北にそれぞれ国家が成立し、生活する場の日本という国家の前面に南北の国家が立ち現れると、「女性の解放」はスローガンに終わり、女性の声は民族的課題の前にかき消され、女性団体は女性大衆を動員し、国家に奉仕する補助的な組織としてしか期待されなくなる。国家は拡大近代家族として、それぞれの役割を期待し始めるのである。

もちろん、女性組織の存在により、仲間を作り、情報を交換し、生活を支えあい、励ましあった場として機能したことは評価できるが、そこからフェミニズム思想が育つことを期待するのは難しい。

民団婦人会は韓国が軍事独裁政権下にあった頃、日本における反軍事独裁政権＝反韓国的活動に抗議し、時には婦人会メンバーが集団で反韓国的集会を阻止することも行われた[14]。指紋押捺拒否運動が高揚した一九八二年から一九八五年に、民団の中では婦人会が率先して積極的に撤廃署名運動を展開したが、一九八六年に政府間レベルで「外国人登録法」の部分改正が行われると、運動は急速に鎮静化した。

韓国籍をもつ「在日」には韓国の家族法が適用される。ある「在日」女性は離婚して初めて親権が自分にないことを知り、子どもを引き取るために長い間家裁で闘った。

韓国において女性に不利な家族法を改正要求する運動は各階層の女性の支持を受けて展開され、ついに一九七七年に次ぐ一九八九年の大幅改正を勝ち取ったが、現在は戸主制の廃止を求めるところまで進んでいる。

しかし婦人会はこのような女性運動に連帯することはなかった。婦人会とは、民団上層部が決定する課題を男女で役割分担し、時には男の体面・面子からできそうにない活動までも担う、民団という家父長的家族の主婦であり、下請け組織だとも言えるのである。「在日」女性の潜在的なパワーが生かされる場もまた限られているのである。

同様に、女性同盟も公的に北朝鮮本国や総連の政策を批判するのは難しい。北朝鮮で刊行されている朝鮮民主女性同盟の機関誌『朝鮮女性』は指導者への賛辞と良妻賢母への褒賞が誌面を埋め尽くし、花という単語が散りばめられている。なぜ女性が花か、という批判は内部から生まれない。

もちろん本国政府の政策に関して、日本における民族団体が唯々諾々と受け入れるばかりではなかった。一九六〇年に韓国で「四月革命」が起こると、日本でも南北分断を超えようとする動きが既成組織の中から生まれた。とくに民団において「民団組織の自主化」を宣言し、「在日同胞」の権益を守ることを最優先する民団民主化闘争を展開した。民主化を要求した彼／彼女たちは日韓会談に向けても「在日同胞」を棄民しようとする韓国・日本政府に向け、法的地位の獲得を要求した。

一九六五年に日韓協定が締結された。日本が分断された一方の韓国とだけ国交を開いたのである。一九五四年末の調査によると、在日朝鮮人の九七％の故郷は南にある。韓国籍を取得すれば、カネと時間の都合さえつけば、自由に故郷の家族に再会できる。韓国は軍事独裁政権下で、マスコミを通じて人権抑圧が伝えられていたが、それを差し引いても韓国国籍への切り替えを阻止することはできなかった。北朝鮮にはかつての魅力は失われていた。

日韓協定以後、故郷の紐帯で結ばれていた「在日」の心に国家はより濃い影を落とす。済州島出身者が日本で最も多く集住する大阪市生野区猪飼野（現、桃谷）では挨拶代わりの「故郷はどこや？」は聞かれなくなり、分断状況を反映した「北、南どっち？」に変わってしまったと、金蒼生は『イカイノ発コリアン歌留多』[15]で嘆いている。

前述の南北の国家に連なる女性組織の他に、一九八六年の権仁淑性拷問事件[16]を契機に結成された在日韓国民主女性会がある。在日韓国民主統一連合の会員団体であるが、韓国の民主化と祖国統一、女性の解放、在日同胞の民族意識の高揚と権益擁護、国際連帯などを目標に掲げ、現在は日本軍慰安婦問題[17]の解決のために活動を展開しているとホームページに紹介されている。

既成の女性組織は「在日」の幸福の鍵は基本的に朝鮮半島の国家が握ると考え、日本に対し長い間内政不干渉の姿勢を貫いてきた。「在日」を取りまく差別的な法制度、社会保障、誤った歴史認識、民族的偏見、差別的文化などは本国の問題の周縁におかれ、瑣末な問題と軽視されてきた。

自分が抱えている瑣末で具体的な問題から出発できないところでは、市民権獲得意識やフェミニズムは育ちにくい。既成の女性組織は、男女有別の思想が根強いところで男女別学、すなわち女子校があるように、女性組織が必要である、という域を大きく出ていない。また韓国であれ、北朝鮮であれ、本国の女性政策や女性運動を日本に翻訳紹介、啓蒙するが、フェミニズムの観点で政策や運動の内容を批判することはない。

そのような既成女性組織のフェミニズム不在を超えて、「在日」女性が個としての声をあげるのは八〇年代半ば以降のことである。

3 「在日」女性のフェミニズム——個の解放を希求する「在日」女性

次に人口動態統計から「在日」の婚姻状況を見ることにしよう[18](表)。

「出嫁外人」という言葉が表すように、嫁いだ娘は他人、もらった嫁は身内という考え方から、保守

表　「在日」の婚姻状況

年	①妻日本人	②夫日本人	小　計	③ 夫婦とも韓国・朝鮮
1955	242	94	336	2,948
1960	862	310	1,172	9,260
1965	1,128	843	1,971	14,724
1970	1,386	1,536	2,922	15,516
1975	1,554	1,994	3,548	14,472
1980	1,651	2,458	4,109	12,244
1985	2,525	3,622	6,147	9,616
1990	2,721	8,940	11,661	8,780
1991	2,666	6,969	9,635	7,844
1992	2,804	5,537	8,341	7,220
1993	2,762	5,068	7,830	7,124
1994	2,686	4,851	7,537	6,464
1995	2,842	4,521	7,363	5,940
1996	2,800	4,461	7,261	5,752
1997	2,674	4,504	7,178	5,076
1998	2,635	5,143	7,778	5,116

的な意識の家長は、日本人の嫁は受け入れても、娘と日本人との結婚は認めなかった。

それが一九七〇年に逆転する。人口動態調査の婚姻件数には韓国からのニューカマーも含まれるだろうが、趨勢としては「在日」女性と日本男性との結婚が増加したことを表す。

「在日」の多く従事する零細な家内工業は、家族の補助的労働に支えられ、家族の結びつきを必要とする。日本社会から受ける差別から生活防衛するために親族の結束を必要とした。祭祀は民族文化であるとともに、紐帯を確認する場としての機能も果たしてきた。

しかしそのような親族関係に苦しむのは、おうおうにして「在日」女性である。労働力収奪において、高等教育進学において、結婚において。

両班儒教文化にもとづく祭祀、それに対抗するかのように見える小市民的「近代家族」文化。近代家族、すなわち妻を専業主婦にしうるのは、医者をはじめとする経済的余裕のある一部の「在日」男か、就職差別を受けずサラリーマンになれる多くの日本人男である。

家族から受ける苦痛が大きいほどに、「在日」女性の「近代家族」への憧れは強い。テレビの普及により目の当たりにする近代家族模様は、二世以降の「在日」女性の憧れに拍車をかける。

一九七〇年代には朝鮮人集住地区にも高度経済成長の余波が及び、地域の宗族共同体的な暮らしが瓦解し始め、砦を喪失した家父長の威信は衰える。人口動態調査が示す数字は「在日」の娘が、前近代家父長的「在日」世界を拒否し、近代家族実現をめざす姿を映し出す。

在日朝鮮人コミュニティの枠内で近代家族の実現を図る「在日」男は、就職差別の壁に立ちはだかられた工学部から医学部へと進路変更した。有名進学校の「在日」率は「在日」人口比より高く、とりわけ医学部進学率は他学部に比べ高い。それ専用の結婚相談所まで存在する。祭祀に見られる民族文化への固執と近代家族は親和性を発揮して「在日」家族の成功したニューファミリー像となる。

また一方では、一九七〇年には在日を取りまく社会的変化を反映して、「日立就職差別事件」の裁判に見られるように、従前の民族運動とは違う、生活する現場である日本社会を変えていこうとする新たな質の運動が登場する。個人的にではなく、集団的に近代家族を実現しようとする運動である。

被差別部落解放運動の高揚の中で展開された識字教育は日本の高度経済成長に伴い、大阪を中心に実現した。

機械化、全自動化が進むと、駅の窓口で下手な日本語ででも切符を購入し自由に外出していた一世の女性の足を奪うところとなった。日本語識字教育を受けず、駅の案内板の文字が読めない者にとっては文明の進歩が仇となったのである。最後まで社会から取り残されていた「在日」一世の女性が、生野区を中心に自転車を連ねて夜間中学に通い始めるのも、一九七〇年代である。[19]

一九八〇年代、日本で広がった指紋押捺拒否運動は、日常生活の射程から日本社会の根幹を問うほどに深まっていった。また韓国社会の民主化、北朝鮮の経済危機を背景に、ペーパーの上で帰属する国家を相対化する目が養われ、国家を戴く「在日」の民族団体そのものの存続の是非すら問う声が出されるようになった。

このような情勢の変化を受けて、「在日」女性も「民族」的であることが女性抑圧的である政治の罠に気づき始め、家族・国家への批判的視座から新しい生き方や連帯の可能性を模索する。

一九九〇年から始まった韓国の慰安婦問題への連帯も「在日」女性のアイデンティティ模索の一環として取り組まれた。

金伊佐子は、既成の在日女性組織が「家父長制を厳密に守った秩序正しい共同体」で、女性解放をうたいながら「既存の男性団体のテリトリーの中で形成された婦人部」となることを危惧し、「民族問題で女『性』を無化する在日の男も、女性問題で民族『性』を無化する日本の女も、在日の女には支配と抑圧の加害者である」と告発する。そして日本や欧米の女性運動の経験に学び、朝鮮半島の南北やアジアの女性解放運動と連帯する在日女性の主体的な解放運動の一環として[20]、大阪を拠点に皇甫康子たち在日女性の仲間と「朝鮮人従軍慰安婦問題を考える会」を立ち上げ、「祖国追随の運動に終始しない」在日女性フェミニズムの始まりを宣言する。

同じく東京でも、ジェンダー意識が欠如していると既成組織をとびだした金富子、金英姫たちが中心になり、韓国で日本軍慰安婦問題を公論化させた尹貞玉・元梨花女子大学教授の講演会を開催した。ここに結集した女性たちが一九九〇年十二月に「従軍慰安婦問題ウリヨソン（同胞女性）ネットワーク」（以下、ヨソンネットワークと略す）を立ち上げ、ハンギョレ新聞に掲載された尹貞玉の「慰安婦問題」調査記を翻訳・紹介するパンフレットを作り、この問題を広く知らせる重要な役割を果たした。金富子によると会員の個性を尊重するために代表を置かず、真相究明と問題解決を二本の柱にすえて活動を展開したということである。ここに六〇年代から民団民主化のために闘い、大韓キリスト教会のメンバーとして「キーセン観光（買春）」反対運動にもかかわってきた梁霊芝が加わる。ヨソンネットワークに立場・世代を超える女性が結集しただけでなく、在日女性の歴史が連続するものとして結実したといえるだろう。

「ヨソンネットワーク」メンバーの金富子が、一九九五年北京開催の世界女性会議・「慰安婦」関連ワークショップで上野千鶴子の「フェミニズムはナショナリズムを超えられるか」という提言に対し、「ナショナリズムの定義も曖昧なまま日本人フェミニストがフェミニズムの越境を求めるのは、日本・日本人の加害性を無化する」と反論[22]したように、「在日」女性は「慰安婦」問題をめぐって日本人フェミニストの民族差別への無関心と闘う一方で、南北朝鮮におけるフェミニズム視点の欠落を痛烈に批判する。[23]

また多くの「在日」女があたかも解放の到達点のように希求してきた近代家族が、実は近代的女性差別を発明した国民国家を支え、差別の政治的構造を支える単位でしかないとする批判も一九八〇年半ばから一九九〇年代に登場する。

鄭暎恵、「在日朝鮮人女一人会」の朴和美は、排他的な国家主義やナショナリズムが性差別をはらみ、個の解放を阻むものとして、エスニック・フェミニズムの主体性を唱える。(24)

鄭暎恵は「民族的」アイデンティティを獲得する過程で共有する「民族」文化の性差別性を指摘する。すなわち「民族」文化の中核として継承されている祭祀や族譜は長男を優遇する家父長制維持の装置であり、支配層の両班の文化であることをラジカルに問い、女性抑圧というジレンマを潜ませる「民族的」アイデンティティから複合的アイデンティティの獲得を提案する。「在日」フェミニズムが重層的な差別の構造に言及するのは、少数者として不可視の存在だったハンセン氏病患者や障碍者が従来の「在日」社会のあり方を問うたことにも負っている。(25)

そもそも植民地下の朝鮮や解放後(戦後)の日本における民族運動がめざしたものは、国家暴力や民族差別を許さず、平和と人権が実現する社会であった。大部分が貧困層であった在日朝鮮人にとって「階級」は「民族」にア・プリオリに含まれていた。しかし分断国家の下で、「在日」にとって個の解放の大前提であった「民族」が「階級」・「ジェンダー」へと豊かに広がらず、国民統合の道具と化したナショナリズムのもとで「民族」文化は形骸化した。形骸化した「民族」文化ですら奪われてきた「在日」は一九七〇年以降各地で民族祭を開催してきたが、「在日」にとっての「民族」文化がどうあるべきかを検証するべき時期を迎えている。女性を抑圧する構造が前近代的なものから近代的なものへと変わるのではなく、女性を抑圧する構造そのものを問い、変えていく。それを可能にする新たな「在日」文化を創造していくべきだろう。

注

(1) 東洋紡績『東洋紡績七〇年史』一九五三年。
(2)「槿友会」東京支会の前身の「三月会」に参加し、「槿友会」大阪支会でも活躍した「在日」女性の趙才龍の座談が「われらの青春時代」『季刊三千里』一九七七年春号(九号)に掲載されている。「在日」社会では数少ない体験者である。
(3)『済州島の親族組織』一志社、一九七九年。
(4) 大阪府『事業計画 昭和一二年』。
(5) 新宿書房、一九八八年。
(6) 初版一九五六年、三版一九五八年、非売品。
(7) 白佑勝「多奈川事件を解剖する」『朝鮮評論』一九五二年四月号、参照。
(8) 金栄・金富子『第二次世界大戦(解放)直後の在日朝鮮人女性運動』(財)東京女性財団研究活動助成研究報告書、一九九三年、参照。
(9) 女性にだけ民族衣裳着用を求めるジェンダーバイアスが問題にされるようになるのは、いわゆる「チマ・チョゴリ事件」と呼ばれた、一九九〇年前後に頻発した民族学校学生への攻撃を契機とする。女性に「チマ・チョゴリ制服」着用を考察する学位論文も出現している。(韓東賢「着衣によるエスニック・アイデンティティの表現とジェンダー」)
(10) 北朝鮮へ帰国した在日朝鮮人のジェンダー分析は今後の課題である。
(11) 一九〇六年、統監府開設に伴い、朝鮮の植民都市一〇ヶ所に理事庁が設置され、そのもとに植民地支配の尖兵としての日本人組織、居留民団が生まれた。大韓民国居留民団が居留民団という名称を採用したのは偶然の一致かもしれないが、植民地時代の歴史を批判的に見る視点が欠如していたことには違いない。
(12) 在日大韓民国婦人会東京地方本部「婦人会東京半世紀史」一九九三年、九三ページ。

（13）在日本朝鮮女性同盟のホームページによる。
（14）民団婦人会は一九七七年に結婚相談部の新設を実現し、一九七九年からお見合いパーティも開催する。
（15）新幹社、一九九九年、一九五ページ。
（16）労働運動に入り込むために偽装就労をしていたという嫌疑で逮捕された権仁淑が警察で性拷問を受けた上に、公文書偽造で起訴されたが、権仁淑の告発により女性団体連合性拷問対策委員会が結成され、加害者の警官は実刑判決を受け、罷免された。
（17）女性同盟も慰安婦問題に関心を寄せるが、婦人会では公的な見解を出していない。
（18）厚生労働省人口動態調査。③は夫婦ともに在日なので、数字を倍数にした。
（19）戦後混乱の渦中から生まれた夜間中学が一九七〇年代に大阪を中心に第二次開設期を迎える（松崎運之助『夜間中学——その歴史と現在』白石書店、一九七九年、参照）。
（20）「在日女性と解放運動——その創世記に」『フェミローグ』三、玄文社、一九九二年。
（21）金栄、山下英愛、梁澄子たちが中心となり、一九八五年から通信も発行した。
（22）『ナショナリズムと「慰安婦」問題』青木書店、一九九八年、参照。
（23）山下英愛「韓国における慰安婦問題の位相」『戦争責任研究』三四・三五号、二〇〇一年冬・二〇〇二年春、戦争責任資料センター
（24）鄭暎恵「開かれた家族に向かって——複合的アイデンティティと自己決定権」『女性学年報』一五号、一九九四年一〇月。朴和美「怒ってくれてありがとう——在日の女と男」『ホルモン文化』九号、二〇〇〇年九月。
（25）李乙順『私の歩んだ道——在日・女・ハンセン病』二〇〇一年。慎英弘「在日同胞と介護保険・年金問題」『ホルモン文化』九号、二〇〇〇年九月。

「在日」の権利闘争の五十年

田中　宏

はじめに

表題のようなテーマを与えられたが、結局は私的なノートとして書くしかない。私は、学窓を離れた後、一九六二年から一〇年間、アジア人留学生の民間世話団体に勤務した。留学生は、「学生」という側面と「外国人」という側面を合わせもっていた。指紋の押された「外国人登録証明書」を初めて見たのも、その不携帯で逮捕された事例も、そこで経験したのである。

一九六三年一一月、千円札が聖徳太子から「伊藤博文」に変った時のことは忘れられない。東南アジアからの留学生（日韓条約以前なので韓国からはいない）が、「この千円札を毎日使う在日朝鮮人のことは考えないの」といわれた。こんなことも思い出される。電車の中で、母語を使っていた東南アジアの華人系留学生は、日本人乗客から、「ここは日本なんだから、朝鮮語なんか使うな！」とはき捨てるようにいわれたという。ある時、留学生から、「日本語では、文字は外国人と書くけれども、内心ではわれわれを〝害国人〟と見ているのではないか」といわれたこともある。

私の在日コリアンへの関心はこうした経路を辿っている。留学生は氷山の一角にすぎず、水面下に大きな氷塊としての在日コリアンが存在することに気づいたのである。私の視界にうつった在日コリアンの権利擁護、差別撤廃の運動を以下に綴ってみる。

朝高生集団暴行と日韓条約

「在日」の権利擁護、差別撤廃の運動は、いつごろを起点と考えたらいいのだろうか。私の理解では、「在日朝鮮人の人権を守る会」(以下、「守る会」という)が発足した一九六三年を一つの目安にしたい。この会は、当時ひん発した朝鮮中高生に対する日本人高校生の集団暴行事件に係わる調査団の結成がキッカケとなっている。「朝鮮中高生に対する人権侵犯事件真相報告集会」が六三年八月一三日、東京・千代田公会堂で開かれ、一〇〇〇人もの人が参加したという。調査団結成の発起人は、市井三郎(成蹊大)、阿部知二、大江健三郎らの作家、千田是也(俳優座)、岩井章(総評)、羽仁進(映画監督)ら多彩な顔ぶれだったが、中心はやはり弁護士だった。

「三年前の一九六〇年に歴史的な安保闘争があります。その年に南朝鮮で李承晩政権がひっくり返り、翌年には、朴正熙がクーデターを起こすという状況があります。その頃から第五次、第六次日韓会談がアメリカの後押し、激励によって急速に進みました。そのようななかで、六二年に神奈川で一人の朝高生が殺されました。六三年に入ると、朝高生に対する集団暴行事件がひん発しました。それで朝高生に対する集団暴行事件調査団が結成されました。これが『守る会』に発展するわけです」(『在日朝鮮人の人権を守る会二〇年の歩み』、同会編、一九八三年)との記述が、当時の時代背景を伝えている。

「守る会」は、日韓会談が妥結にむかうなか、精力的に調査研究を進め、『在日朝鮮人の法的地位』(六四年、一二月)、『在日朝鮮人の民主主義的民族教育』(六五年、三月)『在日朝鮮人の人権と「日韓条約」』(六五年、一〇月)の三部作を世に問うた。いずれも、日本の現状について具体例をあげながら検証しており、古典的名著といえよう。例えば『法的地位』は、第一章、在日朝鮮人の生活と社会保障、第二章、在日朝鮮人の祖国との往来の自由、第三章、在日朝鮮人と外国人登録法、第四章、在日朝鮮人にたいする強制送還、第五章、在日朝鮮人の永住権問題、第六章、在日朝鮮人の国籍、となっている。

一九六五年六月、日韓基本条約及び日韓法的地位協定などが調印され、日韓国交正常化がなされた。同年一二月文部省は、早速「朝鮮人のみを収容する教育施設の取り扱いについて」(事務次官通達)を発し、(1)朝鮮人学校は「学校教育法第一条の学校(正規学校)として認可すべきではないこと」、「(2)朝鮮人としての民族性または国民性を涵養することを目的とする朝鮮人学校は、わが国の社会にとって、各種学校の地位を与える積極的意義を有するものとは認められないので、これを各種学校として認可すべきではないこと」とした。

さらに、同通達末尾の「なお、朝鮮人を含めて一般にわが国に在住する外国人をもっぱら収容する教育施設の取扱いについては、国際親善の見地から、新しい制度を検討し、外国人学校の統一的取扱いをはかりたいと考えている」を受けて、翌六六年から「外国人学校法案」が登場する。それは、認可権、是正・閉鎖命令権を文部大臣に集中する（知事から認可権をとりあげる）ことが最大の眼目だった。一四条からなる法案は、認可、届出、是正命令、閉鎖命令、報告及び検査、教育の中止命令など規制に関するものばかりで、入学資格付与や私学助成などの保護規定は何ひとつ含まれていなかった。極端な外国人学校敵視政策というほかない。

ついで、六九年から四次にわたって提出された「入管法改正案」も廃案に終った。日本政府は、日韓国交正常化によって、あたかもフリーハンドを得たか如く、外国人学校法案、入管法改正案を矢継ぎ早に出してきたのである。こうしたなか、六七年四月、東京都知事に当選した美濃部亮吉は、文部省の反対を押し切って、六八年四月、朝鮮大学校を各種学校として認可したのである。外国人学校法制定の動きは、六八年の第三次提出も廃案となり、ついに成立を見ることはなかった。美濃部知事は七〇年度予算で初めて外国人学校への助成を行ない、以降それは各地にひろがり、九七年度に愛媛県が補助に踏みきったことにより、朝鮮人学校が設置される二九都道府県すべてに及び、空白はなくなった。

日韓法的地位協定は、「韓国民」であることを前提に、協定にもとづく永住を認め、その申請期間を七一年一月までのむこう五年間とした。その結果、まったく同じ歴史的背景をもつ「在日」のなかに三八度線が持ち込まれることとなった。日本政府は、外国人登録の国籍欄について、「朝鮮」は符号、「韓国」は国籍であるとの統一見解を示した。協定永住を申請するために「朝鮮」から「韓国」への変更、逆に「韓国」となっている者が「朝鮮」への書換えを求める事例も現われた。一九六八年九月は、朝鮮民主主義人民共和国創建二〇周年に当った。「在日」の祝賀団の派遣に対し、法務省が「再入国不許可」としたため行政訴訟が提起され、同年一〇月には東京地裁が、一二月には東京高裁がそれぞれ原告勝訴を言渡した。かくして、共和国への渡航の道が開かれることになったのも、権利闘争の成果である。

新憲法施行前日の「勅令」

外国人登録制度をめぐっても、長い闘いの歴史が刻まれている。戦前、在日朝鮮人は「帝国臣民」とされたので、「外国人の入国、滞在及び退去に関する件」(一九三九年内務省令六)の適用対象ではなかった。逆に、国家総動員法(一九三八年)や国民徴用令(一九三九年)によって、日本内地への強制連行が行なわれる頃になると、「協和会手帳」(写真つき)を持たされ、その常時携帯義務が課せられた。当時「犬の鑑札」と呼ばれたという。

一九四五年八月、日本が「ポツダム宣言」を受諾したことによって戦争は終結した。同宣言には「カイロ宣言の条項は履行せらるべく」とあり、カイロ宣言には、「満州、台湾」などの中国返還とともに、「朝鮮の人民の奴隷状態に留意し、やがて朝鮮を自由独立のものにする」とあった。これが、戦後日本の「原点」なのである。

約七年間、日本は占領下におかれるが、米国の「降伏後における初期の基本指令」(四五年一一月)には、「軍事上の安全が許す限り、」「台湾人及び朝鮮人は解放人民（liberated people）として処遇すべきである」が、彼らは、今も引き続き「日本国民（Japanese subject）であるから、必要な場合には敵国人（enemy nationals）として処遇されてよい」とあった。つまり「日本国民」なのか「外国人」なのか、あいまいな〝二重性〟を有する存在とされたのである。

前述の内務省令は、戦後は事実上停止状態となっていた。約二百数十万人に達した在留朝鮮人は、戦後短期間に次々と母国に帰還した。一九四六年二月、占領当局（GHQ）、は、朝鮮人などの引き揚げを円滑に進めるための「覚書」を発した。それを受けて、日本政府は「朝鮮人、中国人、本島人（台湾人を指す）および本籍を北緯三〇度以南の鹿児島県または沖縄県に有するものの登録令」（四六年三月、厚生・内務・司法省令一号）を公布し、同年三月一八日を期して、「帰還希望の有無を調査するため」（第一条）の登録を行なった。この時登録した朝鮮人は六四万七〇〇六人（うち日本残留希望者は一三万二九四六人）であった。

戦後日本の管理法令の〝芽〟は在日朝鮮人が最も多い大阪に出現した。すなわち、「朝鮮人登録に関する件」（四六年一〇月三〇日大阪府令一〇九、翌日施行）である。「外国人」ではなく「朝鮮人」登録を大阪府のみで実施するもので、しかも「左右ひとさし指」の指紋押捺義務まで定められていた。戦前の「協和会手帳」の復活に指紋が加ったこともあり、「在日」は激しく反発し、交渉の結果、「指紋」は撤回されたという（金府煥『在日韓国人社会小史』共同出版社、七七年）。

四七年五月二日、こんどは全国に及ぶ「外国人登録令」（勅令二〇七）が公布施行され、大阪府令は廃止された。そこには、「朝鮮人は、この勅令の適用については、当分の間、これを外国人とみなす」（第一一条）とあった。公布翌日は新憲法施行日で、国会審議を要さない「勅令」の最後のものとなった。それは、現在でいう入管法と外登法を一本にしたものであった。すなわち、外国人登録に関する規定だけでなく、国外退去に関する規定（第一四条）も含まれていたのである。

　この勅令の実施にも「在日」は強く反発し、当局も「登録は市区町村で行ない、戦前の外国人管理のように防諜とか外事警察的色彩をおびないものであったが、解放民族意識の軒昂たる一部外国人側でこの登録に反対する動きがつよく、とくに第一線の登録事務にたずさわるものは非常になやまされた。……最初の登録の際には法規に不備な点もあり、登録を集団的に受け付けざるを得なかったため、十万人ちかい不正登録や二重登録があった」と書いている（『出入国管理白書』一九五九年、傍点は田中、以下同じ）。すなわち、登録の促進をはかるため、朝鮮人団体の一括申請、一括交付を認めざるをえなかったのである。

　四九年一二月には外国人登録令の大改正が行われ、登録に有効期限（三年）を設けて定期的に切替え制を導入、登録番号を全国一連番号に改め、また、従来は新居住地で改めて新規登録をさせていたが、以降は居住地変更登録方式に変えた（従って登録証はそのまま）。当局が「法規の不備」といったのは、これらのことであろう。さらに、この大改正時には「指紋」導入も考えられたが結局見送られている。

　四九年一一月、法務府法制意見第一局長から外務省連絡局長宛の回答「外国人登録令による登録事項として指紋を追加することについて」が残っている（『法務総裁意見年報』五〇年）。照会の趣旨は、指紋追加の是非ではなく、その規定方法（自治体の条例によることの可否、――回答は不可）に関してだったが、その照会文には次のような意見が付記されている。「本件について、法務府民事局第六課では、立法そのものは簡単になし得るも、政治的に見て、（イ）指紋が我国においては未だ犯罪捜査以外には余り一般的に使用される段階にない事、（ロ）特に本件外国人登録は在日朝鮮人を主として目的とする関係上、他の一般日本人に対してなされていない事をこれら特定人に強制する結果となり、面白からぬ結果を惹起するのではないかとの意見である」と。

この第六課は、外国人登録事務を統括しており、沿革的には現在の法務省入管局登録課にあたる。この担当課の日本人に課していないのに、という認識はいささか意外な気もするが、在日の反対に「なやまされた」（前引）からかも知れない。

しかし、一九五二年四月二八日（日本の主権回復日）に制定された外国人登録法に、ついに指紋押捺義務が登場するが、その実施には当局も頭を痛めたようだ。法務省の係官は、「外国人の反対運動なしに指紋押捺制度が実施できるとは考えられていなかった。ただ、一九五五年という切替えのない時期を選んで、反対運動の機会を彼らに与えず、これを実施することが私共の秘策であった」（『外人登録』五九年四月号所収）と書いている。三度にわたって実施延期の法改正を行ない、五五年四月、ようやく実施にこぎつけた。それについても、「〔実施の延期は〕当局が当時の活発な在日朝鮮人の激しい抵抗を怖れたからに外ならない」（『外事警察五十講（上）』一九五六年）と、警察当局が率直に述べている。

一九五六年が「大量切替」に当ったが、同年には一九五人（内一九一人が在日）が押捺を拒否している

(『犯罪統計書』)。八〇年以降の拒否と違って、当時は取調べ段階で結局は押捺に応じたようだが、それでも二件の刑事判決が確認される。うち一件は、最高裁まで争われている(安商道事件、五六年一一月、下関で拒否。懲役四カ月執行猶予二年の判決、広島高裁、最高裁も原判決支持)。しかし、そこでは、結局は押捺したのに刑罰を課すのは不当だという主張で、八〇年代以降のように指紋制度そのものの是非を問うものではなかった。八〇年代の指紋裁判ではすべて罰金刑(一万〜三万円)で、中には執行猶予がついたものもある。導入当初と八〇年代の違いは、日本人の関心の有無によるのではなかろうか。

市民運動としての差別撤廃運動

日本における民族差別撤廃を求める市民運動のスタートは、七〇年一二月に提起された日立就職差別裁判といえよう。それはまた、六五年の日韓国交正常化が「在日」の権利保障にさしたる意味を持たなかったことの証明ともなった。当時は、さまざまな新しいタイプの市民運動が澎湃としておこり、それぞれの課題に取り組む新しい潮流が、やがて「在日」に対する差別問題をその射程に入れたのである。裁判は横浜地裁で審理されたが、その支援運動は全国各地に生まれた。

日立裁判が七四年六月、原告全面勝訴(確定、入社)となったこともあり、日本人と「在日」が連携して身近な具体的な差別の撤廃に挑んでいった。それはやがて、〝差別の象徴〟とされた指紋押捺制度の撤廃にむけて、押捺拒否の輪をひろげていった。八〇年九月の拒否第一号から始まり、八五年の外国人登録の大量切替え期にその山場を迎えた。八六年の法改正で「指紋一回制」に修正、九一年改正で永住者について廃止、九九年改正でついに全廃された。改正法が施行された二〇〇〇年四月に指紋はその幕を閉じたが、八〇年の指紋拒否から数えても二〇年、四六年の大阪府令での登場からだと半世紀以上ということになる。八五年の大量切替えを前に自主製作された記録映画『指紋押捺拒否』（呉徳洙監督、五〇分）は、貴重な映像を収めている。また、『指紋押捺拒否者への脅迫状を読む』、『日本人へのラブコール——指紋押捺拒否者の証言』（八五、八六年、いずれも明石書店）もあげておく。

外国人登録には、まだ多くの問題が残っている。一つは、登録証の常時携帯義務が課されていることである。もちろん、日本人にはまったくない義務である。国連の自由権規約委が、日本政府報告を審査後にまとめた「総括所見」は、「刑事法のもとで、永住権を有する外国人が登録証の常時携帯義務を負い、日本国籍者にはこれが適用されないことは、規約（二六条、法の前の平等）と合致しない」（同委、九三年）と指摘した。九九年の指紋全廃の外登法改正の際、議員修正によって、特別永住者（すなわち在日）については不携帯罪の罰則が「一〇万以下の過料」にやっと変更された（それ以外の外国人は「二〇万円以下の罰金」のまま）。罰金刑は刑罰であり逮捕も可能であれば前科ともなるが、過料は行政罰のためそうしたことはない。

住民基本台帳法は外国人に適用されず、外国人登録法がそのかわりをしている。しかし、両者の間には大きな違いがある。例えば、住所変更の一四日以内の届出義務を怠った場合、日本人は「五万円以下の過料」だが、外国人は「二〇万円以下の罰金」に処されるのである。

「在日」に関する国籍処理の非情さ

占領当局がいう在日の〝二重性〟は日本が占領を解かれた日（一九五二年四月二八日）に、終止符がうたれ、以降は名実ともに「外国人」とされた。それは一片の法務府民事局長通達によって示された。その骨子は次の通りである。

（1）朝鮮人及び台湾人は、内地在住者も含め、すべて日本の国籍を喪失する。

（2）、（3）、（4）は省略（いずれも婚姻、養子縁組などによる入籍者、除籍者の扱い）、

（5）朝鮮人及び台湾人が日本の国籍を取得するには、一般外国人と同様、もっぱら帰化の手続きによることを要する。その国籍法にいう「日本国民であった者」及び「日本の国籍を失った者」に該当しない〔いずれも帰化要件が緩和される〕。

平和条約発効日を機にこうした外国人宣告がなされたが、朝鮮（南も北も）は条約の当事国ではなかったし、また日本国憲法に「日本国民たる要件は、法律でこれを定める」（第一〇条）即ち、国籍の得喪は立法府の制定する法律によるとあるが、その「法律」も制定されていない。

他国を併合した後、それが分離独立した場合、その国籍処理はどうなるのか、ドイツとオーストリアの例を見ておきたい。ドイツは、戦後、東西に分断されたこともあり、平和条約は結局締結されなかった。西独では、一九五六年五月、国籍問題規制法が制定され、かつて付与されたドイツ国籍はすべて消失すると定める一方で、ドイツ国内に居住するオーストリア人（在日朝鮮人にあたる）は、その意

思によりドイツ国籍を回復する権利を有すると定められ、国籍選択権が認められたのである。

一方的に外国人とされて以降、「在日」は、「日本国民」でないことを〃口実〃に、さまざまな〃排除〃や〃差別〃が正当化されたのである。前に見た外国人登録法の各規定もその例である。平和条約が発効し「外国人」にしたものの、これらの人々を一夜にして出入国管理令上のどれかの在留資格に振り分けることは不可能だった。そこで政府は、暫定措置を定めた法律を制定し、これら旧植民地出身者（朝鮮人・台湾人）については、「別に法律で定めるところにより、その者の在留資格及び在留期間が決定されるまでの間、……本邦に在留することができる」としたのである。この暫定措置を定めたのは（一九五二年）法一二六だったが、外国人登録法は法一二五であり、法一二七は戦傷病者戦没者遺族等援護法である。援護法は戦後日本で初めて制定された戦争犠牲者援護立法であるが、「在日」はその国家補償の対象から除外された。

一九六三年八月、日本テレビ系列で放映された大島渚「忘れられた皇軍」は、「在日」の戦傷軍属の悲痛な叫びを伝える名作である。そこに登場する元日本軍在日韓国人傷痍軍人会の会長は、一九七一年四月、首相官邸に車を乗り入れ、佐藤栄作首相に直訴を試みたこともある（「韓国傷病兵の還らざる戦後」、『月刊宝石』七八年一月号所収参照）。日本への〃協力者〃とみられた朝鮮人BC級戦犯の闘いも孤独な闘いを強いられた（内海愛子『朝鮮人BC級戦犯の記録』勁草書房、八二年参照）。

平和条約が発効するとき、スガモ・プリズン（東京池袋のサンシャインビルはその跡地に建つ）には九二七人の戦犯が拘禁されていたが、そこには二九人の朝鮮人と一人の台湾人が含まれていた。戦犯の刑の執行について、同条約第一一条は、「日本国は、連合国戦争犯罪法廷の裁判を受諾し、かつ、日本国で拘禁されている日本国民にこれらの法廷が課した刑を執行するものとする」とある。そこで、平和条約発効と同時に日本国籍を喪失したので、条約一一条にいう「日本国民」ではなく、拘束されるべき法的根拠はない、と提訴したのである。五二年七月、最高裁大法廷は、「日本国民は平和条約第一一条により刑の執行の義務を負い、平和条約発効後における国籍の喪失または変更は、右義務に影響を及ぼさない」と判旨した。従って、国家補償は国籍喪失により受けられないが、刑の執行には影響なく刑に服すべき、というのである。国籍処理の非情さを示して余りあろう。

「忘れられた皇軍」の大島渚は、後に次のように述べている。「ヨーロッパで私のドキュメンタリーを上映する時には、いつも『忘れられた皇軍』が最大の目玉であるわけです。今回も上映の後で質問が殺到いたしました。一番大きな関心は、やはりこの方々は映画を作った後どうなったかでした。三〇年間日本政府は何もしなかったけど、昨年あたりからあらためて補償を求めようという声が全国から上って、しだいに大きな運動になりつつあると報告することができました。今回の運動が戦争を知らない在日三世の方々によって担われたということを聞いて、二九年前にあの映画を作って本当に良かったと思います。」と（九二年八月九日の集会での挨拶）。

指紋押捺拒否闘争に引きつづいて、市民運動は戦後補償問題に着手することになる。「在日」の戦後補償裁判がスタートしたのは九〇年代に入ってからである。「在日」の戦傷軍属及びＢＣ級戦犯が、それぞれ提訴したのである。しかし、地裁、高裁、最高裁と争われたが、すべて請求は棄却された。国に補償措置を促す付言がつくことは多かった。二〇〇〇年六月、「在日」の重度戦傷病者及び戦没者遺族を対象に、「平和条約国籍離脱者等である戦没者遺族等に対する弔慰金等の支給に関する法律」が制定され、生存者四〇〇万円、遺族二六〇万円の一時金（日本人に比べるとすずめの涙ほどの額）支給が行なわれている（〇四年一〇月末現在合計四〇六件受給）。ＢＣ級戦犯については立法運動が進められているものの見通しはついていない。

ベトナム難民が世界にあらわにした日本国内の制度差別

「国籍の壁」に対する挑戦は実に多岐にわたった。公営住宅の入居資格、弁護士、弁理士、公立学校教員、日本育英会の奨学金、地方公務員、国公立大学教員などなど。こうした内なる闘いへの思いがけない〝援軍〟となったのがベトナム難民だった。一九七五年四月、ベトナム戦争が終結すると大量の難民が流出することとなり、日本にもボートピープルがやって来た。皮肉なことに、同じ年にサミット（先進七ヶ国首脳会議）が発足し、毎年の会議には日本の首相が出席することとなった。

日本は当初、第三国への出国を前提とした「一時上陸許可」で対応したが、やがて「定住許可」を認め、さらには「難民定住促進センター」の設置へと、政策変更を余儀なくされた。フランスの『ルモンド』紙が、制度的な朝鮮人差別にメスが入らない限り、日本の難民政策に改善を期待することはできない、と図星の論評を加えたのは、七八年五月のことである。日本政府は、やがて国際人権規約、難民条約を相次いで批准した（七九年、八二年）。それに伴い、公共住宅関連の国籍制限を撤廃し、外国人に門戸を開放し、また児童手当に関する三法と国民年金法については国会で国籍条項撤廃の法改正が行われた。ひと握りの難民が六〇万在日コリアンへの制度的差別撤廃に大きく貢献したのである。日韓条約が難民条約以下だったことが明らかになった。しかし、国民年金法改正時に必要な経過措置をとらなかったため、「在日」の障害者や高齢者に多くの無年金者が生まれた。二〇〇〇年三月には在日コリアンの無年金障害者七人が国を相手に京都地裁に、二〇〇三年一一月には、同じく無年金高齢者六人が大阪地裁に、それぞれ提訴した。（京都地裁は〇三年八月、控訴）

その後も、日本政府は、女子差別撤廃条約（八五年批准）、子どもの権利条約（九四年同）、人権差別撤廃条約（九五年同）と批准を重ねた。さきの国際人権規約と同じく、これらの条約は、いずれも加入国政府に国連への定期報告を義務づけており、その報告は各条約が定める委員会において審査され、その結果は「最終所見」として公表される。また、その審査にあたっては、「在日」も含む人権NGOが日本の現状を訴えるカウンター・レポートを提出、発言の機会をうることもある。「在日」の権利について、こうした国際人権の視点から検証するだけの紙幅がないので、その点は『在日コリアン権利宣言』（田中宏編、岩波ブックレット、二〇〇二年）に譲りたい。

日立裁判勝利を受けて生まれた「民族差別と闘う連絡協議会」（民闘連）は、七五年以降、毎年全国集会を持ち、相互に連携、交流を重ねてきた。市民運動のひろがりは民族団体にも影響を与えたようで、民団中央は七七年三月、「在日韓国人の生活擁護のための人権宣言」を発表、以降の権益擁護運動のなかで「差別白書」（第一集、七七年五月〜第七集、八四年六月）がまとめられた。前述の「在日朝鮮人の人権を守る会」は総連系であるが、八三年に『二〇年の歩み』をまとめて以降は活動が停滞し、八九年七月から「在日朝鮮人人権セミナー」が始まり、九四年二月に「在日朝鮮人人権協会」が発足している（機関誌『生活と人権』一号〜二〇〇四年六月刊は一八号）。

日韓法的地位協定には、協定永住者の子孫の処遇について、協定発効から「二五年を経過するまでは協議を行う」（二条）との一文があり、一九九一年がひとつの節目の年となった。

民闘連は、「九一年協議」を念頭に政策提言として、八八年一〇月、「在日旧植民地出身者に関する戦後補償及び人権保障法草案」をまとめた。そこでは、朝鮮の南北、台湾のいずれの出身かを問わず、一括して特別永住権を保障し、退去強制の余地をなくし、出入国の自由も保障する、外国人登録法ではなく住民基本台帳法を適用（従って指紋押捺も登録証の常時携帯も不要）、地方参政権を開放、雇用差別解消のための雇用率の設定など大胆な提案を行った。九一年一月、「日韓法的地位協定に基づく協議に関する覚書」が日韓外相間で調印されたが、そこでは、特別永住者の設定、指紋押捺の廃止など部分的にしろ、要求が実現されることとなった。「平和条約国籍離脱者等の出入国管理に関する特例法」の制定により、協定永住者は姿を消し、南北を通じて「特別永住」に一本化されたのである。

地方公務員採用の門戸開放が地方都市で進むなか、九四年九月、東京都の保健婦である在日コリアン女性が管理職の受験資格の確認などを求めて提訴した。九六年五月の東京地裁判決は敗訴だったが、九七年一一月、東京高裁は原告勝訴の逆転判決を言い渡した（都側上告）。最高裁第三小法廷は、七年もたって〇四年九月二八日口頭弁論を開くと通知しながら、突然審理は大法廷に移された。大法廷は、〇五年一月二六日、原告勝訴の東京高裁判決を取消し、都の受験拒否は合憲との原告敗訴の判決を言い渡した。地方公務員任用については、法律上の制限はないが、「公権力の行使又は公の意思の形成への参画に携わる職員になるには日本国籍を必要とする」との〃当然の法理〃が働くとされてきた。法律によらない排除の当否が争われた裁判だが、最高裁は、その司法審査を避け、都の受験拒否も自治体の裁量の範囲内として追認したのである。「日本は哀れな国ですね。……世界の人に言いたい。日本には来るな、と。外国人が日本で働くのは、税金を払うロボットになるのと同じです」とは悔しさを押し殺した原告の記者会見での言葉。

永住外国人の地方参政権問題

「公の意思」の一つに参政権問題があろう。一九七五年九月、北九州市在住の崔昌華《チェチャンファ》牧師（故人）は、北九州市長宛公開質問状で、「市会議員の選挙権・被選挙権は認められてしかるべきだと考えますか」と指摘したのが初めてではなかろうか。作家金達寿《キムタルス》氏（故人）が「在日外国人に投票権を」との文章を寄せたのは、七九年一〇月二日付『朝日新聞』夕刊だった。八六年六月一三日の『朝日新聞』論壇欄に寄稿した黄甲植《ファンカプシク》氏は、「途方もない空想だというかも知れないが、せめて地方自治レベルでもいい、自らの手で選んだ選民たちによって、在日の人権や汗水垂らして納めた税の行方ぐらいただす権利が保障されてしかるべきだと思う」と訴えた。

しかしその具体化は、九〇年に大阪の在日コリアン一一名が提訴した地方参政権を求める裁判で、九五年二月の最高裁判決が、永住者等の外国人に「法律をもって、地方公共団体の長、その議会の議員等に対する選挙権を付与する措置を講ずることは、憲法上禁止されているものではない」、「右のような措置を講ずるか否かは、専ら立法政策にかかわる事柄」と判示して以降といえよう。九八年一〇月、民主党、公明・平和改革が共同で初めて「永住外国人地方選挙権付与法案」を国会に提出した。両党は当時野党であったが、九九年一〇月、自民、自由、公明の三党連立政権が発足し、その政策協定に公明党の要望で外国人地方参政権付与法を成立させること、が盛り込まれたことにより情勢は大きく変った。

自民党内の意見がまとまらないまま、二〇〇〇年一月、公明、自由両党のみで、新しい法案が提出されたが、そこには唐突に「朝鮮籍除外」が登場したのである。しかし、同案は、同年六月の衆議院解散で廃案となり、七月にふたたび法案が提出されたが（この時は公明・保守両党の提案）、朝鮮籍除外は姿を消していた。野党でも、民主党の法案（公・保守とまったく同一）及び共産党の法案（被選挙権をも含む）が提出された。

二〇〇〇年秋になると、『産経新聞』が社説「国の主権を脅かす付与法案」（九月一六日）及び連載「主権の危機――永住外国人の地方参政権」を掲げ、また自民党有志による「外国人参政権の慎重な取扱いを要求する国会議員の会」（奥野誠亮会長）が発足し、反対論が急浮上することとなる。反対論はひと言でいえば、「参政権が欲しければ、帰化すればいい」というものである。

かつても「指紋がいやなら……」、「公務員になりたければ……」、帰化すればいいという俗耳に入り易い話はさんざん聞かされた。「帰化しないほうが問題なので、日本側には何ら問題はない」といわんばかりである。前述のように、戦後一方的に外国人宣告をしたのがほかならぬ日本政府であったことなど忘れてしまっているのである。

二〇〇一年一月、与党三党（従って自民党も含む）は「国籍等に関するプロジェクト・チーム（PT）」を発足させ、五月には「特別永住者等の国籍取得の特例法案」（以下PT案という）が報道された。それによると、特別永住者は法務大臣に届出ることによって日本国籍を取得する、などとなっている。届出による取得は「帰化」と本質的に違うことはいうまでもない。しかし、PT案は、選挙法案つぶしをねらいとするものらしく、同法案の審議が進まなければ、PT案が国会に提案されることはないのかも知れない。

二〇〇二年一月、滋賀県米原町が制定した、「合併についての意見を問う住民投票条例」は、初めて永住外国人に投票資格を認め、三月三一日、その投票が行われた。生まれて初めて一票投じた在日二世の女性は、「三世、四世が生きていくこれからの時代は、外国籍でも同じ扱いで暮らせる日本社会であって欲しい。今回の投票がその第一歩になれば」と語っている（『中日新聞』〇二年四月一日）。米原町の投じた一石は大きな波紋を呼び、すでに一五〇の住民投票条例が、永住外国人に投票資格を認めている（〇四年一〇月現在）。

韓国の金大中大統領は、九八年一〇月、日本政府に外国人の地方参政権を要望するとともに、韓国でも定住外国人に地方参政権を付与する方針を明らかにした。〇一年には法案が国会に提案されたが、〇二年六月の統一地方選挙には間に合わなかった。しかし、盧武鉉大統領になって、〇四年一月、地方自治体のための「住民投票法」が制定され、そこでは定住外国人に住民投票の請求権と投票権がともに付与された。

日韓のこうした状況をふまえて、〇四年九月、「定住外国人の地方参政権を実現させる日韓・在日ネットワーク（参政権日韓ネット）」が発足し、戦後六〇年の〇五年八月を目途に、日韓双方で地方参政権の開放を実現させようと動きだした。地域社会では、国民も外国人も等しく「住民」であるという新しい意識が生まれつつあるようだ。

「朝鮮の人民の奴隷状態に留意し……」が、戦後日本の原点であることは前述した。日韓条約のとき、法務省高官は「外国人は煮て食おうと焼いて食おうと自由」と喝破した（池上努『法的地位二〇〇の質問』京文社、一九六六年）。しかも、「法務省の古い考えに則っている個所もあり、これを機に見解を改めました」という増補改訂版でも、この部分は変っていない。在日の権利闘争は、この両極の間で進められてきたことを付記してこの報告を閉じたい。

在日韓国・朝鮮人政策論の帰結

坂中英徳

一　処遇政策の立案には「定住」認識が不可欠

私が出入国管理行政発足二五周年記念論文「今後の出入国管理行政のあり方について」を書いた一九七五年当時、民族団体と在日韓国・朝鮮人の多くは、民族差別のひどい日本にいつまでもいるつもりはない、朝鮮半島の統一が実現すれば祖国に帰ると言っていた。

一九七〇年代の半ばに入り、日本社会における生活基盤が固まり、日本生まれで日本社会との結び付きの強い二世・三世が多数を占める状況になり、在日韓国・朝鮮人の本音は日本での定住ではなかったかと推測される。しかし、在日韓国・朝鮮人社会において、日本在留に至った歴史的事情へのわだかまりが残っており、「日本定住」はタブー視されていた。在日韓国・朝鮮人問題が日本定住化を中心に据えて議論されることはなかった。

一九七七年に書いた論文「在日朝鮮人の処遇」（一九七五年の記念論文中の「在日朝鮮人の処遇」の項に加筆し公表したもの。[1] 以下「一九七七年論文」という。なお、この論文でいう「在日朝鮮人」には「在日韓国人」も含まれる。）において、在日朝鮮人は、日本社会に定着し、深く根をおろしており、在日の朝鮮人として日本社会で生きていくしか道はないと述べた。[2] その上で、在日朝鮮人の今日の実態と将来の動向を、次のように要約した。

「在日朝鮮人は、今日、法律上は『外国人』であるが事実上は『準日本人』ともいうべき存在になっている。将来は、日本化がさらに進み、『朝鮮系日本人（国民）』ともいうべき存在となっていくのではなかろうか。」（ここで「朝鮮系日本人（国民）」という表現を用いたのは、「日系アメリカ人」「日系ブラジル人」などの用語例にならい、朝鮮を文化的背景に持ちながら、日本に定住して日本の国籍を取る可能性を持つ人たちである、という意味においてである）。[3]

在日韓国・朝鮮人は「日本に定住して日本の国籍を取る可能性を持つ人」である旨を強調したのは、日本社会における韓国人・朝鮮人の地位向上を図るためには定住認識が不可欠だからである。在日韓国・朝鮮人は日本で生き続ける存在であるとの共通認識がなければ、在日韓国・朝鮮人問題は解決に向かって一歩も前進しない。

日本政府の立場からすると、日本には仮に居るだけだ、いずれは本国に帰ると言っている外国人に対して、なぜ安定した在留上の地位を保障しなければならないのかということになる。在日韓国・朝鮮人の側においても、とりあえず日本に居るという姿勢では、日本政府に対し法的地位の安定や待遇改善を正面切って要求しづらい面があったのではないかと思われる。

そのような時代の空気を最も象徴するのが、「別に法律で定めるところによりその者の在留資格及び在留期間が決定されるまでの間、引き続き在留資格を有することなく本邦に在留することができる」という暫定的な「法一二六―二―六該当者」[4]の法的地位に基づき、相当数の在日韓国・朝鮮人が日本に在留していた事実である。

私の日本定住化論に対して一部批判もあったが、一九七〇年代の後半からは、日本定住を前提にした在日韓国・朝鮮人の生き方と処遇のあり方が、民族団体を始め研究者や運動体の間で本格的に議論されるようになった。

私は「朝鮮系日本人（国民）論」の視点から、現実に即した具体的な在日朝鮮人処遇政策を提案した。

二　処遇政策論の帰趨

一九七七年論文において、「国家の立場から見ても、外国人の集団として六四万人の朝鮮人を不安定な状態のままに放置しておくことは、これが国民との民族的葛藤を引き起こし、隣国との紛争の原因となるおそれがあるなど問題である」[5]との危機感から、在日朝鮮人処遇政策を、①外国人としての地位を安定させる政策、②帰化をすすめる政策、③帰国をすすめる政策の三つに大別して論じた。[6]

その場合の基本的な考え方は、「在日朝鮮人の在留の特殊性を考慮するとき、単に外国人としての法的地位の安定にとどまらず、日本社会への融和、社会福祉、教育、差別待遇等の問題もあわせ、多角的かつ総合的な視野から検討しなければならない[7]」というものであった。

この処遇政策論がどういう経過をたどることになったのかについて、以下に要約する。

①の「外国人としての地位を安定させる政策」の最大の課題は、外国人の地位により日本に在留することになった歴史的経緯が同じであるので本来は同一の安定した法的地位が与えられてしかるべきところ、東西冷戦体制がもたらした諸般の事情から、朝鮮民主主義人民共和国（以下「北朝鮮」という。）を支持する在日朝鮮人の法的地位（法一二六―二―六該当者等）が大韓民国（以下「韓国」という。）を支持する在日韓国人の法的地位（協定永住者）よりも格段に不安定なものになっている現状、そのような不正常な状態を根本的に改めることであった。

法的地位を安定させるため取られた立法措置について見ると、一九八二年一月一日から施行された「出入国管理令の一部を改正する法律」（昭和五六年法律第八五号）により、暫定的な法的地位の下にあった北朝鮮系の法一二六―二―六該当者及びその子孫に対し、申請に基づき最も安定した在留資格である「永住」が一律に付与された。

そして、一九九一年に立法された「日本国との平和条約に基づき日本の国籍を離脱した者等の出入国管理に関する特例法」（平成三年法律第七一号）によって、私の考えていた政策目標は完全に達成された。すなわち、韓国系の人であると北朝鮮系の人であるとを問わず、平和条約国籍離脱者及びその子孫に該当するすべての人に対し、外国人の地位としてはこれ以上のものはない確固とした法的地位の「特別永住者」の資格が与えられた。特別永住者の韓国人・朝鮮人は、出入国管理に関する特例として、退去強制事由が極度に限定され、再入国の許可による出国期間が最長五年まで認められることになった。

もっとも、「在日朝鮮人の法的地位をいかに安定させたとしてもそれが外国人としての地位である限り、国民の地位との本質的な差異は依然として存在する」から、「将来にわたって在日朝鮮人が外国人として日本社会で生き、日本政府がこれを外国人として処遇していくことが果たして適当であるかという根本的な疑問が残っている[8]」という私の持論に変わりはない。

②の「帰化をすすめる政策」の骨格は、「日本社会が在日朝鮮人に教育と就職の機会均等を保障し自由競争の場を提供するようになれば、在日朝鮮人は日本社会で生きる希望を見出すであろうし、在日朝鮮人の中からその『能力』や『職業』によって高い社会的評価を受ける者が進出してくるであろう。そうなれば、日本人の朝鮮人観もおのずから変化していくであろうし、日本への帰化を積極的に肯定する方向でのコンセンサスが在日朝鮮人社会に形成されていくであろう[9]」というものであった。

この二五年間の在日韓国・朝鮮人の歩みを概観すると、基本的には、論文で述べたような方向に進み、在日韓国・朝鮮人は、教育の機会と職業選択の自由が保障される日本社会で生きがいを見出し、その実力をいかんなく発揮し、日本の経済と文化の発展に貢献した、と言うことができる。

経済の分野では、事業活動、営業活動を精力的に行った。医師、弁護士、公認会計士等の専門職の分野への進出にも著しいものがある。文化の分野においても、有能な人材が輩出し、芸術、芸能、スポーツなどの世界で顕著な業績をあげた。そして在日韓国・朝鮮人社会は、強力な経済力と多彩な人材を擁する民族集団として日本社会で注目されるようになった。

日本社会の民族的少数者（マイノリティ）の立場で多大の経済的・文化的・社会的成果を成し遂げた在日韓国・朝鮮人の足跡は、世界のマイノリティの歴史において特筆に値するものであると思われる。

一方、日本人の韓国人・朝鮮人を見る目は、在日韓国・朝鮮人が経済的に豊かになり日本社会に貢献したことも多分に影響して、以前の排他的でやや悪意のこもったものから、今日の寛容で好意的なものへと大きく変わった。

以上のように在日韓国・朝鮮人にとって差別の少ない自由で住み良い国に日本が変わっていく中で、日本国籍を取得する韓国人・朝鮮人は顕著に増加し、特に近年は年間一万人前後に及ぶ。このように日本国籍を取る人が急増している現状から判断すると、「日本への帰化を肯定するコンセンサスが在日韓国・朝鮮人社会に形成されつつある」と見ることができるであろう。

ここで一つ強調しておきたいことは、婚姻中の在日韓国・朝鮮人と日本人の間に生まれる子（日本国民）の増加についてである。この二五年間の在日韓国・朝鮮人の結婚の推移を見ると、結婚相手が日本人である比率は年を追って高まり、近年は八割を超えている。国籍法の規定するところにより婚姻中の外国人と日本人の間に生まれた子はすべて日本国民となるが、在日韓国・朝鮮人の圧倒的多数が日本人と結婚する状況が今後も続く（その可能性は大である）と仮定すると、在日韓国・朝鮮人社会において、日本国籍の子が飛躍的に増える一方で、韓国・朝鮮籍の子は急激に減ってゆき、二十一世紀の比較的早い時期に、日本人と血縁関係にある者（日本国民）が多数派を形成することになるであろう。

在日韓国・朝鮮人と日本人の婚姻・血縁関係の急速な発展に見られるように、比較的短期間内に、社会の民族的少数者と民族的多数者の間の結婚が非常に高い頻度で行われ、その結婚から生まれる子を通して両者の血縁関係が深まり、そして少数民族問題が円満に解決される方向が見えてきたこと、このようなことは世界のマイノリティの歴史においてあまり例がないのではないかと思われる。

③の「帰国をすすめる政策」については、すべての在日朝鮮人に本国へ帰国するための出国の自由が認められているところ、「在日朝鮮人は特別の理由のない限り地縁・血縁関係が希薄で社会・経済体制が異なる本国に帰る可能性は少ない(10)」と指摘した。

これまでの二五年間で帰国した在日韓国・朝鮮人はごく少数にすぎない。二十一世紀の在日韓国・朝鮮人が人間関係においても経済的利害関係においても疎遠になった朝鮮半島に帰ることはもはやないであろう。

なお、一九五九年から一九八四年にかけて行われた北朝鮮帰還事業により、約九万三千人の在日朝鮮人が「地上の楽園」に憧れて北朝鮮に帰国した。もちろん、祖国の人たちから温かく受け入れてもらえるものと信じていた。しかるに、北朝鮮の現実は帰国者の予想していたものとは大きく異なっていた。帰国者には過酷な運命が待っていた。厳しい迫害と悲惨な経済状態の下に置かれている帰国者の実情から判断すると、北朝鮮から出国できる状況になれば、その多くが家族を伴って日本に戻ってくる可能性が高いと思われる。

三　在日韓国・朝鮮人は生き残ることができるか

民族団体や運動体から、事あるごとに「日本政府は在日韓国・朝鮮人の日本への同化（帰化）を強要する政策を取っている」と批判された。しかし、それは誤解であり、事実に反すると言わざるを得ない。

少なくとも過去二五年間の日本の在日韓国・朝鮮人政策の基本は、国家は外国人の同化（帰化）を強制すべきではないとの立場から、同化（帰化）を図るための積極的な方策は何も取らず、自然の成行きに任せるというものであった、と言うことができる。この間、日本政府が行ったことは、日本に在留するための根拠となる法的地位の安定化措置を講じ、制度上の差別を取り払い、機会均等の場の拡大に努めるなど、在日韓国・朝鮮人が在日外国人として日本社会で安心感と希望を抱いて生活できるようにするため社会環境を整備したことに限られる。もとより、日本民族に無理やり同化させようとしたり、日本国籍を押し付けたりするようなことは一切していない。

二世以下の世代が大多数を占める今日の在日韓国・朝鮮人は日本にほぼ完全に同化しているが、これは誰から強制されたものでもない。日本の風土に育まれ、日本語の言語環境の中で成長した在日韓国・朝鮮人が、日本の土地の人となり、日本の価値体系に染まり、進んで日本に同化したものである。

さて、一九七〇年代半ばの在日韓国・朝鮮人にとっては、本国に帰るか、それとも日本に定住するかが問題であった。二〇〇〇年代初めの在日韓国・朝鮮人にとっては、日本国民になるかどうかが問題である。この四半世紀で在日韓国・朝鮮人の地位と立場は一転した。「日本に定住する人」から「日本国民になる人」への百八十度の転換である。
私は一九七七年論文の中で、在日朝鮮人の国籍問題について、次のように述べた。

「もとより、帰化の問題は、日本国民になろうという意思が在日朝鮮人になければどうしようもないものであり、国家が押し付けるといった性質のものではない。日本政府としてできることは、在日朝鮮人が日本国民となるのはその実体と将来の動向に適合するものであるとの基本的認識の下に、進んで日本国籍を選択したいという気持ちが在日朝鮮人の間に自然と盛り上がってくるような社会環境づくりに努めることであろう。[11]」

前述のとおり、この二五年間で在日韓国・朝鮮人の在留上の地位と待遇は著しく改善された。在留上の地位について言えば、特別永住者という世界に類のない優遇された法的地位が与えられた。待遇については、例えば国民年金制度等の社会保障・社会福祉制度が日本国民と同じように適用されるようになるなど、日本社会で安心して生活できるようになった。

就職、結婚その他の社会生活面においても、民族差別が大幅に減少するとともに、職業活動等の社会活動の自由が拡大した。例えば職業活動については、地方公務員や大企業のホワイトカラーへの就職の道が開かれるなど職域が広がった。結婚については、若い世代が過去にこだわらない率直な気持ちで同世代の日本人と付き合うようになり、日本人が結婚相手の圧倒的多数を占めるに至った。

今や、在日韓国・朝鮮人が日本国籍を選択するための社会環境は十分に整ったと言える。残された課題は、これから加速度的に増えることが予想される日本国籍を希望する者に対して、日本政府がいかに簡易な手続でこれを付与するかである。

言うまでもないことであるが、人が居住する国において有する最高の法的地位は、その国の国民の地位である。在日韓国・朝鮮人は、在留外国人の地位としては最大限の安定した地位（特別永住者）を有している。しかし、外国人の地位にとどまっている限り、日本において国政への参政権等の政治的権利と出入国の自由は認められない。この二つの権利は国民固有の権利とされているからである。

子々孫々にわたって日本で生き続ける存在であり、民族的・文化的に限りなく日本人に近い存在の在日韓国・朝鮮人に最もふさわしい法的地位、政治的権利を含むすべての権利を行使できる法的地位、それは「日本国民の地位」である。

一般に、より良い地位を求めてやまないのが人間の本性であるから、二十一世紀を生きる在日韓国・朝鮮人の大多数は、外国人の地位に満足しないで日本国民の地位を目指すであろう。その場合、日本国民になる人たちを民族の裏切り者だとして非難し排除する姿勢を民族団体が取り続けるならば、民族団体は先細りし、在日韓国・朝鮮人社会は衰退の一途をたどるであろう。

「国籍」（国民）と「民族」は全く別の概念である。国籍は国家の構成員としての資格であり、政治的な概念である。民族は言語、生活様式、風俗習慣等の文化を同じくする人間集団のことであり、文化的な概念である。理論上は、日本国籍を取得することが直ちに韓民族でなくなることにはならないし、韓国籍を保持していればいつまでも韓民族であり続けることにもならない。実際上も、日本の国籍を取っていても韓民族の伝統文化をしっかり守って生きている人（民族は韓国）がいるし、韓国の国籍を有していても日本文化の価値体系に全面的に従って生活している人（民族は日本）がいる。

このように国籍（国民）の概念と民族の概念は異なるものであるが、人間が強固なアイデンティティを持ち、自分自身が何者であるかをしかと確認できるのは、国籍と帰属意識を持つ国が一致する場合である。これが一致しない状態になると、アイデンティティは不確かになる。

今日の在日韓国・朝鮮人の多くは、たとえ国籍（韓国・朝鮮籍）を保持していても、肝心の朝鮮半島への帰属意識と本国の人との一体感がなくなり、韓国人・朝鮮人としての民族的アイデンティティも国民意識も持たない人になった。彼らが唯一の拠り所としている国籍は、もともと選挙権等国民の地位に由来する基本的な権利義務関係を伴わない、国民であるという実感の乏しいものである。このような状態にあることから、自らの帰属先が定かでなくなり、アイデンティティが揺らいでいる。

そのような在日韓国・朝鮮人のアイデンティティを確立する道は、社会の一員として溶け込んでいる日本の国籍を取り、名実ともに日本国民として生きることではなかろうか。

「日本国籍の取得は日本への同化につながる」という考えの人たちがまだいるかもしれない。しかし、このような考えは、日本への同化が極まった状態にある在日韓国・朝鮮人の現実からあまりにもかけ離れたものである。二世・三世・四世が大半を占める今日の在日韓国・朝鮮人は、日本国籍の有無に関係なく日本社会に深く根をおろし同化しており、もはや日本国籍を取れば日本への同化がさらに進むという段階にはないと言わなければならない。

二十一世紀の主流をなす第三世代以降の在日韓国・朝鮮人が、二十世紀を生きた第一世代・第二世代と同じ民族意識を持って生きることはないであろう。時の経過とともに民族意識が風化し、朝鮮半島からの民族離れが進むのはやむを得ないことである。

しかし、少なくとも名前だけは、時代の流れに逆らってでも、民族名を名乗って生きてほしいと願っている。名前は実体を表すものであるが、同時に実体を規定するものでもある。民族名を名乗って生きるということは、民族とのきずなを保ち、民族の誇りを持って生きることを可能にし、ひいては在日韓国・朝鮮人の民族としての生き残りにも結び付くと考えられるからである。

以上のように在日韓国・朝鮮人の現状とあるべき姿を認識する立場[12]からすると、二〇〇一年四月、自民党・公明党・保守党の与党三党の「国籍等に関するプロジェクトチーム」(太田誠一座長)が取りまとめた「特別永住者等の国籍取得の特例に関する法律案」[13](以下「国籍取得特例法案」という。)は、在日韓国・朝鮮人処遇の歴史において画期的な意義を持つものだと評価できる。また、これは大方の在日韓国・朝鮮人が待ち望んでいたものでもあると思われる。

国籍取得特例法案によると、特別永住者である韓国人・朝鮮人は法務大臣に届け出るだけで日本国籍を取得できることになっている。さらに加えて、この法律により日本国籍を取得した韓国人・朝鮮人は、漢字の表記による従前の氏又は名を称する場合には、その漢字を使用できるものとされている。

これは、特別永住者の韓国人・朝鮮人が権利として民族名のままで日本国籍を取得できる制度を創設するものである。すなわち、民族名を使用し出自を明らかにして日本国民になることを保障し、「朝鮮系日本国民」への道を開くものである。

誤解のないように念のため付言すれば、国籍取得特例法案は、特別永住者の日本国籍取得について届出方式を採用し、これを取得するかどうかを特別永住者の自由な判断に委ねている。決して日本国民になることを強要するものではないし、ましてや引き続き特別永住者の外国人の地位にとどまる人に何らの不利益を与えるものではない。

近時、私は二十一世紀前半中の「在日韓国・朝鮮人自然消滅論」を唱えている。[14]韓国・朝鮮籍の特別永住者の人口は、日本国籍を取得する者の増加及び人口の自然減の進行により、急激に減ってゆき、在日韓国・朝鮮人は五〇年以内に自然消滅する可能性が高いと見ている。二十一世紀前半のいつの日か、在日韓国・朝鮮人は日本社会に完全に同化し、すべて日本国籍となり、名前までも日本人と同じという状況に至り、日本社会の中でその姿が見られなくなってしまうであろう。

しかし、国籍取得特例法が成立すれば、一方において日本国籍を取得する者の爆発的な増加により在日韓国・朝鮮人の自然消滅への流れを加速させる可能性があるが、他方において自然消滅への流れに一定の歯止めのかかることが期待できる。

いずれにしても、このまま何もしないで時代の流れに身を任せれば、在日韓国・朝鮮人はおそかれはやかれ日本社会から消え去る運命にある。そのような存亡の危機にある在日韓国・朝鮮人が、たとえその数は少なくなっても確固たる民族集団として二十一世紀の日本で生き残るためには、理想的な日本国籍取得制度を定めた「国籍取得特例法」に身を託すしかないと私は考えている。

そしてもし、この法律が制定された暁に、この法律の規定に基づき日本国籍を選択する韓国人・朝鮮人が一斉に民族名を名乗ることになれば、それは、在日韓国・朝鮮人が独自の民族集団（朝鮮系日本国民）として未来永劫に存続することにつながると言うことができるであろう。

そのとき同時に、心ある日本人が、朝鮮半島出身者であることを宣言して日本国民になった韓国人・朝鮮人の勇気ある行動に応え、在日韓国・朝鮮人がルーツを隠すことなく率直に暮らすことのできる日本社会に変えるための国民運動を展開することになれば、それは日本が「多民族共生社会」への第一歩を踏み出すものと評価されるであろう。

最後に一言すると、近く「人口減少社会」に突入する二十一世紀の日本は、おそらく外国人人口が劇的に増加し、日本民族を中心とする「多民族社会」へ移行する可能性が高いと予想される。多民族社会における日本人と日本国は、「多民族共生社会」を作るという国民的課題に取り組まなければならない。[15] そのときには、一〇〇年間にわたり日本社会の中で民族的少数者として生き延びてきた在日韓国・朝鮮人の出番がくる。多民族共生社会を目指す日本が解決すべき問題は何か、何をなすべきかについて重要な提言を行う民族集団として、また多民族の国民統合の象徴として、在日韓国・朝鮮人は日本社会で重きをなすに違いない。

注

（1）外国人登録事務協議会全国連合会編『外人登録』（第二二一号、一九七七年六月）に発表。
（2）坂中英徳『在日韓国・朝鮮人政策論の展開』（日本加除出版、一九九九年）一一五―一二二頁。
（3）同書一二四―五頁。
（4）正確には、「ポツダム宣言の受諾に伴い発する命令に関する件に基く外務省関係諸命令の措置に関する法律」（昭和二七年法律第一二六号）第二条第六項該当者。
（5）前掲書『在日韓国・朝鮮人政策論の展開』一〇九頁。
（6）同書一二五―一三四頁。
（7）同書一一〇頁。
（8）同書一三〇頁。
（9）同書一三三頁。
（10）同書一二二頁。
（11）同書一三二頁。
（12）在日韓国・朝鮮人の現状とあるべき姿に関する私の考えについては、前掲書『在日韓国・朝鮮人政策論の展開』中の「これまで在日はどう生きてきたのか――坂中論文から二〇年」参照。
（13）「特別永住者等の国籍取得の特例に関する法律案」は、二〇〇二年七月末現在、国会に提出されていない。
（14）前掲書『在日韓国・朝鮮人政策論の展開』五〇頁。
（15）人口減少時代の日本の生き方及び外国人政策に関する私の考えについては、坂中英徳『日本の外国人政策の構想』（日本加除出版、二〇〇一年）中の「二十一世紀の外国人政策――人口減少時代の日本の選択と出入国管理」参照。

●エッセイ

「在日」を生きて六十余年

李仁夏

二〇〇一年三月十七日、在日六十周年を心に刻む日を迎えて、私は感無量だった。父母の家を離れ、東海《トンヘ》（日本海の韓国側呼称）を気比丸で二泊三日の船旅で渡り、福井県の敦賀港に上陸した時、私は十五歳の少年だった。今、還暦は祝われないが、そんな話をしたら、周囲の在日同胞から、「私は七十年」「私は八十年」と言葉を返された。今更のように、この民族の「寄留者」（難民に等しい旅人の聖書的呼称）としての生活の長さと深刻さに心打たれた。

ちなみに、私は七〇年代から聖書の人権条項「寄留者を虐待したり、圧迫したりしてはならない。あなたたちはエジプトの国の寄留者であったからである」（出エジプト記22・20）という勧告を在日の歴史文脈に置き直し、エジプト脱出のモーセの物語を在日の自由と正義を求める闘いに置きながら「寄留の民の神学」を世に問うた。

それが機縁でキング牧師等によって主導された公民権運動から生れた黒人解放神学者、J・

コーン教授等多くの黒人たちと深い友情を結んだ。かれらの闘いは、白人の人種優越主義（Racism）に向けられていた。だから、当初、日本において同じ皮膚の色をした者どうしの間に、差別と被差別の関係があることが理解してもらえなかった。それだけに白黒の人種関係が深刻であることを知らされたが、かれらも、在日の就職差別、入居差別等に象徴される民族差別物語を聞いて、自分たちの経験に共通しているとの認識に達した。例を挙げると、日立就職差別闘争に連帯を表明し、裁判に勝って日立に入社できる条件に道をつける働きを遠いアメリカからサポートしてくれた。私が在日のキリスト者として、十四年間も世界教会協議会の人種・民族優越主義と闘うプログラム担当委員として得た貴重な経験だった。

　私の戦前は皇民化教育によって仕上った「岩城政雄」だった。戦後、そういう疑似種族（E・エリクソン）の破綻から脱出して、日本社会で李仁夏《イインハ》を生き抜く荒波を突破するためには、歴史を解読するキー・ワードが必要であった。在日の誰もがアイデンティティーの危機をかいくぐらねばならない。パキスタンの女性学者、S・スレーリー（イェール大教授）は歴史物語には二種類、①マスター・ナラティヴ、②サブジェクト・ナラティヴがあると提唱する。

　人類史の古今東西、権力、覇権行使の側の主人たちの物語とそれに従属させられた者たちの物語の二つである。前者に、日本の古事記・日本書紀、朝鮮の王朝史等がある。後者に、日本の武士支配に抗がった百姓一揆やキリシタンの島原の「乱」があり、朝鮮の東学の「乱」がある。マスター側から見れば、「人即天」という人権思想すら持っていた東学農民革命戦争

（最近、ようやく名誉回復）も乱としか呼ばれなかった。一八九四年、日本軍は呼ばれもしないのに朝鮮王宮を占領し、約三十万の死傷者のうち五万もの農民を虐殺したことをもって朝鮮植民地支配は始まっていた。アメリカの黒人物語と在日の物語は後者の最たるもので、そこからみえる両国の覇権に立つ物語の歪みが良く見える。

皇国史観のマスター物語に埋没しては誰もが自分を見失う。戦後の平和憲法は、その侵略性を否定したはずなのに、「大東亜戦争はアジアの解放戦争だった」との教科書すら文教関係権力の検定をパスしている。従属させられたアジアがその痛みの記憶を生々しく抱えている限り、猛反発するのは当然である。在日も黙視できない。勿論、近代国家を立ち上げる韓国側にも国定教科書の問題はある。しかし、マスターとサブジェクトを同じ平面で相殺できない。過去史をサブジェクトの側から見つめ直す、多くの日本人の良識が問題の教科書を斥けた。その地平に、それぞれのマスター物語が相対化され、北東アジアの平和的共生の未来が展望できるのではなかろうか。

アメリカの一国覇権主義によるグローバリゼーションだけでは世界は見えなくなる。かって、アフリカで日本人が名誉白人――後に韓国人もそう呼ばれたが――と遇された時、日本人にはアフリカは見えなかった。どの民族の成員であれ、マスターを目指す限り、踏まれている弱者を見られなくなる。力によって再生産される不条理を見極めるためには、歴史の二つの物語を見据えなくてはならない。そうでないと、人種、民族、国籍、性、門地、障害者への諸々の差別は克服できない。

戦争と紛争のないことを必ずしも平和と言わない。差別と貧困が放置されるならば、そこに平和はない。有事を想定する国に平和はない。二〇〇〇年の六・一五、分断朝鮮の南北首脳の握手と平和統一の共同宣言は、在日にとっても、希望のメッセージだった。日本人は再びマスター物語により誤った道を選択するのでなく、かってのサブジェクト物語を抱える側の声に耳を傾ける責任があるのではなかろうか。私は在日を今も生きているので、日本人の友人たちに、このラヴ・コールを送りたい。

●エッセイ

自分を取り戻す道

金敬得

　韓国の本籍地にある父母の除籍謄本には、金沢という氏の記載がある。日本が朝鮮を植民地統治した時代に作られた創氏である。創氏は、戦後、韓国では朝鮮姓名復旧令により創初より無効とされたが、日本では外国人登録の通称名に形を変え用いられてきた。父母は戦後も金沢を使用し、子供も金沢で通学した。差別を受けないようにとの両親の配慮からであったのだろうが、私は、朝鮮人を理由とする揶揄や暴力に打ち勝つことができず、出自を恨み、朝鮮人であることを隠す卑屈な人間になっていった。

　大学に入学し、和歌山から私を朝鮮人と知る者のいない東京に出たが、朝鮮人を隠すことの息苦しさから解放されることはなく、日本人を装うのか、朝鮮人として生きるのかについて葛藤した。当時は学生運動が盛んであったが、それによって世の中が変わるとも思えず、ボクシング部に入部し、ボクシングに打ち込むことで気を紛らわしていた。

朝鮮人か日本人かで悩んでいるうちに四年が過ぎ、学友は会社訪問し次々と就職先を決めていたが、私は就職できなかった。大学の職員からは、一部上場会社には就職できないといわれた。日立製作所就職差別事件で、横浜地方裁判所が、「大企業が……在日朝鮮人を朝鮮人であるというだけの理由で採用を拒み続けているという現実」を認定し、就職内定を取り消すことは違法であると判示する二年前のことであった。私は就職を断念した。同時に日本人金沢敬得を仮装することをやめ、朝鮮人金敬得として生きることを決意した。

私は二十三歳になっていたが、金敬得という名と、韓国国籍、被差別体験以外に、朝鮮人としての素養を全く身につけていなかった。朝鮮人としての自分を取り戻すためには、差別から逃げずに立ち向かわなければならないことを自覚し、司法試験を受験することにした。当時日本国籍を有しないと司法修習生になれないとされていたが、それは民族差別であり、試験に合格し、韓国籍で修習生に採用するよう訴えることこそが自分を取り戻す道であると考えた。

一九七六年に試験に合格し、最高裁判所の帰化要請を拒否し、韓国籍での採用を申し入れた。訴訟になれば一〇年はかかるであろうと覚悟していたが、多くの人の支援により、最高裁の国籍要件が緩和され、韓国籍のまま修習生に採用された。一九七九年に弁護士となり今年で二四年目である。基本的人権を擁護し、社会正義を実現することを使命とする弁護士としての職責をどの程度果たしてきたかについて忸怩たる思いを禁じえないが、国民年金訴訟、指紋押捺拒否裁判、戦後補償裁判、都庁管理職採用拒否裁判等の弁護活動等を通じ、在日コリアンに対する差別是正に微力を尽くしてきた。

その間、八一年から八五年までの三年半をソウルで過ごした。ソウルに滞在した期間は軍事政権時代で、在日コリアンが国家保安法違反で有罪判決を受ける等の政治的緊張感があった。私の周りでも、私が入居した下宿屋に以前住んでいた留学生が北朝鮮にいったとの理由で懲役刑の宣告を受け、三年余りの留学を終えた知人が、飛行場で逮捕されるという事件もあった。韓国の法曹資格を有していなかったため、そのような事件での弁護活動はできなかったが、在日韓国人一世の国家保安法違反等事件では、韓国の弁護士と協力し、ソウル高等裁判所に証人として出廷し、間諜罪につき逆転無罪判決を得たこともあった。

ソウルから東京に戻り弁護士事務所を開設した後、韓国憲政史上はじめての与野党の合意による憲法改正等、民主化は着実に進み、ソウルオリンピックの開催、ソ連や中国をはじめとする共産圏国家との国交樹立など、国際化も進み、韓国から来日する韓国人が多くなるにつれ、在日コリアンのみならず、彼らからの相談事も多くなった。一ヶ月に一度の韓国出張もあり、日本に住んでいても祖国が遠い観念的存在ではなく、日常と結びついた現実のものとなった。

在日コリアンに対する国籍差別は、相当緩和されてきたが、いまだに公務就任権や地方自治体参政権など是正されるべき差別は多く残されている。公教育の場での在日コリアンの民族的アイデンティティに対する配慮は皆無といっても過言ではない。このような差別の撤廃等、在日コリアンの将来のあり方を考えるにつけ、国政参政権等、本国における在日コリアンの法的地位のあり方と共に、本国における外国人の法的地位の改善にも関心を持つようになった。

在日コリアンの存在は、日本の植民地統治に由来し、彼らに対する差別是正や民族的アイデンティティを保障するための環境確保は、日本の歴史的責務との側面を有するが、同時に外国人や民族的少数者の人権問題との側面をも有する。外国人や民族的少数者の人権保障は、韓国や北朝鮮の課題でもあるが、内外人平等社会の実現のため、今後は、日本のみならず本国における外国人や民族的少数者に対する差別是正にも努めたい。

3 「在日」へのまなざし

十八世紀日本人の朝鮮観

井上厚史

一　「伝統的朝鮮観」はいつ形成されたか

近代における「在日」韓国・朝鮮人[1]の苦難の歴史を振り返ってみるとき、私たち日本人は一体いつからあのように陰湿な蔑視や差別を始めたのだろうかと自問せずにはいられなくなる。もし、近代日本において彼らが直面した偏見が、それ以前に形成された日本人の伝統的朝鮮観、あるいは伝統的朝鮮蔑視観に淵源しているとするならば、その「伝統」とは一体いつ形成されたのだろうか。

金光哲は、「豊臣秀吉の朝鮮侵略の時代を除外して、室町時代から江戸時代までの残りの四百年を『善隣と友好の時代』とする『牧歌』的史観は、たとえば『鮮人』という呼称一つをとっても、江戸時代における対応・事実からも、歴史解明の科学的史観にはなりえない[2]」ときびしく批判し、日本人の朝鮮蔑視観が古代より「連綿たる伝統[3]」を持つものであることを執拗な追跡によって立証しようとした。

たとえば、すでに九世紀において新羅が「他国異類」として認識されていたこと、[4]「鮮人」という植民地時代の蔑称は豊臣秀吉にまでさかのぼれること、[5]「新羅征伐」「三韓征伐」という語は神功皇后譚に連動して古代から連綿として朝鮮観形成に関与してきたこと、[6]そして「新羅の大王は日本の犬なり」という物語は十四世紀には成立していたことなど[7]を丹念に検証し、「歴史の内在的発展として、連続性の中で思想的に把握[8]すれば、日本人の朝鮮蔑視観は古代からの連綿たる伝統として統一的な解釈が可能である」と述べている。

確かに、「異類」「鮮人」「三韓征伐」「犬」などの朝鮮蔑視観に関係する言説のルーツは日本の古代にまでたどり着く。しかし、たとえこれらの言説のルーツが古代にあるとしても、ただちにそれを「連続性」の中で解釈することの危険性も考慮されなければならないだろう。連続性への固執は、確固不変な日本人の心性を実体化し、日本人の朝鮮人に対する蔑視や差別は未来永劫変わることはないだろうという結論を導き出しかねないからだ。

朝鮮を蔑視する言説は、古代から現代まで連続的に再生産されたのではなく、ある特定の時期に集中的に再生産されている。中でも重要と思われるのは、十八世紀における言説編成のあり方である。当時の言説編成の現場を検証し、日本人の朝鮮蔑視観が多様な関係性の中で形成されたこと、そして再発見=再生産された言説は、異なった時代の認識論的配置（エピステーメ）の中で新たな意味と機能を付与されていることを明らかにする必要がある。[9]

近代の「在日」韓国・朝鮮人差別に直結する「伝統的朝鮮観」は、十八世紀における「日本像」の成立を契機にしていたと考えられる。この日本像は他者像の反転によって成立した。両者は構造的に表裏一体化しており、個別には分節化不可能な言説であった。朝鮮蔑視の背景には、必ず日本の称賛がある。したがって、日本人の朝鮮観形成のメカニズムを明らかにしようと思えば、まずどのようにして「日本」が表象されたのか、そのメカニズムを明らかにしなければならない。

なお、本稿が扱うのは近世日本のエクリチュールの世界において形成された朝鮮像であり、日本各地でおこなわれていた朝鮮人との実際の接触、たとえば朝鮮通信使の歓迎や朝鮮人漂流民の手厚い保護という、現実の行動までを包括的に説明するものではないことをお断りしておきたい。

二 「他者」をめぐる言説

織田信長、豊臣秀吉、そして徳川家康によって完成された日本の全国統一は、十七世紀の日本に「天下泰平」と呼ぶべき平和な世界を出現させた。戦国時代にきわめて限定された階層によって行われていた言説生産は、この時期一気に拡大し、武士階層から町人・庶民階層にまで及ぶ広範な階層的広がりを見せる。急拡大の要因の一つとして、「他者」との接触による「他者をめぐる言説」の大量生産があった。

言説生産を促した「他者」とは、第一に、異質な容貌と文明を持ったキリシタンや南蛮人であり、第二に、豊臣秀吉の朝鮮侵略をきっかけとした朝鮮人や朝鮮通信使(回答兼刷還使)であり、そして第三に、中国語で書かれたテクスト、すなわち宋学や本草学・医学などに関する大量の漢籍であった。これら未知の西洋・朝鮮・中国が一気に日本の言説空間の中に重層的に侵入し、彼らとの接触の中で日本人は多様な言説生産を開始したのである。

接触当初、それらは異質性をそなえた他者としては認識されなかった。当時の日本人は、彼らを既成概念の延長線上で理解しようと努めていた。

たとえば、キリシタン書と言われる日本語で書かれたキリスト教の初期の布教書は、「デウス」に「大日」「天帝」「天道」「天主」などの用語を当てたり、(10)「でうすより授け玉《たま》ふ御掟もあまねく人の徳と成《なる》べき事を量《はか》り給《たま》ひ、理に随《したがっ》て定めをき玉《たま》ふ者也(11)」のように、日本人になじみの深い仏教や儒教の用語を利用して書かれていた。

しかし、急拡大するキリスト教徒に対する危機感を抱いた幕府は、度重なる禁教令を発布し、一六二二年に長崎でキリシタンを大量虐殺するなどの大弾圧に乗り出した。それに呼応するように、「排耶書」と呼ばれる大量の反キリシタン文書が生産された。「聖人を侮《あなど》るの罪、これをも忍ぶべくんば、孰《いず》れをか忍ぶべからざらん。もしまたこれをもって下愚庸庸の者を惑《まど》はすときんば、罪またいよいよ大なり。しかじ、その書を火《や》かんには(12)」というように、罪深いキリシタン書など焼き払ってしまえという激烈な反発を呼び起こしたのである。

朝鮮文化や朝鮮通信使に対しても、当初は好意的な反応が主流であった。秀吉によって日本に拉致された捕虜（五〜六万人といわれる）のうち回答兼刷還使や朝鮮通信使の要請によって少なくとも六千〜一万人(13)が朝鮮に送還されるなど、日朝関係の修復が図られる中、当時の日本人にとって朝鮮通信使がもたらした朝鮮文化は高度な文明を象徴するものとして受け止められた。精巧な陶磁器や朝鮮人参などの漢方薬を始めとして、医学、書画、詩文、そして朱子学や陽明学など最先端の新しい思想や技術が朝鮮人によってもたらされた。

しかし、そうした先進文明に対する好奇心や関心は、日本人の猛烈な学習の結果、十七世紀後半になるとしだいに先進文明国としての朝鮮への関心を喪失し、本家本元である中国への関心に移行して行った。

たとえば熊沢蕃山は『集義和書』（一六七二年刊）の中で、「九夷の内にて朝鮮・琉球・日本をすぐれたりとす。三国の内にては又日本をすぐれたりとす。然《され》ば、中夏の外、四海の内には、日本に及《およぶ》べき国なし[14]」といい、中夏＝中華である中国の次にすぐれているのは、朝鮮ではなく日本であると唱えた。また山鹿素行は、『中朝事実』（一六六九年作）の中で、「朝鮮は箕氏受命以後姓を易《か》ふること四氏なり。その国を滅ぼして或は郡県と為《な》し、或は高氏滅絶すること凡そ二世、彼の李氏二十八年の間に王を弑《しい》することと四たびなり。況やその先後の乱逆は禽獣の相残《そこな》ふに異ならず[15]」「況や朝鮮・新羅・百済は皆本朝の藩臣たるをや[16]」といい、朝鮮は日本の「藩臣」であり、政権の推移の様相は「禽獣の相」に異ならないとして、朝鮮の位置づけをはなはだしくおとしめたのである。

中国＝漢籍に対しても、日本人は当初きわめて従順に受容していた。しかし従順だったのは、朝鮮から輸入された漢籍、すなわち中国書籍の朝鮮版本に対してであった。中村幸彦によれば、近世初期に和訳することを「諺解《げんかい》」と称したのは朝鮮で諺文（ハングル）で解釈することを「諺解」と称したことの影響であり、仮名草子等多くの翻案物のテクストに朝鮮の典籍の影響を確認することができるという。[17] 漢籍の解釈は、当初朝鮮人が漢籍を解釈した方法や様式をそのまま踏襲しながら行われていた。日本に朱子学、特に朝鮮朱子学を伝授する上で重要な役割をはたした林羅山や山崎闇斎の解釈にも、この「諺解」の影響を見ることができる。彼らは難解な朱子学用語を平明な和語に読み替えた。たとえば、「羞ハ、ハヅルトヨムゾ。悪ハ、ニクムトヨムゾ[18]」のように、儒教の専門用語を分かりやすい和語に置き換えながら解釈していた。そして「諺解」による解釈は、彼らに「儒家神道」と呼ばれる独自の神道説の展開を可能にした。

林羅山は、「五行ノ神モ四季ノ神モ皆人身ノ五臓ニ備。其ノ五ノ理ハ仁義礼智信五常也。其外万事何事モ此五ノ物ニ配当スルニ相違ナシ[19]」のように、五という数字が共通しているということだけで、五行・五臓・五常を同一視し、儒教と神道を結合させた。また山崎闇斎は、「敬《つつし》ミハ土シマルト云訓義、シマル者ハ金也、敬モ土金ノ二ツゾ。土金ハ一気一理ゾ。天地モ敬《つつし》ミヨリ開ケタリ、故ニ一元一理ノ混然タルハ敬ノ本体也ト神聖モノ玉ヒシゾ[20]」といい、「敬」＝「つつしみ」＝「つちしまる」＝「土金」という音の類似性によって、朱子学の重要な概念である「敬」と神道の重要な概念である「土金」を同一視し、両者が同じ教義を持つものであると解釈した。

彼らのこのような特異な解釈には、他者の持っていた「他者性」を中和化させ、既存の思想と同一化させようという衝動が潜んでいるように思われる。「語呂合わせ」という数字や音の類似性を駆使することによって、彼らは中国の朱子学と日本の神道の強引な結合をはたした。宋学、あるいは朱子学という新たに到来した形而上学的学問さえも、日本人は語呂合わせという言葉遊びを利用して、神道や仏教に結合＝習合させたのである。彼らのこの試みは、その後儒・仏・神の一致を説く三教一致説として巷間に大いに広まって行った。

こうした活発な他者の同一化作業の一方で、宋学理解が深化し、本草学研究が進展するにつれ、知識人の間に中国と日本との「ずれ」が意識されるようになった。(21) 中国明代の李時珍が著した絵入り百科事典である『本草綱目』は近世初頭からおびただしい数の日本語による解説書や類書が刊行されたが、一六七〇年に刊行された『改正増補　多識篇』は文中に数多くの「愚案ずるに此の和訓誤れり」という言説を掲載しており、漢字と和訓の「ずれ」がこの頃認識され始めたことを物語っている。漢籍との格闘は、朝鮮版への追従から日本人を解放し、漢籍の中に潜む中国語と日本語との差異＝「他者性」を発見するまでに到ったのである。

漢籍の中に潜む「他者性」を当時最も鋭敏に自覚していたのは、荻生徂徠であった。徂徠は『訳文筌蹄』(一六九二年成立、一七一一年刊)の中で、「此の方には此の方の言語有り、中華には自ら中華の言語有り。体質本《もと》より殊《こと》なり、何に由《よ》りて脗合《ふんごう》せん」と述べ、そもそも異質な言語である中国語を訓読によって解釈することの誤りを指摘した。

こうして近世初期に侵入してきた西洋・朝鮮・中国という三つの他者は、次々に生産される言説世界の中で日本との親和性を徐々に喪失し、日本と差異化され、排除される他者として認識され始めたのである。三者の中で最も差異化しにくかったのは、中華として屹立していた中国であった。しかし日本人による自他識別のはげしい衝動は、最後の他者であった中国をも差異化させ、普遍的言語であった中国語に対抗して、日常的な固有語である日本語の優位性を意識化させ始めるのである。

近世初頭における他者との接触が喚起した言説編成は、百年の時間をかけて根本的な自己と他者の差異化を促し、他者を排斥する一方で、日本人の関心を固有語である日本語へと誘導して行ったのであった。

三　いかにして「日本」は表象されたか

荻生徂徠の『訳文筌蹄』を始めとして、十七世紀末から十八世紀初頭にかけて相次いで日本語に関する重要なテクストが生産された。中でも、国学の祖といわれる契沖の『万葉代匠記』と、江戸中期を代表する政治家・儒者であった新井白石の『東雅』は、その後の言説生産を考える上で見逃すことのできない重要なテクストであると思われる。

契沖は『万葉集』の研究に専念し、一六九〇年に万葉集全巻の注釈を行った『万葉代匠記』（精選本）を完成させた。契沖は、言語を「まこと」[22]「真言」[23]ととらえ、和歌を「此の国の陀羅尼《だらに》」[24]「上下二句ニ天地、陰陽、君臣、夫婦等ノアラユル義」[25]を内包するものととらえた。言語とくに日本の和歌は、契沖によって人間の真実＝「まこと」を表現するものとして認識されたのである。

契沖のこの言語観は、「本朝ハ神国ナリ。故ニ史籍モ公事モ神ヲ先ニシ人ヲ後ニセスト云事ナシ。上古ニハ唯神道ノミニテ天下ヲ治メ給ヘリ」[26]という信念に基づいていた。日本は神道によって平和的に統治されてきた「神国」であるという確信の下に、契沖は日本語の実相（まこと）、「神国」の実相を発見するために、『万葉集』の注釈に全力を傾けた。

一方、新井白石は、一七一九年に中国の字書である『爾雅』にならった日本語語源辞典ともいうべき『東雅』を著した。その中で白石は、「我国の古言。其義隠《かく》れ失《う》せし事。漢字行はれて古文廃せしに因《よ》れる多しとこそ見えたれ(27)」と述べ、古代に漢字が入ってきたために多くの日本語の意味が失われたと主張した。「漢士の方言」「韓地（朝鮮）の方言」「梵語」「西南洋の蕃語」など多くの「海外諸国の方言」の混入によって日本語自体が大きく変化してしまった(28)。それゆえ、古代の日本語に混入した漢字や外来語を識別し、日本語の本来の姿（「古言の本義(29)」）を取り戻さなければならないのである。

「古言の本義」を取り戻すためには『古事記』『日本書紀』『万葉集』等を参照せよといい(30)、白石は自ら古代から神武天皇に至るまでの歴史を解説した『古史通』（一七一六年撰述）を著した。白石はその作業の中で、『古事記』『日本書紀』に記載されていた故事を再発見するに至る。「本朝国史を按ずるに、始め神功皇后三韓を征し給ひ、彼国に日本府を置れて其国々を治め給ひしより、斉明天皇の朝に至る迄《まで》、凡天皇二十四代歴数四百六十餘年が間は、彼国の君民我朝の臣妾《しんしょう》たらずといふ者なし(31)」といい、神功皇后の「三韓征伐」が再発見され、朝鮮は日本の「臣妾」であると結論づけられた。また「夫《そ》れ朝鮮は狡黠《こうかつ》にして詐《いつわ》り多し。利の在る所、信義を顧みず。蓋《けだ》し濊貊《わいばく》の俗は天性固《もと》より然《しか》り(32)」と述べ、朝鮮はずる賢く、利益を確保するためには信義さえも顧みない夷狄の国だと決めつけた。

契沖も白石も古代日本語に関心を示し、日本語の本来の姿を究明する作業にいそしんだ。彼らは中国語と日本語を識別し、日本語を中国語から独立させようとした。その過程で彼らが発見したものは、「神国」としての日本であり、日本の「臣妾」としての朝鮮であった。古代日本語の究明は、日本語への愛着だけでなく、日本そのものへの強烈な愛着を喚起し、日本と他者との徹底した差異化を促した。

これは、十八世紀初頭に、日本語研究を媒介にして日本人の近代的ナショナリズムが形成され始めたことを意味している。研究される日本語とは、古代日本語であり、和歌であった。そしてこの二つが集約されているテクストこそ、『古事記』に他ならなかった。彼ら以降に続々と生産され始めるナショナリスティックな言説は、こうして不可避的に日本語と『古事記』への言及を伴って行くのである。同時に忘れてならないことは、十八世紀における日本人の近代的ナショナリズムの形成が、朝鮮人の日本観に大きな影響を受けていたということである。新井白石は、朝鮮を隣好国とはみなさない理由を次のように述べている。

朝鮮の事、永く隣好を結ばるべき国に非ず。子細ある事に候。其ゆゑは朝鮮歴代の書共を見るに大かた我国を以て彼国に臣属せし事の如くに記し置き、甚しきは倭酋、倭奴、倭賊などしるし候事、筆を絶ち候はず。(33)

白石は、朝鮮が日本を「臣属」国ととらえ、「倭酋、倭奴、倭賊」と蔑称している以上、朝鮮を「永く隣好を結ばるべき国」とみなすべきではないと主張した。白石が作り出した数々の朝鮮蔑視の言説の背後には、朝鮮人との接触によって次第に明らかになってきた、朝鮮人による日本蔑視の言説の存在があった。

壬辰倭乱以後の朝鮮知識人の日本観は、当然のことながら、日本を「百世忘れ難きの讐[34]」ととらえる憎悪に満ちたものであった。姜沆、李晬光、申炅、洪汝河、許穆らは、日本を「犬羊の類」「漆歯の陋邦」「横目の異類」「犬豕の賊」「酋長」「東海中の雑種」「蛮夷」「黒歯」「倭奴」ととらえ、百年以上にわたって強烈な日本蔑視観を保持し続けた[35]。したがって、朝鮮人の日本蔑視観が横溢するテクストを読んだ日本人のほとんどが、自国＝日本に対する強烈なナショナリズムを触発されたのであり、日本人の朝鮮蔑視観と朝鮮人の日本蔑視観とは表裏一体なものであった。白石の朝鮮蔑視観はその典型例の一つにすぎない。

こうした状況下で、十八世紀後半に、賀茂真淵や本居宣長によって「国学」が体系化されて行く。契沖や白石の段階ではまだ漠然としか認識されていなかった「神国」日本の実体が、「やまとことば」を駆使した真淵や宣長の解釈によって、具体的表象として提示されて行くのである。

賀茂真淵は、『歌意考』（一七六〇年ごろ成立）『国意考』（一七六〇年ごろ成立）や『邇飛麻那微《にひまなび》』（一七六五年成立）など、日本＝「大和国」を表象するテクストを立て続けに発表するが、そこで提示された日本の実体とは「丈夫（ますらをの）国[36]」、すなわち男性的で雄渾な国であった。そして日本人とは、「いにしへ人の心なほく、詞みやびかに、おさゝかなるけがらはしきちりもゐず、高くはたをゝしき心[37]」を持っている人々であり、純朴、優雅、大らかで一切の汚れのない純潔なエートスを具えた日本人の心を「やまと魂」と呼んだのであった。[38]

これを受けて、本居宣長は、『くず花』(一七八〇年成立)の中で、日本を「天照大御神の御生坐《みあれませ》る御国として、万国に勝れ、人の心も直かりし」[39]といい、日本は天照大御神が作った万国に勝れた国であると主張した。また『うひ山ふみ』(一七九八年成立)の中では、「道を学ばんと心ざすともがらは、第一に漢意儒意を、清く濯《すす》ぎ去て、やまと魂をかたくする事を、要とすべし」[40]といい、中国の国風に心酔する「漢意《からごころ》」を洗い落とし、「やまと魂」を堅持することを説いた。宣長が提示する「やまと魂」とは、日本人の風雅を知る心、すなわち「もののあはれ」を知る心であり、「古の道をしるべき階梯」[41]であった。

宣長にとって、神が創造し、言霊が栄え、万国に優越する尊い「皇国《みくに》」＝日本を理解することは、中国に追従しようとする「漢意」を捨て去り、古代日本人が持っていた風雅を理解する心＝「もののあはれをしる心」、すなわち「やまと魂」を涵養することを意味していた。宣長が畢生の大著『古事記伝』の中で『古事記』に使用されたすべての漢字を無理やり訓読しようとしたのは、[42]「漢字仮名交じり文」という日本語の誕生とともにあった漢字の親和性を根底から否定しようとするものであり、自己と他者の差異化の極限形態を示すものである。

こうして真淵と宣長の言説によって、日本の実体が表象され始めた。真淵が提示した男性的なエートス(ますらをぶり)と宣長が提示した女性的エートス(もののあはれ)は、当時の言説空間の中で武士の世界と文学の世界を統括する「文武両道」として再構成され、純粋・清廉・雄渾・優雅なエートスを具えた世界に優越する日本＝「皇国」という表象を完成させるのである。

したがって、十八世紀の日本で展開した言説編成は、日本語研究に即しながら「国学」という一つの学問体系を完成させただけではなく、「皇国」という近代日本が必要とした近代国民国家イメージの原型をも生み出した。しかしこの「皇国」という自己像は、〈「異国」の反照としての自己〉像であり、他者＝外国の否定の上に成立したものであった。否定されるべき「異国《あだしくに》」の表象がなければ、「皇国」の表象自体が不可能なのである。「異国」と「皇国」は構造的に表裏一体化したものであり、両者を個別に分節化できない理由もここにある。換言すれば、「異国」と「皇国」は同一の表象から生み出されており、価値においてプラスとマイナスを異にするにすぎないのである。このメカニズムは本居宣長によって決定的に定式化され、宣長以降、現代においても依然として日本人の他者認識の中に継承され続けている。

四　表象された「朝鮮像」

ロナルド・トビは、朝鮮通信使を題材にした庶民絵画や『朝鮮人来朝記』などの木版絵本などを丹念に分析した結果、近世初期の日本人は、中国人や中国の貿易品・舶来文化を「唐人」、朝鮮を「高麗」「朝鮮」「韓」、沖縄を「琉球」「中山」とそれぞれ別々な名称で呼んでいたが、元禄以降になると、西洋人を含むすべての外国人に蔑称としての「唐人」を適用し、一般化して考えるようになったことを明らかにしている。

『日本国語大辞典』の説明によれば、「唐人」は十一世紀頃に中国人を指す言葉として誕生したが、十七世紀末にはものの道理のわからない人、わけのわからない人の蔑称として使われ始めたようだ。[44] そして十七世紀末から十八世紀にかけて、外国人の蔑称として「毛唐」「毛唐人」が誕生し、これ以後広く使われるようになったらしい。[45] 朝鮮人が極端に毛深い「毛唐人」として描かれることもあり、「唐人」「毛唐（人）」が「隣の他者から『我朝』を再識別する新しい表象[46]」として機能し始めたと考えられる。

また荒野泰典は、十八世紀後半になると中国の文化的優越性やそれを前提にした華夷意識が疑われるようになり、中国の呼称として「中華」「中国」に代わって、オランダ語のシナ（China）の訳語である「支那」や「もろこし」が使用され始めたことを指摘しており、ここに一つの転換点があったことが示唆されている。[47]

すべての外国人が多くの差異を捨象して「唐人」「毛唐人」という表象によって蔑称されるようになったということは、他者像の形成においてある大きな転換が起きたと考えなければならない。それは、「文化」を基軸とした華夷の峻別であった。[48] 幕藩権力のたえまない矯正により、十八世紀初めまでにアイヌや朝鮮などの異国風俗は徹底的に否定され、日本文化＝和俗が日本社会のすみずみにまで定着していく。言葉や生活様式を異にする異民族の固有文化は嘲笑・蔑視される対象であった。こうした風潮は、日本人であっても都市の下層民や地方の民衆を「夷」に近い存在とみなすような文化状況を作り出した。[49] 今や、日本人と外国人（あるいは周辺の日本人）は、「文化」によって識別される存在になったのである。

「文化」が華夷峻別の基軸となり、遅れた文化を持つ他者を嘲笑するようになった背景には、反転した他者像、すなわち自己像である自国文化の称賛があった。「皇国」を称賛した本居宣長による「異国」の表象はその典型である。宣長は、「異国は、天照大御神の御国にあらざるが故に、定まれる主なくして、狭蝿《さばえ》なす神ところを得て、あらぶるによりて、人心あしくならはしみだりがはしくして」[50]といい、「異国《あだしくに》」は君主が定まらず、人心は悪く、習慣も乱れている国だと規定した。

十八世紀における「唐人」「毛唐（人）」という言説の広まりは、真淵や宣長の言説編成と明らかに連動しており、そこではもはや中国も朝鮮も西洋でさえも区別はなく、他者は極度に単純化され、すべては「異国」として認識され始めたのである。それはゆるぎない自己像の確立を物語るものであり、文化的に日本と併置されるような他者＝外国は一切認められなかった。十八世紀における日本文化の称賛は、他者像の一元化・同一化と、自己像の純粋化・神聖化を同時にもたらしたのであり、あらゆる他者はもはや日本文化の夾雑物・闖入者でしかなかった。

朝鮮の固有文化を識別し、表象された歪んだ朝鮮像を是正するチャンスは、朝鮮通信使が往来している限り、いくらでもあったはずである。しかし、他者像の「唐人」「毛唐（人）」や「異国」への一元化は、朝鮮の固有文化に対する関心を消滅させ、一八一一年を最後に朝鮮通信使の往来自体も途絶えてしまう。朝鮮を識別する空間は、もはや言説空間だけであった。したがって、これ以後の朝鮮認識は、神功皇后の三韓征伐譚や日本の朝貢国であるという言説をひたすら再生産させるのである。

朝鮮に関する新たな情報を獲得し、「唐人」や「毛唐（人）」の「異国」ではない朝鮮像を表象しようとした時、時代はすでに近代を迎えており、征韓論から日韓併合という植民地支配のまっただ中で、十八世紀に成立した朝鮮像を是正するどころか、さらに憎悪を増した朝鮮像が表象されて行くのである。

五　近世から近代へ

山室信一は、近代日本のアジア認識の基軸は「文明」「人種」「文化」「民族」であり、「文明と人種」が欧米に対抗する共通の運命性としてのアジアという主張を導き、「文化と民族」が共通であるはずのアジア内に序列化をもたらし、日本の優位性・主導性の主張を導き出して行ったことを、膨大な資料の検証によって明らかにしている[51]。

文明や人種という基軸は、そもそもアジアの一員である日本人にヨーロッパに対する劣等感を植え付けるものであったが、十八世紀に本居宣長によって定式化された自己像と他者像の反転構造は、アジアの中における優等な文明国である日本と劣等国である日本以外のアジア諸国の差異化を可能にした。日本という表象から遅れた野蛮な「アジア性」を消去することは本来不可能なはずだったが、他者を否定して成立する自己像という反転構造がこれを可能にしたのである。

近世において「唐人」「毛唐（人）」「異国」によって一元的に理解され蔑視されていた他者像は、近代における四つの思想基軸によって、ヨーロッパ、アメリカ、インド、ペルシャ、アフリカなど東アジア以外の地域にも拡大された世界観の中で序列化され、日本の植民地として狙われていた朝鮮はその最底辺に位置づけられた。「朝鮮の風俗は野蕃極まるアフリカ人のごとく、その刑は三族に及ぶが如き野蕃国」[52]といわれるように、近代における序列化された他者の蔑視観の中で、憎悪に満ちた朝鮮蔑視観が陸続と生み出された。

したがって、近世から近代への移行において、日本人の朝鮮観は大きな変動を受けたことになる。近世の単純化・一元化された他者像は、近代になって海外に関する情報量が飛躍的に増え、西洋と接触＝戦争する中で、根本的な再編成を迫られた。近代における「文明」「人種」「文化」「民族」などの新たな思想基軸が共有され、日本人の他者像は細分化してゆき、序列化・階層化された。征韓論以来目前の植民地として認識されていた朝鮮は、他者像の序列の最底辺に位置づけられた。

そして日本の自己像の形成が、つねに他者像の反転によって行われていたことを想起すれば、近代における朝鮮蔑視観の強化は、反転した日本の狂信的な称賛と不可分であった。実際、この当時日本はヨーロッパ列強に優越することは至難であったが、日清・日露戦争での勝利、台湾や朝鮮の植民地化、満州国の成立などが次々に成功するにつれ、ついにヨーロッパ列強を追い越し、世界に冠絶した優等国としての日本を表象し始める。そしてそこには必ず、最底辺に位置づけられた朝鮮像が伴われていた。

その最底辺国である朝鮮からやってきた「在日」朝鮮人は、最底辺の文化と生活を日々証明する生きたシンボルであった。近代になって日本人の朝鮮観が大きく変化したことは、朝鮮人や「在日」朝鮮人に対する呼称の変化、すなわち近世の「唐人」「毛唐（人）」から近代の「鮮人」[53]「チョーセン」への移行からも証明できるだろう。

近代における「在日」韓国・朝鮮人差別の起源は、古代からの「連綿たる伝統」に求められるものでもなく、近世の豊臣秀吉や新井白石に求められるものでもない。序列化された他者像の最底辺に位置づけられたのは近代になってからであり、直接の起源は近代日本人のアジア認識に求められるべきである。近世から近代に継承されたのは、十八世紀の言説空間において本居宣長によって定式化された自己像と他者像の反転構造であり、そして『古事記』に記載された言説をすべて真実ととらえる言語観だけである。神功皇后の三韓征伐譚など、使用される言説は同じであっても、言説が表象する意味は固定的な実体として存在しているのではなく、解釈者が表象に意味を付与するのである。したがって、日本人の「伝統的朝鮮観」を実体化するのではなく、近世と近代の差異に留意し、近代の蔑視観が形成されたメカニズムをあらわにしながら、われわれ日本人の朝鮮観は可変なものであるという認識を持たなければならない。

日本人も韓国人も、「在日」韓国・朝鮮人をなかなか相対化できない理由の一つは、われわれ相互の蔑視観が長い「伝統」を持つ変更しがたい心性であるという認識に起因していると思われる。日本人が作り出した自己像と他者像の反転構造は、植民地支配を通して韓国人によっても共有されている。日本人が自己像の反転ではない韓国像を描けた時、そして韓国人が韓国人の反転ではない日本人像を描けた時、われわれは初めて「在日」韓国・朝鮮人をはっきりと分節化できるのかも知れない。あるいは、「在日」韓国・朝鮮人の明確な分節化と徹底的な認識を続けることが、日本人と韓国人が近代以降陥って抜け出すことのできなくなっている自己像と他者像の反転構造から抜け出す可能性を提示してくれるのかも知れない。
いずれにしても、「在日」韓国・朝鮮人の問題は、日本の近代や日韓関係史に関心を持つ者が避けて通れない重要な課題である。「朝鮮の存在が、日本における政治的・文化的形態を大きく規定して」[54]いることを再確認した上で、私たちは「在日」韓国・朝鮮人をめぐる複雑な関係性の糸を一つ一つ解き明かす努力を続けなければならないのではないだろうか。

注

(1) 本稿では、原則として、第二次世界大戦以前については「朝鮮・朝鮮人」を、南北分断以後については「韓国・韓国人／北朝鮮・朝鮮人」を使用している。
(2) 金光哲『中近世における朝鮮観の創出』(校倉書房、一九九九)「あとがき」四〇七頁。
(3) 同、「まえがき」二頁。
(4) 同、二四〜二七頁。
(5) 同、第二部第一章、二〇七〜二二二頁。
(6) 同、第三部第一章、二七七〜二九二頁。
(7) 同、第三部第二章、三〇三〜三〇八頁。
(8) 同、三三六頁。
(9) 「チョーセン」や「ザイニチ」という言葉に対する日本人の漠然とした侮蔑や恐怖の起源を、日韓関係史の系譜学的な考察によって明らかにしようとした論考として、拙稿「日韓関係における蔑視観の変容――「唐人／倭奴」から「チョーセン／チョッパリ」へ」(河宇鳳『朝鮮実学者が見た近世日本』ぺりかん社、二〇〇一：解説)がある。本稿と合わせて参照していただければ幸いである。

(10) 加藤周一『日本文学史序説　下』（筑摩書房、一九八〇）一〇頁。
(11) 日本思想大系『キリシタン書　排耶書』（岩波書店、一九七〇）七五頁。
(12)『キリシタン書　排耶書』、「排耶蘇」四一五頁。
(13) 送還された朝鮮人の数については、中尾宏『朝鮮通信使と壬辰倭乱――日朝関係史論』（明石書店、二〇〇〇）第六章「壬辰・丁酉倭乱の朝鮮人被虜とその定住・帰国」の論考、および表9・10（二〇一〜二〇三頁掲載）を参考にした。
(14) 日本思想大系『熊沢蕃山』（岩波書店、一九七一）一四九頁。
(15)『山鹿素行全集　第十三巻』（岩波書店、一九四〇）四二頁。
(16) 同、二二頁。
(17)『中村幸彦著述集　第五巻』（中央公論社、一九八二）所収の「朝鮮説話集と仮名草子――『三綱行実図』を主に」を参照のこと。
(18) 日本思想大系『藤原惺窩　林羅山』（岩波書店、一九七五）一二九頁。
(19) 日本思想大系『近世神道論　前期国学』（岩波書店、一九七二）一六頁。
(20) 同、七〇頁。
(21) 本草学受容に伴う漢字と和訓のズレの問題については、拙稿「本草学受容における漢字と和訓の問題」（『島根県立国際短期大学紀要　第一号』一九九四年）を参照されたい。
(22)『契沖全集　第十巻』（岩波書店、一九七三）「和字正濫鈔巻一序」に、「日本紀ノ中ニ言語等ノ字ヲ訓テ末古登（まこと）ト云フ」とある。一〇九頁。
(23)『契沖全集　第一巻』（岩波書店、一九七三）「万葉代匠記初稿本惣釈」に、「心のいつはりなくまめやかなるをは、まこゝろといひ、言のいつはりなきを、まことゝいふ。真心真言なり」とある。一九四頁。
(24) 同、二二五頁。
(25) 同前。
(26) 同、一五八頁。
(27)『新井白石全集　第四巻』（国書刊行会、一九七七）一五頁。
(28) 同、六頁。
(29) 同、三六頁。

(30) 同、一三頁。
(31) 同「朝鮮国信書の式の事」六七一頁。なお原文には句読点がないが、通読の便を考えて適宜句読点を加えた。
(32) 同、「国書復号紀事」七〇二頁。なお原文は漢文であり、引用するにあたり訓読文に改めた。
(33) 同、「朝鮮聘使後議」六八三頁。
(34) 『朝鮮実学者が見た近世日本』四〇頁。
(35) 同、「第一章　十七世紀知識人の日本観」を参照のこと。
(36) 『近世神道論　前期国学』、「邇飛麻那微」三五八頁。
(37) 同、「歌意考」三五一頁。
(38) 同、三五三頁。
(39) 『本居宣長全集　第八巻』(筑摩書房、一九七二)一二五頁。
(40) 『本居宣長全集　第一巻』(筑摩書房、一九六八)五頁。
(41) 同、二九頁。
(42) 『本居宣長全集　第九巻』(筑摩書房、一九六八)「文体の事」(一七頁)の中で、宣長は「皇国の語のまゝに、一もじもたがへず、仮名書にこそせらるべき」と述べ、『古事記』で使用された漢字をすべて和語によって読み下すべきだと主張している。また子安宣邦氏は『「宣長問題」とは何か』(青土社、一九九五)の中で、『古事記』本文を「仮名つゞけ」＝訓読することは、やまとことばを「規範的言語」にしようとした宣長の作為の表れであることを指摘している。同書、一二二〜一二四頁参照。
(43) 『「宣長問題」とは何か』六九頁。
(44) 『日本国語辞典　第二版　第九巻』(小学館、二〇〇一)九八二頁。
(45) 村井章介・佐藤信・吉田伸之編『境界の日本史』(山川出版社、一九九七)ロナルド・トビ「「毛唐人」の登場をめぐって」二五九頁、および『日本国語辞典　第二版　第四巻』(小学館、二〇〇一)一四〇三〜一四〇四頁。
(46) ロナルド・トビ「「毛唐人」の登場をめぐって」二八四頁。
(47) 『岩波講座　日本通史　第13巻・近世3』(岩波書店、一九九四)荒野泰典「近世の対外観」二三五〜二三八頁。
(48) 荒野泰典『近世日本と東アジア』(東京大学出版会、一九八八)六〇頁。
(49) 同前。

(50)『本居宣長全集　第九巻』五〇頁。
(51) 山室信一『思想課題としてのアジア』(岩波書店、二〇〇一) 九〜一〇頁。
(52) 古屋哲夫編『近代日本のアジア認識』(京都大学人文科学研究所、一九九四) 山室信一「アジア認識の基軸」二七頁。
(53)「鮮人」については、拙稿「戦時下における在日韓国・朝鮮人統制と「内地」」(待兼山比較日本文化研究会『比較日本文化研究　第4号』一九九七)、および池内敏「「鮮人」考」(名古屋歴史科学研究会『歴史の理論と教育　第109号』二〇〇一) を参照のこと。
(54) 柄谷行人『日本精神分析』(文藝春秋、二〇〇二) 一〇一頁。

変化する在日のイメージ

鄭大均

「犠牲者」のイメージ

在日コリアン（以下在日と記す）には強制連行による犠牲者であるというイメージが強くある。たとえば、ある辞典の「在日朝鮮人」の項。

〈第二次大戦前の日本の朝鮮支配の結果、日本に渡航したり、戦時中に労働力として強制連行され、戦後の南北朝鮮の分断、持帰り資産の制限などにより日本に残留せざるをえなくなった朝鮮人とその子孫〉（『広辞苑』九四年版）

『中学社会　公民的分野』（日本書籍）には「外国人差別」という項があって、次のように記されている。

〈日本には、かつて日本が植民地とした朝鮮や台湾から、強制連行などで移住させられた多数の人々の子孫がいる。また、職を求めて来日し、不利な労働条件で働く人々もふえている。在日外国人は日本国民とは異なるあつかいを受けるが、そのあつかいが不当な差別になることもある。外国人登録証の指紋押捺制度は、永住権を認められた人については一九九二年に廃止された。しかし、地方自治体の住民としての権利、母国文化を保全する教育への権利、勤労の機会や労働条件など、在日外国人の人権保障の課題は多い〉（二〇〇一年版）

アカデミックな体裁で語られる強制連行論もある。人類学者の綾部恒雄は世界の少数民族を先住少数民族、自律的少数民族、カースト的少数民族、移民的少数民族、強制移住的少数民族、分離主義的少数民族の六つに分類し、在日はその五番目に当たるのだという。

〈少数民族化したプロセスからみた場合、移民と異なり、強制移住や強制連行によって異郷へ送られ少数民族化した人びとがいる。たとえば、英仏戦争の結果、カナダのノヴァ・スコシアから追われてルイジアナに達し、現在バートン・ルージュの北部一帯に居住する五〇万余のフランス系ケージアン、第二次世界大戦中に日本政府によって強制連行された在日韓国・朝鮮系の人びと、カラフトやカザフ共和国に住む朝鮮民族、第二次世界大戦中に「敵に通じる」民族の汚名を着せられ、ウズベク共和国へ強制移住させられたトルコ系メスヘチア人、同じく対独協力のかどで、コーカサス、ボルガ河流域から集団移住させられた数百万のイスラム教徒などはこうしたカテゴリーに入る。アメリカの黒人も、西アフリカから奴隷として強制的に連行された人びとの子孫ではあるが、すでに数世代を経ているため、民族集団の属性という側面から分析する方が妥当であるように思われる〉（「世界の少数民族」『文化人類学7』アカデミア出版会、一九九〇年）

これはなかなかグローバルな視点から記された在日論であるが、在日＝強制連行による犠牲者というイメージは一方でグローバルな拡がりを持つもののようでもある。たとえば、六本木のピザレストランを舞台に戦後日本の闇社会と政財界やスポーツ界とのつながりを描いて話題になった『東京アンダーワールド』（角川書店、二〇〇〇年）で、著者のロバート・ホワイティングは次のように記している。

〈一九一〇年に韓国を併合して以来、日本の子孫たちは一般的に、朝鮮人を無学で原始的な民族とみなしてきた。朝鮮の文化など学ぶ価値はない、と。／実際、日本の占領時代の後半に、いわゆる「大東亜共栄圏」の推進者たちは、朝鮮人に自国語で話すことさえも許さなかった。被征服者をきわめて軽視した扱いである。しかも百五十万以上の朝鮮人を日本に連れ帰り、強制労働させている。／戦後、そのうちの六十万人が、日本に残ることを選択した。北と南に分裂してしまった朝鮮半島の、政治的混乱に巻き込まれるのを恐れたからだ〉

似たようなことをシカゴ大学教授のノーマ・フィールドも記している。

〈はじめに述べておくべきふたつの基本的所見がある。第一に、日本に住むコリアンの多くは、コリア系アメリカ人とは異なり、むしろアフリカ系アメリカ人がそうであるように、自発的に日本にいるというわけではない。第二に、アメリカのメルティング・ポット／複合主義イデオロギー（対立をはらむ結びつきではあるが）とは対照的に、日本は単一民族国家アイデンティティを主張してきた。それを端的に示すのが、日本で数十年間生活し、その多くが日本生まれであり、日本語しか話さないコリアンが、「コリア系日本人」にはならず、「在日コリアン」とか「在日」と呼ばれている事実である。最近まで、帰化する者には（植民地期のすべてのコリアンがそうであったように）日本式氏名への改称が求められていた〉

（「羨望、かったるさ、受難を越えて」『思想の科学』一九九五年五月号。訳文に若干の修正を加えている）

「闇市の朝鮮人」

こうして見ると、在日＝強制連行による犠牲者というイメージは、日本人のみならず日本に関心を寄せる外国人にも広く共有されているらしいことが分かるが、しかしここには相反するイメージがあり、またイメージの変化がある。

まずは変化の側面であるが、その資料となるのは一九五一年、人類学者の泉靖一が東京都民を対象に行った「異民族」に対する態度調査である。同調査は、日本に最も関係が深いと見なされる十六の集団を被検者（男性はサラリーマン、女性は主婦が多く、学生は除外されている）に示し、最も好きなものから順次番号をつけさせ、その平均順位をもって「人種距離」を測定するというもので、最も好感度が高かったのはアメリカ人、フランス人、イギリス人、ドイツ人のような欧米人集団であり、逆に好感度が低かったのは濠州人、ロシア人、朝鮮人、ニグロ人といった一見雑多な印象を与える集団である（「東京小市民の異民族に対する態度」『社会的緊張の研究』一九五三年所収）。

「アメリカ人」（ニグロ人のカテゴリーが別箇にあるからこれは典型的には欧州系アメリカ人を指しているのだろう）と「朝鮮人」はこのように当時の日本人（東京都民）の好き嫌いのスペクトルにおいてほぼその両極に位置

する集団ということになるが、いずれの集団も可視的な存在であったということは注目されていい。つまり、泉の調査はサンフランシスコ講和会議開催（五一年九月四日）の直前に行われたもので、日本はGHQの占領下にあり、アメリカ人は見える存在であった。一方、五一年の時点で「朝鮮人」といえば、人々が連想したのは、数年前まで日本の統治下にあった朝鮮半島の朝鮮人というよりは、在日朝鮮人のことであっただろう。『韓国のイメージ』（中公新書）で指摘したように、占領下の在日朝鮮人の行為やその報道は、多くの日本人に「無法」の印象を与えるものであり、「闇市の朝鮮人」はこの時期の日本人の典型的な在日像であった。四八年四月、進駐軍は神戸の朝鮮人学校閉鎖反対デモに対して非常事態宣言を発令、翌年二月には、尼崎市守部付近の朝鮮人集落を千二百人の武装警官が密造容疑で急襲、四月には東京都江東区の枝川町事件、九月には当時の民族組織である在日本朝鮮人連盟（朝連）に対するGHGの解散命令等々。この時期の在日朝鮮人は、数的には今日の在日と大差はないが、その政治・社会的可視性は今日のそれとは比べ物にならないほど高く、しかもそれは否定的な可視性であった。

朝鮮人に対する圧倒的な否定性の印象は、右に記した「好嫌」の根拠を問う設問にも見てとれる。ここには「外見」「民族性」「政治」「経済」「文化」という五つの項があるが、「文化」の「親しみやすい・親しみにくい」の項で回答数がほぼ桔抗しているのを除けば、朝鮮人に選択されたのははっきりとした否定的語彙であり、最も頻繁に選択された語彙を合成してできあがるのは、朝鮮人＝「不潔で、文化が低い、ずるい、経済的にためにならぬ、日本を馬鹿にする、日本のためにならぬ、日本をうらんでいる、みにくい」のイメージである。ちなみに、同調査で濠州人やフィリッピン人に対する好感度が低いのは、両国が日本の戦争責任に対して厳しい態度をとったことに由来するものであろう。

強制連行論の大衆化

このように、終戦直後の日本人の在日に対する眺めはきわめて否定的、蔑視的なものであり、それは敵意の感情を含むものでもあった。それを私は「闇市の朝鮮人」のイメージと呼んだが、それから半世紀ほどが経過した今日の在日像に見てとれるのはむしろ「犠牲者」のイメージである。相反するイメージはしばしば共存する性格のものであり、「闇市の朝鮮人」が「犠牲者」のイメージに転換したといっても、そのことは人々の心の中から在日＝「闇市の朝鮮人」のイメージが払拭されたことを意味するのではない。とはいえ、この半世紀ほどの間に日本人が経験した在日観の変化は印象的なものであるが、それではこの変化はどのようにもたらされたのだろうか。

私見によれば、これは何よりも戦後日本の人権教育の成果というべきものであり、賞賛されるべきは人権主義者たちの地道な活動である。が、人々のイメージ形成に実際に影響を与えたのはメディアの動向であり、具体的には八〇年代以後、日本のマスメディアが日本の侵略主義や植民地支配の歴史を語り、在日の犠牲者性を語る過程で、在日は無垢化されるとともに、「犠牲者」のイメージが形成されていくのである。在日イメージの転換はこのように新しい体制運動の成果といえるものであり、これは基本的には日本人自身によって生み出された変化であるが、その際、日本の人権主義論者が導きの糸とした文献に朴慶植著『朝鮮人強制連行の記録』（未来社、一九六五年）という本があるのは注目に値する。

朴慶植は一九二二年、朝鮮の慶尚北道の生まれ。二九年両親とともに渡日。四九年東洋大学文学部を卒業。東京朝鮮中・高等（高級）学校教員を経て、『朝鮮人強制連行の記録』を執筆したころは朝鮮大学校地理学部の教員であった。同書のまえがきによると、この本は「帝国主義侵略者の正体を明らかにするとともに、在日朝鮮人の民主主義的民族権利を守るために」書かれたのだという。ここでいう前段は明瞭である。朴慶植は日韓の新しい政治・経済的結びつきを模索する日韓会談を「日本独占資本」の朝鮮再侵略の機会と解する者であり、この本は「韓日会談」の粉砕をモチーフとして刊行されたものである。氏は当時の在日知識人の多くがそうであったように、朝鮮民主主義人民共和国を心の拠り所とする人間であり、同書は北朝鮮を支持するとともに韓国を打倒するために書かれた本である。

では、後段にある「在日朝鮮人の民主主義的民族権利を守るため」とは何か。これは必ずしも文意が明瞭ではないが、同書が刊行された六〇年代半ばは、左翼による日韓会談反対闘争が展開された時期であるとともに、朝鮮籍を持つ総連系社会においては帰国を前提にしない祖国への貢献が模索された時期でもある。従来、総連系人士が口にしていたのは帰国＝祖国への貢献という自己実現の方法であり、だから在日朝鮮人たちは苦労して日本各地に民族学校を作り、子弟に母国語の習熟を課した。実際、北朝鮮への帰国運動がはじまると多くの在日がこれに呼応し、六〇年と六一年の両年には合わせて七万人もの在日が高度経済成長の国を捨て、北朝鮮に向かっている。

だが、やがて在日たちは「地上楽園」が北のプロパガンダに過ぎないことに気づき、熱病のように拡がった帰国熱は急激に冷め、総連系人士には日本での定住を合理化する新しい根拠が必要となる。同書にちりばめられている「正しく解決すべき問題の一つに、在日朝鮮人六〇万の問題がある」(一四頁)「朝鮮人は自ら好んで日本に渡ったのではなかった」(二一頁)「他民族を抑圧した帝国主義国家の民族は抑圧された民族にたいしてどのような立場に立つべきか」(四六頁) といったフレーズはやがて在日のオピニオン・リーダーたちが日本人に向き合うときに愛用される常套句となるが、これはアイデンティティのよりどころを北朝鮮におきながらも定住化を合理化するという従来の帰国＝祖国への貢献とは異質の「在日宣言」であったのである。

とはいえ、『朝鮮人強制連行の記録』の影響は刊行から二〇年ほどの間は限定的であった。それは贖罪意識を動機として隣国や在日に関心を持つ少数の日本人に使命感を与え、実践の機会を与えても、その影響は所詮左派のサークルの域を出るものではなかったのである。だがやがて八〇年代に入り、侵略史や植民地史のテーマがマスメディアの世界で語られるようになると、「キョウセイレンコウ」のテーマも大衆化し、それは人々の在日イメージを転換させる契機になったのである。

もうひとつの眺め

右に記したことを言いかえると、『朝鮮人強制連行の記録』で朴慶植が実践したのは、森田芳夫が五〇年代から六〇年代にかけて提示した在日論(たとえば『外務省調査月報』第一巻第九号掲載論文、『数字が語る在日韓国・朝鮮人の歴史』明石書店所収）のアンチテーゼであった。森田が在日一世の多くは「出かせぎ者」であり、より良い生活をするために故郷の農村を離れ、内地での生活をはじめたといったのに対し、朴はいやいや「朝鮮人は自ら好んで日本に渡ったのではなかった」と「強制連行説」を唱えたのである。異論や反論の提示は好ましいことであるが、新しいアンチテーゼを完成するために朴が選択したのは徹底した見たいもの主義という方法である。森田の試論は朝鮮人の渡日をプッシュとプルという二つの要因、つまり不本意性と任意性の部分にわけて語ったのに対し、朴は在日一世の渡日や定住の任意性や自発性を無視し、それを補うかのように「朝鮮人は自ら好んで日本に渡ったのではなかった」とか「他民族を抑圧した帝国主義国家の民族は抑圧された民族にたいしてどのような立場に立つべきか」といった脅し文句を挿入したのである。

その後の日本のアカデミズムやジャーナリズムというアリーナにおいて勝利を収めたのは森田というよりは朴の方であるように見える。「強制連行論」は今や学校教科書からNHKにいたるまで広範に見てとれる言説であり、これは今日においては政治的に正しいとされる言説である。だが、過去においても今日においても、在日に対する眺めは一様であった験しはない。森田によると、在日の第一世代の多くは「出かせぎ者」であったが、そのような眺めの系譜は今日にも生きている。たとえば田中明は次のように記している。

〈戦時中、徴用などという強制によって多くの朝鮮人（当時）が日本に連れて来られたことは事実である。日本の敗戦時、日本本土には約二百万の朝鮮人がいた。この人たちは、日本の敗北とともに喜び勇んで帰国した。だから一年のうちにその数は六〇万に減っている。強制連行についての記録は、いずれも日本での生活が「地獄」だったと記している。だから、自由を取り戻した人びとが、次々と帰国したのは当然であろう。

では、そんな「地獄」に、自由を回復した後も居残った六〇万の人びとは、どう考えたらいいのであろうか。さまざまな理由はあったろうが、もはや官憲の強制はないのだから、日本への居残りは、みずから選択したものとみなさざるをえない。故郷より「地獄」に住むことを好む人はいまいから、その選択は、帰国するより日本にいる方がベターだという判断にもとづいたものであろう。警察力が麻痺した敗戦国日本では、戦勝国民のように威張った人も少なくなかった。

だから、そうした人びとが（正確にいえば、そうした人たちの子供や孫たちであろうが）自分たちの選択した行為をないことにして「いまわれわれが日本にいるのは、強制連行の結果」というのは、ご都合主義といわねばなるまい。こういう態度は、今日の自分を強制連行の産物と規定することによって、自分たちは「戦前、日本人にやられたまま、戦後の四五年をも送ってきた哀れな存在」だと、みずからを貶めているのである。人間が主体的に生きるとは、おのれの責任において決断と選択を繰り返しながら生を営むことである。ところが〝強制連行論者〟はそれと正反対のことをしている。彼らは戦後の時間、すなわち選択と決断の可能だった時期を抹殺し、自分たちをひたすら「責任能力のない被害者」に仕立て上げている。そうした作風は「なんでも他人のせいにする韓国人」という不名誉な通念を補強することになっており、まことに残念である〉

（『よき日本人になれ』とはいえぬか」『現代コリア』一九九一年十一月号所収）

大雑把に整理すると、日本人の在日観は戦後直後の「闇市の朝鮮人」のイメージに出発し、今日の「犠牲者」のイメージに転換しているが、一方には「犠牲者」のイメージとは相反する眺めの系譜もある。日本人の在日観の歴史をたどるとき気がつくのは、在日に対する好意的な眺めと非好意的な眺めの転換が自己に対する眺めの転換と対をなしているということである。「闇市の朝鮮人」が「悪玉」の在日と「善玉」の日本人の関係を語っているとすると、今日流通している在日＝「犠牲者」のイメージは「悪玉」の日本人に対する「善玉」の在日を語っているのであり、在日は今度は被害者なのである。いうまでもなく、こうした劇的な転換を可能にしたのは政治的な状況の転換であり、そのことは政治的な状況次第で在日のイメージはさらに転換可能であることを示唆するのである。

追記
本稿は『在日・強制連行の神話』（文春新書、二〇〇四年）に収録された。

日本映画のなかの在日コリアン像

高柳俊男

はじめに

日本映画のなかには、在日コリアン[1]を主人公にしたり、主要な登場人物の一人にする作品が一定数ある。それらはどういう作品であり、そこで描かれる在日コリアン像は、時代によりどのような変化をたどっているのだろうか。とりわけ在日コリアンの存在のあり方や意識が大きく変容しつつあるといわれる近年において、こうした傾向は映画表現にどう反映されているのだろうか。

実は筆者は、そうした試論をすでにまとめたことがある[2]。その際、作品選定で参照した先行研究に佐藤忠男[3]の労作があり、門間貴志[4]も目配りの利いた作品のリストアップと分析を行なっていた。現在ではそのほか、四方田犬彦[5]がシンポジウムの開催や論文発表を行ない、外国人留学生[6]にもこのテーマを研究課題に選ぶ者が出始めるなど、議論が活発化しつつある。

本稿では、こうした研究の進展も踏まえながら、戦後の日本映画における在日コリアン像を大きく三つに時期区分し、その変遷を大づかみに追うことを目的としたい。筆者の専門とする在日朝鮮人史の文脈に沿い、社会的・歴史的な視点からの分析となるよう心がけた。

なお主に取り上げるのは、マイナーなものも含めた劇映画であり、記録映画は必要に応じて言及する程度にとどめた。やくざ映画についても十分に触れられなかったことを、最初にお断りしておきたい。

一　貧しさを媒介とした日朝連帯のうた

戦前の日本映画にも、在日コリアンの登場する佳作はある。実際に見ることのできたものでいうと、たとえば『有りがたうさん』(清水宏監督、一九三六年)[7]は、伊豆を運行する路線バスの運転手を主人公とし、そのバスの往来のなかで繰り広げられる庶民の人生模様を描いた作品である。終わりのほうで白衣を着た朝鮮人労働者の一団が現れ、そのなかの顔なじみの女性が運転手と話を交わす場面は、いかにも清水宏監督らしい詩情あふれるこの作品のなかでも、感銘深いワンシーンといえよう。チマ・チョゴリ姿の女性は、ここの道路工事が終わったので、今度は信州のトンネル工事に赴かねばならないが、工事の過程で亡くなった父親の墓にときどき水や花を手向けてほしい、と頼んでいるのである。このシーンは川端康成の原作にはなく、ロケ中にたまたま朝鮮人道路工夫の集団と出くわし、即興的に撮られたのだという。

また『煉瓦女工』(千葉泰樹監督、一九四〇年)も、鶴見の長屋に暮らす主人公の日本人少女と朝鮮人少女との貧しさのなかでの友情を描き、印象に残る。とくに、朝鮮の伝統的な料理や楽器で祝福される朝鮮人少女の婚礼の場面は、民族文化が滅亡の危機に瀕していたとされるこの時代にも、日本文化とは異なる文化が厳然と生きていることを正面から描写していて、興味をそそられる。

とはいえ、こうした良心的ともいえる戦前の作品に、「内鮮一体」の融和的側面を嗅ぎ取るのもそう難しいことではないかもしれない。それとは趣を異にする、在日コリアンを描いた戦後らしい作品は、戦後すぐではなく、十年ほどが経過した一九五〇年代の半ば以降に数多く登場した。

たとえば、ある年齢層より上ならば、「朝鮮人の登場する日本映画」と聞いて、まず『キューポラのある街』（浦山桐郎監督、一九六二年）を思い浮かべる人が少なくないに違いない。日本映画史上の名作の一つに数えられるこの作品は、若き日の吉永小百合の清々しい姿とともに、多くの人々の記憶に鮮明な印象を留めていよう。

舞台は埼玉県の川口市。古くからの鋳物のまちだが、ここにも機械化の波が押し寄せている。映画は主人公のジュンが、職人気質の父親の古い考えに反発しながら、精神的および肉体的に成長を遂げていくさまを描く。そのジュンと弟の親友として、朝鮮人のきょうだいが登場している。姉どうしは、パチンコ屋で一緒のアルバイトをするほどの仲良し。悪戯盛りの弟たちも親しい遊び仲間で、ときには「おまえみたいなやつはさっさと朝鮮に帰っちまえ」と悪態をついたりもするが、学芸会で「朝鮮ニンジン！」とからかわれると、ヤジを飛ばした子を代わりに懲らしめたりする。最後は帰国事業の熱気のなかで、この朝鮮人姉弟が川口から北朝鮮に帰っていくところで映画は終わる。

この簡単な紹介からも窺われるとおり、この時期に作られた在日コリアンの登場する映画は、貧しさのなかでもそれにめげず健気に生きる人々が、好感をもって描かれている。社会派の監督らしく、在日コリアンに対する日本社会の差別や偏見が正面から取り上げられるが、同時にそれをよしとしない良心的な日本人の存在も描き込まれている。『キューポラのある街』と並んで、在日コリアンの登場するこの時期のもう一つの代表作『にあんちゃん』（今村昌平監督、一九五九年）も、こうした特徴を典型的にもっていよう。

川口駅頭での別れの場面
（『キューポラのある街　定稿版』理論社、1963年より）

もう少しマイナーなところでは、常磐炭坑で両親を失った日本人の子を朝鮮人のオモニ（母親）が育てるという『オモニと少年』（森園忠監督、一九五八年）もそうだし、長崎県大村を舞台に、漁業問題（李ライン）による韓国への反感を越えて、在日コリアンを含むクラスの子供たちが大村収容所への慰問を実現していくという教育映画『日本の子どもたち』（青山通春監督、一九六〇年）も、そうした枠組みで捉えられる作品である。

一九五九年に日朝両赤十字により北朝鮮帰国事

『海を渡る友情』チラシ

業が開始されてからは、これらの要素に北朝鮮への期待や評価が加わる。前述のように、『キューポラのある街』でも帰国事業が重要な背景となっていたが、女優の望月優子の手によって、帰国事業の問題を主題に据えた劇映画『海を渡る友情』（一九六〇年）まで作られた。ここでは、父朝鮮人、母日本人の一家が、北朝鮮に未来を託して帰国を選択するまでの親子間、夫婦間の葛藤が巧みに描かれている。[8] また帰国事業実現を契機に作られた記録映画『日本海の歌』（山田典吾監督、一九六四年）では、「日朝人民」対「日米支配層」というイデオロギー色をより際立たせ、金日成の抗日パルチザン闘争や北朝鮮の社会主義建設を礼賛している。

以上のように、「清く、正しく、美しく」式の描き方が中心だったこの時代にあって異色の作品が、水木洋子の脚本による『あれが港の灯だ』（今井正監督、一九六一年）である。漁船の乗組員である主人公の在日コリアンは、日本人からは「向こう」の人間として距離を置かれ、一方本国の韓国人からは「半チョッパリ（半日本人）」として軽蔑される。この時代の在日コリアンを描いた映画が、差別や葛藤を抱えながらも最後はそれらが克服され、ハッピーエンドで終わるのが常だったのに対して、この映画は玄界灘の荒波が象徴するように、主人公が双方から見捨てられ、誤解されたまま終幕を迎え、問題は観客に預けられる。

日本と本国との間で板挟みになる在日の姿を描いたこの作品は、のちの時代に一般的な認識となる「挟撃される在日」のアイデンティティ問題に早くから切り込んだ先駆的な作品であり、今日的視点からもっと注目するに値すると思われる。

いずれにしても、この時代においてはどの作品も、同時代に生きる在日コリアンの姿を描こうとしているのが特徴である。

二　歴史編としての在日

一九五〇年代後半から六〇年代前半にみられた上述したような描き方は、高度経済成長により貧しさを媒介とした連帯が成立しにくくなるにつれ、また「地上の楽園」的な北朝鮮像が後退していくとともに、徐々に影をひそめていく。六〇年代後半以降も、小松川事件の李珍宇をモデルにした『絞死刑』(一九六八年)をはじめ、「朝鮮」を据えることで「日本」を相対化しようとした大島渚の意欲的かつ持続的な取り組みはあったが、全体としていえば在日コリアンを生き生きと描いた話題作は多くない。むしろ『男の顔は履歴書』(加藤泰監督、一九六六年)や『ガキ帝国』(井筒和幸監督、一九八一年)など、やくざや不良少年を主人公にした映画の一部に、従来の在日コリアン像とは違う、よりしたたかでリアルな人物像が造型された面があるかもしれない(もちろん、やくざ映画のジャンルには、終戦の混乱に乗じて無法を極めた「第三国人」を一掃するといった類の、一面的で問題をはらむ描写も少なくない）。

そうしたなかで、一九七〇年代を経て八〇年代に入る頃から、在日コリアンの登場する一大ジャンルが現れた。強制連行や原爆・空襲・疎開など、戦時下での労働や生活を扱った、いわば歴史編としての在日コリアンである。それはおそらく、一九七六年の『はだしのゲン』（山田典吾監督）あたりを皮切りに、八〇年代から九〇年代に続々と作られている。

『キムの十字架』チラシ

自主制作も含めて作品名でいえば、ほかに、『はだしのゲン（アニメ版）』（真崎守監督、一九八三年）、『赤錆び色の空』（松良星二監督、一九八三年）、『想い出のアン』（吉田憲二監督、一九八四年）、『ムッちゃんの詩』（堀川弘通監督、一九八四年）、『TOMORROW　明日』（黒木和雄監督、一九八八年）、アニメ『キムの十字架』（山本謙一郎監督、一九九〇年）、『戦争と青春』（今井正監督、一九九一年）、それに戦後五〇年を期して制作された『エイジアン・ブルー』（堀川弘通監督、一九九五年）や『三たびの海峡』（神山征二郎監督、一九九五年）、そして昨年の『ホタル』（降旗康男監督）などが挙げられよう。これらはすべてがまったく過去の物語として展開されるわけではなく、過去と現在という二つの時間を巧みに交差させる手法を取る作品もみられるが、いずれも歴史としての側面に重点を置いた作りになっている。

では、この時期になぜ、日本と朝鮮半島の重たい歴史を背負った在日コリアンが数多く描写されるようになったのだろうか？

さきにみた第一の高揚期ともいうべき一九六〇年前後において、いわゆる進歩的で良心的な日本人の朝鮮に向ける視線は、社会主義思想を背景にした思想・運動上の連帯意識や、帰国事業に端的にみられるような人道問題としての共感であり、戦前の植民地支配とつなげる歴史的視点は弱かった。それは、一九六五年の日韓条約の締結に際して、反対を唱えた左翼陣営の主な反対理由が、「北朝鮮を敵視している」とか「日本がまた戦争に巻き込まれる」というもので、「日本の再侵略」と捉えた韓国国民の見方とは大きな隔たりがあった点にも窺える。戦前の植民地支配に対する反省の意識は、韓国との国交樹立を経て、とくに一九七〇年代以降に徐々に社会的に浸透していったと言えよう。

その意味でこの時期、スクリーンの世界にもそうした描写が現れるのは、歴史の流れと符合する。強制連行や原爆など、これまで認識の弱かった「植民地支配や戦争の被害者としての在日コリアン」という側面に目を向け、日本人の加害性を直視しはじめたことにはそれなりに積極的な意義があろう。

また、単なる被害者という受け身のとらえ方のみではなく、あの戦時下の狂気の時代において、それに流されていった日本人とは違い、無謀な戦争に異を唱え、来たるべき明日を冷静に予見し、おおらかな人間愛を失わなかった存在として、いわば在日コリアンの積極的で独自の役割に着目したことも評価してよい。

しかし、在日コリアンが登場する場面がこうまで歴史的なものに偏ると、底辺の貧しき者どうしの麗しき連帯を讃えたかつての図式は崩れ去ったものの、それに代わる新たな在日像を作りだし得ないから、歴史編といういわば安全地帯に逃げ込んだという面もあるのではないか、という皮肉な見方も思わずしてしまう。

また、在日コリアンの登場する場面が限定されたことで、新たな類型化や役割の固定化も進行していった。生身の人間臭い在日像は後景に退き、道徳的優位性の上に立った「聖人君子」としてのイメージが肥大化していった。現実には世代交代や日本への定着化が進行しているにもかかわらず、一世的な世界観が相変わらず幅をきかせてもいた。

この時代、在日コリアンの歴史的な一側面を描くことでは進展がみられたが、美化や理想化を排し、同時代の変化する隣人の姿をリアリティ豊かに描くという課題は、次の時代に先送りされたのである。

三　在日コリアン自身の多様な自己表現の開花

このような状況の打開は、一九九〇年代に入って、在日コリアン自身の映画人によって企てられた。崔洋一監督の『月はどっちに出ている』（一九九三年）である。

もっとも在日コリアン自身による映画作りは、一九七〇年代の李學仁による自主制作をはじめ以前からあり、とりわけ『潤の街』（金佑宣監督、一九八九年）にはマスコミからも大きな声援が寄せられた。しかし日本人を啓発してやろうというような意識が勝ったせいか、『潤の街』は在日コリアンの内面からの自己表現として十分な成功を収めたようには、私にはみえない。

その点、この『月はどっちに出ている』は違っていた。[9] ウソもつけばスケベ心も起こす、愛すべき一人の庶民としてのタクシードライバーを主人公に据え、何よりもまず見て面白い映画が目指された。在日コリアンを一方的な被害者として措定するのではなく、日本人および東南アジアなどからのニューカマーのなかで、自らを相対的に位置づけてみせた。在日コリアンがイラン人に対して、「不法外人は自分の国に帰れ」などというアブナイ台詞すらあった。

『月はどっちに出ている』
パンフレット表紙

ともすると、日本人の因習的な朝鮮人蔑視観が入り込む余地を生む（それゆえ日本人には踏み込みにくくもあった）とも言えるこうした表現に対しては、在日コリアン内部でも賛否両論を呼んだ。私も、「われわれはまだ日本に対して武装解除すべき時ではない」と息巻いていた、ある著名な在日コリアンの大学教授を知っている。

しかしこの作品が一つの突破口となり、歴史や国家・民族にもたれかからず、個から出発する劇映画・記録映画の好編が、在日コリアンの手でその後次々と生み出されていった。それは近年、演劇の世界において、在日コリアンが新たな表現者として登場していることと軌を一にしている。

『大阪ストーリー』（中田統一監督、一九九六年）では、イギリスで映画制作を学ぶ監督が日本に戻って来て、自分の家族の人間関係における紐帯と齟齬（父親は日韓双方に妻をもつ。監督は同性愛者で家系を継ぐ考えはない）を描いた。

四時間に及ぶ大作『在日』（呉徳洙監督、一九九七年）は、戦後の在日コリアンが経てきた曲折の道を記録映像で振り返るとともに、数人の市井の人物の個人史を追うなかで、戦後五〇年のいまという時代を多面的に浮かび上がらせる。

帰化した松江家のルーツを追う『あんにょんキムチ』（松江哲明監督、一九九九年）では、「民族」というもののとらえ方をめぐる登場人物の違いがユーモラスに描かれていて、思わず笑いを誘う。

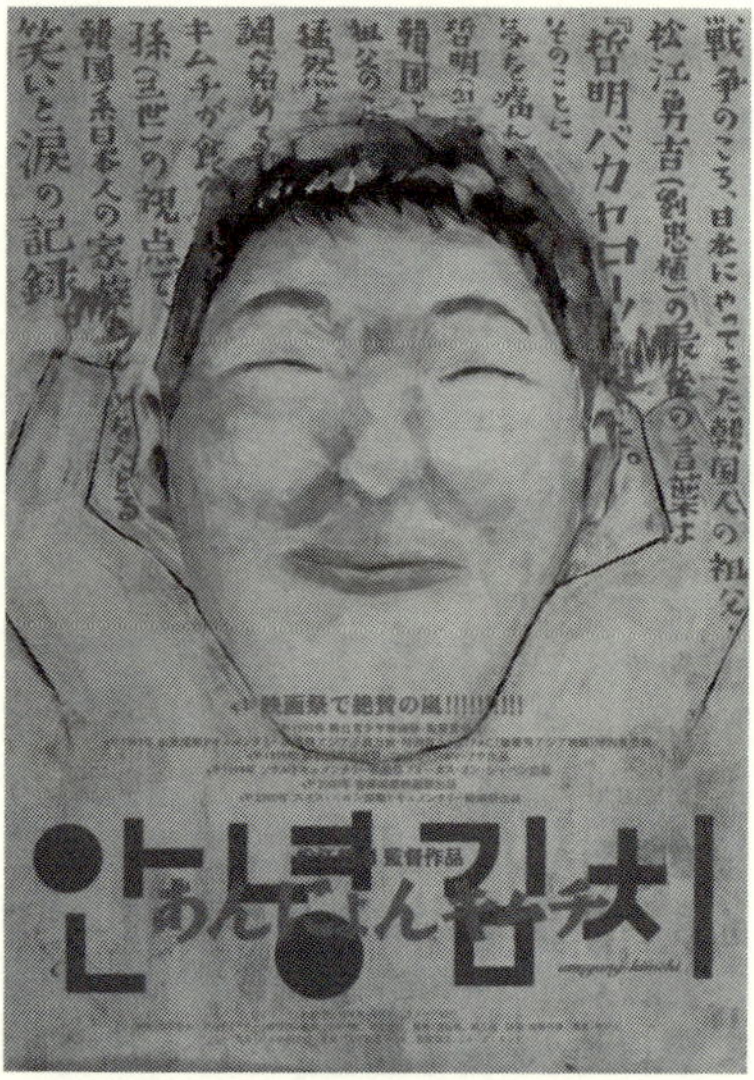

『あんにょんキムチ』チラシ

朝鮮学校の野球部員を主人公にした『青／chong』（李相日監督、一九九九年）では、朝鮮学校における人間関係をマイナス面も含めて描いてみせた。

監督は日本人だが、コリアン・ジャパニーズと自称する金城一紀の原作に基づく『GO』（行定勲監督、二〇〇一年）でも、同じく朝鮮学校内での教条的で非人間的な日常の描写が見られる。主人公の言い放つ「国境線なんか、オレが消してやるよ」というセリフは、新しい時代の在日コリアンの生き方を象徴している。

こうしてみると、スクリーンにおける在日像が、ここ数年で俄然豊かなイメージを伴ってきつつあるのがわかる。在日コリアン自体の存在や意識が急速に変わりつつあるなかで、こうした多様な描写は今後も続いていくものと思われる。

おわりに

在日コリアンをめぐる映像表現は、差別偏見による図式化と、主観的善意による図式化の双方を排し、等身大の在日像を普遍性をもってどう作り上げていくか、という課題に常に直面していると言えよう。

これまでみてきたように、在日コリアンを扱った映画の傾向は、「現在編」→「歴史編」→「現在編」と変遷を遂げてきた。しかし本来、過去を描くことと現在を描くこととはなんら矛盾するものではなく、またかつての「歴史」が戦時下の話に限定されるものでもあるまい。

私の秘かな希望としては、在日コリアンを描いた一大巨編の登場である。すなわち、渡日から始まって現在に至るまでを日本で過ごすなかで、あるいは韓国・日本・北朝鮮と三つに分断された生活圏を生きるなかで、さまざまに経てきた生存および人間的尊厳のための苦闘や、政治に翻弄された人生の苦悩を描き、同時に人間としての喜び・愛・生きがいなどをも十分に織り込んだ、大河ドラマとしての在日三世代（四世代？）物語が出現することである。もうそのような作品が出ていい時期なのではないか？

二〇〇二年の秋も、柳美里原作の『命』や梁石日原作の『夜を賭けて』が封切られる。今後、制作者が日本人・在日コリアンたるを問わず、在日コリアンにまつわる映像表現がより幅広く、多様性に富むものになっていくことを心から期待したい。それはまた、日本の社会や芸術を豊かにすることにもつながるであろう。

注

（1）この人々を「どう呼ぶか」は、「どう定義するか」とともに重要な課題だが、ここでは深入りせず、編集部から与えられた「在日コリアン」の呼称に従うこととする。
（2）高柳俊男「日本映画のなかの在日朝鮮人」（『アリラン文化講座第4集　映像にみる在日朝鮮人』、文化センター・アリラン、一九九七年十二月、所収）
（3）佐藤忠男「日本映画に描かれた韓国・朝鮮人」（李英一・佐藤忠男『韓国映画入門』、凱風社、一九九〇年、所収）
（4）門間貴志「日本映画のなかの在日像」（李鳳宇編『「月はどっちに出ている」をめぐる二、三の話』、社会評論社、一九九四年、所収）。なお門間は、全四巻のうち三巻まで刊行した『フリクショナル・フィルム読本』（社会評論社）の第四巻目を、「日本映画の描く民族」として出すことにしているが、二〇〇二年八月現在まだ出版されていない。
（5）四方田犬彦「在日韓国人の表象」（『アジアのなかの日本映画』、岩波書店、二〇〇一年、所収）
（6）たとえば韓国人留学生の梁仁實は、「『やくざ映画』における『在日』観」（『立命館産業社会論集』第三八巻第二号、二〇〇二年九月）、「戦後日本映画における『在日』女性像」（同誌、三九巻第二号、二〇〇三年九月）、「戦後日本映画における『在日』像をめぐる言説空間」（『在日朝鮮人史研究』第三三号、二〇〇三年一〇月）などを続けて発表し、このテーマを本格的に研究する姿勢をみせている。

（7）清水宏に関するデータを満載した『映畫読本　清水宏』（フィルム・アート社、二〇〇〇年）の刊行は、アジアとくに朝鮮に関心を示した清水の再評価を促すものと期待される。

（8）『海を渡る友情』については、この映画の事実調べを通じて北朝鮮帰国事業、在日コリアンのアイデンティティの変遷、日朝友好運動のあり方などについて考察した、以下の拙稿を参照してほしい。「映画『海を渡る友情』と北朝鮮帰国事業」（『在日朝鮮人史研究』第二九号、第三〇号連載、一九九九年十月、二〇〇〇年十月）

（9）前掲『「月はどっちに出ている」をめぐる二、三の話』に収められた座談会を読めば、崔洋一監督をはじめとする在日コリアンのスタッフ陣が、これまでのステレオタイプ化された在日像の打破を念頭に置いてこの映画を作ったことがよくわかる。

韓国社会における在日コリアン像

金廣烈

一　韓国にとって「在日」とは

今日、韓国社会において日本で特別永住者または日本国籍者として生活している「在日コリアン」（以下「在日」）はいかなるイメージでとらえられていて、どのように理解されているのだろうか。それを知るには多角的な形で考察する必要があるだろう。そこで先ず呼称からみると、韓国でもっとも一般的に通用しているのは「在日僑胞」である。しかしこの「僑胞」とは祖国へ帰属する同胞だという意味である。このほかにも「在日韓国人」とか「在日同胞」などもよく用いられる。前者は韓国籍者を中心にした呼び方であるが、後者は体制の別に関わらず比較的開かれた使われ方をする。しかし考えてみると、どれも韓国あるいは母国側の主観的な呼称であることは否定できまい。最も客観的な総称であり、学術用語としても適当であると考えられる「在日朝鮮人」という用語は一部の研究者やN

GOしか使わない。「在日朝鮮人」のいささか妥協的な呼称ともいえる「在日コリアン」もほとんど使われない。その背景として冷戦的でかつ反日的な思考があると考えられるが、基本的には「在日」に対する理解不足が韓国社会の根底に存在しているためだと指摘できよう。以下では、韓国社会における在日コリアン像はいかなる形で存在しているのかについて可能な限り有効な考察をするために、学術研究、政府の政策、マスコミの報道、一般人の認識など、大きく四つの側面に分けてそれぞれの「在日」像のあり方を検討してみる。これらの側面での「在日」像はそれぞれ独立しているのでなく、互いに影響し合いながら、政策へフィード・バックされると考えられるからである。

二 学術研究における「在日」

韓国の人文・社会科学の分野で「在日」を主題として研究する人は、ここ数年の間に歴史学、社会学、政治学、人類学、法学、文学などで少しずつ増えてはいるものの、全体のなかではいまだ稀少な存在である。一般的に在外同胞を学問の対象とする研究者自体が少数である。しかし、韓国社会における対日関係の比重は米国の次に高い。学術研究においても語学を含めて日本を研究対象とする人は大勢いる。にもかかわらず、「在日」に対しては研究対象としてあまり関心を持たないという矛盾が見られる。では、韓国で「在日」に関する研究がどのように行われてきたかを概観してみよう。まず金相賢《キムサンヒョン》の『在日韓国人』(一九六九年)が最初の研究書として挙げられる。これは国会議員という著者の立場を充分活用して、解放後の「在日」の社会的状況を韓国籍者を中心に、その意識構造、集団、民族教育、法的地位問題などの側面から調査したものである。次に田駿《チョンジュン》の『朝総連研究』（一九七二年）がある。これは在日朝鮮人総連盟（以下「総連」）を中心に「在日」の団体を分析し、その北朝鮮従属政策を批判する一方、在日韓国居留民団（以下「民団」）系の同胞に対しても民族意識が薄いため、結局は日本に同化されると主張するという多分に政策志向が反映された内容である。さらに高承済《コソンジェ》『韓国移民史研究』（一九七三年）は戦前に労働者として日本へ渡った「移民」の状況や日本在住朝鮮人の生活と認識などについて一章を設けて考察した。そして玄圭煥《ヒョンギュファン》『韓国流民史』下（一九七六年）では多くの資料をつなぎ合わせて戦前の「在日」の歴史が検討された。軍事独裁政権のもとに極端な反共主義政策の体制であった当時としては非常に珍しい著作であった金俊燁《キムジュンヨプ》・金昌順《キムチャンスン》『韓国共産主義運動史』の五巻（一九七六年）では日本での朝鮮人運動も少し紹介された。しかし、当時の韓国では民族独立運動史の重要な部分である社会主義運動の研究は自由に行えなかった。したがって、その階級的構成の特性に起因して、殆んど労働運動として現れた戦前日本での朝鮮人運動が韓国で研究対象になることはそれ以上みられなかった。そういう状況のなかで人類学の分野から李光奎《イゴァンギュ》の『在日韓国人』（一九八三年）が刊行された。これは在日コリアンの形成過程、社会運動、人口および職業の分布、生活様相、差別問題など多岐にわたって言及した大作ではあるが、事実の羅列の域を越えない叙述と韓国籍者のみを対象にしたため普遍性に欠けるといえよう。

　民主化が大きく進展した一九八〇年代の後半を経ると、そのような研究状況に変化が生じた。一九九二年に鄭恵瓊《チョンヒエギョン》、金仁徳《キムインドク》という若手の歴史研究者二人による「在日朝鮮人史セミナー」という韓国で最初の研究会が旗揚げをした。二人は日本で出版された朴慶植《パクキョンシク》『在日朝鮮人運動史――8・15解放前』（一九七九年）をテキストとして「在日」の運動史を勉強していた。そして、この研究会の誕生をもって、韓国における在日コリアン史研究が本格的に始まったといえる。もっとも、二人による研究会とは何とも寂しいかぎりであったが、それが当時の韓国社会の現実であった。しかし、一九九四年頃から政治学とか社会学を専攻する日本留学経験者が一人二人とそのセミナーに加わるようになりやや活気を増すようになった。彼らの研究成果は一九九〇年代後半から韓国や日本で単行本として出版された。解放直後に大多数の日本在住朝鮮人が本国帰還したことで残留した朝鮮人社会では母国指向性が強まったことを明らかにした崔永鎬《チェヨンホ》『在日朝鮮人と祖国光復』（一九九五年）、一九二〇年代の日本であった朝鮮人の社会主義運動が民族解放運動の一環であったという金仁徳『植民地時代在日朝鮮人運動研究』（一九九六年）、敗戦後日本を間接統治した連合国軍最高司令官総司令部（SCAP）の「在日」政策を丹念に分析し、その虚構性を明らかにした金太基《キムテギ》『戦後日本政治と在日朝鮮人問題――SCAPの対在日朝鮮人政策　一九四五―一九五二』（一九九七年）、そして一九一〇年代から二〇年代の大阪地域を中心に在日コリアンの生活状況から各種運動までを民族解放運動として検討した鄭恵瓊『日帝時代在日朝鮮人民族運動研究』（二〇〇一年）などの研究書が日の目を見たのである。

このほかにも一九八八年に結成された在外韓人学会は世界各地の韓民族を研究対象として地道に活動を続け、現在『在外韓人研究』という学術誌を一一号まで出している。その会員の中には「在日」を研究する人も数人いるが、なかんずく法学者・鄭印燮《チョンインソプ》は『在日僑胞の法的地位』（一九九六年）という研究書を出版した。一方、一九九〇年代中期からは文学研究においても少しずつ成果が出た。李漢昌《イハンチャン》の「在日僑胞文学の作品性向研究」(一九九六年)という「在日」文学を扱った最初の博士学位論文が書かれ、また柳淑子《ユスクチャ》が博士学位論文を加筆して『在日韓国人文学研究』(二〇〇〇年)という単行本を刊行した。

さらに、韓国における「在日」関連研究の流れを変えるきっかけとなった『近・現代韓日関係と在日同胞』(金廣烈編、一九九九年)という論文集を見逃すことはできない。これは一九九八年二月に急逝した在日歴史学者・朴慶植を追悼する趣旨のもので、韓国と日本に在住する一五人の研究者有志による共著である。その内容は、解放前と後の民族解放運動史、戦時期の朝鮮人強制連行、解放後の在日朝鮮人のあり方と法的地位などの分野に分れていて、在日コリアンを主題とする論文が一〇本も掲載されている。従来の韓国ではみられなかった画期的なものであった。その後、この論文集の刊行に参加した研究者たちの中から独自の研究団体を結成しようとする動きが強まり、その結果、二〇〇〇年六月に在日コリアン問題を中心にした韓国と日本の民族問題を研究する韓日民族問題学会という学術団体が創立された。ここには従来韓国の歴史学、社会学、政治学、文学、経済学などそれぞれの分野で細々と研究を続けてきた人たちが学問の領域を越えて集まっている。まだ会員の数はそれほど多くないが(現在六〇名ほど)、主要メンバーたちは今後の韓国における在日コリアン問題や戦後補償問題に関する研究の中心的な役割を担っていこうという意気込みである(ホームページはhttp://kjnation.netian.com)。彼らは月例研究会および年一回の学術シンポジウムを開催しており、現在『韓日民族問題研究』という学術誌を第二号まで出している。

以上のように、最近韓国では在日コリアンに関する研究が従来の学問の分科領域を越えた形で行われつつある。しかし、彼らの研究環境は劣悪である。将来、韓国でこの分野の研究が発展するためには、研究者自身の努力もさることながら、政府系のみならず民間のファンドからの支援が必要であろう。

三 政府の対「在日」政策

そもそも韓国政府の「在日」に対する政策には、基本的に無関心と現地同化を助長する棄民的な方針が貫かれていた。そのような態度がもっともよく表れていたものが、一九六五年に韓日両国が国交正常化とともに結んだ協定である。四つの協定のうち二つが「在日」と関連があるが、韓国政府はまず「在日韓国人の法的地位および待遇に関する協定」で同胞の生存権保護のために基本的に必要な永住権を一世だけに限定した。さらに、いわゆる「韓日請求権および経済協力協定」では、「在日」を戦後補償の対象からはずすことに同意した。自民族の権益を代弁すべきである韓国政府が「在日」を排除・同化しようとする日本政府の意向に賛同したのである。当時の朴正熙《パクチョンヒ》政権には、解放後も日本に残って生活するしかなかった同胞たちに対する政策的な配慮はなく、いつか「在日」はみな日本人になると考えたのである。しかもそれら協定は韓国籍を選択する人のみが対象であった。

上記の「在日韓国人の……協定」には彼らが教育や福祉制度の対象となるように日本政府の考慮を促す項目もあった。しかし、韓国政府はその後日本で展開された「在日」の権益擁護の運動にはほとんど関心を示さなかった。つまり、健康保険適用運動、就職差別反対運動、それから公共住宅・公的金融機関の利用や国民年金の適用など社会福祉制度における差別反対運動、また日本で社会問題となった指紋押捺制度反対運動など、一九六〇年代から九〇年代までにあった「在日」の生存権および人権擁護の諸運動に対して韓国政府は能動的な対処をしなかったのである。逆に、韓国政府は冷戦の産物である南北分断体制のもとで「在日」を体制維持のために積極的に利用したといえよう。一九五〇年代末に日本政府（岸政権）が人道を飾って実施した「在日」の北朝鮮帰還事業に何の対案も講じず、ただ猛烈に反対したこと、また、六〇年代以降になって「在日」の若者が公安当局の反共捜査の標的となったりしたことはそのよい例である。

最近の韓国政府の在外同胞政策は以前に比べて大分前向きになったように見られる。例えば、民団が中心になって進める参政権要求運動を韓国政府当局と政治家がバックアップしはじめたこと、また、一九九七年には外交通商部の傘下に「在外同胞社会と本国との間を発展的な関係として振作」するとして在外同胞財団という機関が新設されたことがそれに当たる。この在外同胞財団はいま、在外韓民族による様々な行事を催すことができる「在外同胞センター」のビルを建てようとしているほか、世界各地で活躍している同胞企業家と本国の企業家との交流を促進する「第一回世界韓商大会」（二〇〇二年一〇月初旬）という行事を企画するなど、従来とは違った趣向で事業を展開している。

しかし、これらの事業は主に北米在住の同胞たちが目当てである。本気で韓国政府が在外同胞と平等的な関係での共存共栄を図るために、「在日」を含む諸在外同胞の立場にたって、彼らの権益保護に努めているかというと、いまだ疑問が残る。第一に、挙げられるのは制度上の根本的な問題が解決されていないからである。一九九九年一二月に韓国で制定された「在外同胞の出入国および法的地位に関する法律」（以下「在外同胞法」）は在外同胞の韓国における法的地位を総括するものであったが、世界各地の同胞が形成された歴史的背景を無視して韓国籍者だけを対象にしている。朝鮮籍（無国籍）の「在日」はもちろん、中国の朝鮮族やロシアの高麗人などが除外されたのである。その後、在外同胞法は韓国の憲法裁判所から在外同胞の間に差別があるとして違憲判決が下された。二〇〇二年の二月と三月にはこの法律の改正案をめぐって公聴会が開かれたが、「血統主義」の方針を主張する政党側と、現地政府との外交的トラブル防止の方針を主張する外交当局側、また国内の失業増加を憂慮する労働部側が対立したまま終了してしまった（「コリアン・ネットワーク／スペシャル・レポート」『インターネット・ハンギョレ』二〇〇二年四月三日付）。なお、そこでは日本にいる大勢の朝鮮籍者の処遇について全く議論されなかった。これは韓国の政府や政党がいまだ冷戦的な思考で「在日」を見ているからであるが、これこそ何よりも先に克服すべき課題であるといえるだろう。韓国政府が本当に韓民族を代表する国家であると自負するなら、目前の外交的な障害に汲々とするのではなく、在外同胞が形成された原因を重く噛み締め、一層大乗的で積極的な在外同胞政策を展開すべきではなかろうか。いまの韓国には国際社会の理解を求めてそのような積極的な民族政策を打ち出せる能力がある。

四　マスコミの報道における「在日」

韓国の新聞やテレビで「在日」が報道される頻度は、やはり稀少である。報道されたとしても事実確認をしないために基本的なミスを犯す場合が多い。たとえば、「在日」に関する報道をするときに無国籍である「朝鮮籍」の同胞が「北朝鮮籍」であると書かれる場合がよくあるのである。そして、まれに真面目な記事が書かれる場合もあるが、結局は本国中心主義になってしまうことが少なくない。全国紙の新聞の中でももっとも「在日」の報道頻度が高いものは『ハンギョレ新聞』だろう。同紙は二〇〇一年五月から七月まで「コリアン・ディアスポラ、韓民族ネットワーク」という特集を連載して、世界各地の在外同胞の現状を報道した。なかなか意欲的な企画ではあったが、「在日」に関する章では全体の目標設定と分析対象が噛み合わないところもあった。例えば、エスニック食料品の会社と韓国食堂の経営者、中小企業の社長などいわゆるニューカマーの成功談を詳しく紹介しているが（『ハンギョレ新聞』二〇〇一年一月二五日付）、彼らは韓国で生まれ高等教育まで受けた後に日本に留学した人たちである。韓国にいる家族と親戚はもちろん韓国社会との紐帯が非常に強く、それこそディアスポラである「在日」とは性質の異なる存在である。つまり、特別永住者と一般永住者とは日本社会における立場がかなり違うということが伝わらない。この他には、芸術やスポーツおよび芸能の分野で活躍する「在日」の記事がたまに載るくらいである。

さらに韓国のマスコミの全般に共通する問題は日本社会に対し理解が浅いために、記者や制作者たちが「在日」のおかれた困難に気づかず見過ごしてしまう場合が少なくないことである。例えば、一九九九年に東京都知事・石原慎太郎が陸上自衛隊の記念式典で、今の東京は「不法入国した多くの三国人、外国人が非常に凶悪な犯罪を繰り返している」という死語を混ぜた差別的な問題発言を放ったとき、韓国のマスコミはその問題の深刻さを誰も詳しく報道しなかった。「在日」には関東大震災の際に排他的な悪性デマのために五千人以上も虐殺されたという恐ろしい記憶がまだ脳裏の中にあるだろう。しかし、それに対する抗議が韓国のマスコミからひとつも出なかったのはおかしい。石原は有力な次期首相候補と目される人気取りの政治家で、日本の右翼的世論を代表する存在でもある。そして今は日本の首都東京の行政の総責任者である。そういう人が「在日」の生存権に脅威をあたえる発言をしたことは深刻な問題であり、傍観すると一層深刻な事態を招く恐れがある。妙なことに、日本のマスコミは彼の言動の背景を深く掘り下げることがあまりない。現に石原は、二〇〇二年に韓日共催のサッカーワールドカップの準決勝であった韓国とドイツの試合を見て「ナチスとチョンとの試合」(『噂の真相』二〇〇二年八月号)だと皮肉ったそうだが、日本の主要マスコミはそれについて一言も報道しなかった。だからこそ韓国のマスコミは、真っ先にそういう無責任で排他的な差別発言に強い警鐘をならすべきであった。彼のような右翼人士の恣意的な言動が日本ではまるで無害なものであるかのようにただ傍観することは真の国際友好に背くことになるのではないかと、日本社会に問いかけるべきであった。その意味で早く韓国のマスコミ界は、日本社会の根本的な問題点を分析できる日本専門のジャーナリストをより多く育成することに努めるべきであろう。

さて、近頃韓国の主要なテレビ局は「在日」の有名人を紹介したり、一代記をドキュメンタリーとした番組をたびたび放映するようになった。いままで紹介された人物を頭に浮かぶ順に挙げてみると、金敬得《キムキョンドク》（弁護士）、辛淑玉《シンスゴク》（評論家）、陳昌玄《チンチャンヒョン》（弦楽器製作者）、洪昌秀《ホンチャンス》（プロ・ボクシング選手）などである。新聞とは異なった形で、日本で生活する当事者たちの苦労、努力、生活観などを映像を通して詳細に伝える面白いドキュメンタリーであった。今後もこのような「在日」の現状を描く番組が一層増え、韓国民一般の「在日」に対する理解が広まることを願う。

五　一般の「在日」観

以上のような状況下で韓国人一般の「在日」観はどのようなものであるのだろうか。それは不確実で錯綜した状態であると言えよう。通常、そもそも「在日」の形成過程すら知らず、現在の状況についても知識がない人がほとんどである。ただ漠然に「あの日本で差別を受けて生活しているかわいそうな同胞たち」という同情めいたイメージがある。その反面、いまは大分薄れてはきたものの、一九六〇年代以降から秋夕（旧お盆）や旧正月のときに定期的に行われた「在日」の「母国訪問団」の人たちが象徴するところの「私たちより経済的に豊かな在日僑胞」というイメージもある。そして、時折、公安当局によって発表される「スパイ事件」などから「レッド・コンプレックス」を引き起こす存在だというイメージがある。さらに、彼らの現実生活に対する無理解から「韓国人でありながらも韓国語が話せないのはけしからん」と見る場合や、「ほとんど日本人と変らない」と時には反日感情の延長線でみてしまう場合も少なくない。このように、「在日」に対する一般的なイメージは様々であるが、その共通点は「在日」をよく知らないということにつきる。

一方、文化として「在日」の存在はどのように受け入れられているのかを見よう。最近になって韓国の文化界は日本の音楽、美術、演劇、文学それから大衆芸能などの分野で活躍している「在日」の才能に関心を持ち、称賛することが比較的増えている。しかし、その場合にもどちらかというと自民族優越主義に流れがちで、日本社会のマイノリティとしての彼らの立場を理解した関心にはまだ至っていない。文学作品の場合をみると、芥川賞や直木賞など日本の有名文学賞を「同胞」が受賞したというニュースが誇らしげに流されることはあるが、本屋にはそういう「在日」有名作家の著作は大型店舗を除いてはあまり揃っておらず、そのかわり日本人有名作家の作品の翻訳本はどの本屋の文学コーナーにもおいてあるような現状である。つまり、一般の韓国人にとって「在日」作家の存在感はうすいのである。映画の場合もたいして変らない。外国映画の中で日本の映画はアニメやヤクザ物、チャンバラ物など面白おかしいものは比較的長期上映されるが、「家族シネマ」、「GO」などの「在日」の現状を題材にした映画は客足が遠のき開封まもなく看板を下ろすしかなかった。

このように「在日」に対して一般に関心がもたれない第一の原因は、近現代史の教育現場において「在日」の形成過程と現状がほとんど教えられてこなかったことにある。

しかし、問題解決に希望がないわけではない。例えば、直訳すると「地球村同胞青年連帯」(KIN)という市民団体が一九九九年に結成され、活動をしていることは注目に値する。この団体の結成趣旨は世界各地の「同胞青年同士の交流と協力を通じて同胞社会の平和と人権、そして韓半島の統一に寄与する」ことだという（ホームページはhttp://www.kin.or.kr）。「在日」のことを「在日朝鮮人」と躊躇いなく呼ぶ彼らの会員は全てボランティアーである。彼らは「在日」を含む世界各地の同胞青年たちと共に、お互いに普通の生活が体験できる訪問プログラムを実施している。このＫＩＮのプログラムに参加した若者たちが将来、韓国社会と在外同胞との関係を多元的かつ民主的なものにしていくようになることを願ってやまない。

六　展望

韓国社会にとって「在日」は、韓・日関係のみならず日本社会における国際化のあり方や人権および民族差別の問題についての理解に繋がる重要な存在であるはずだ。しかし、前述して検討したように韓国社会では、政府の政策においても、学術研究の対象としても、マスコミの関心においても、一般の間においても「在日」にたいする関心は非常に低い。関心が低いというのは、韓国人一般にとって普段「在日」はあまり認識されない存在だということであり、それは「在日」の現状に対する理解のなさへとつながり、「在日」は韓国でその他のマイノリティとあまり変わらない位相にある。

植民地期に多くの自民族が海外に流亡し、移民者として差別をうけた歴史が存在する。こうした歴史を考えるためには何よりもまず、現在の韓国人が足下で繰り広げられる「在日」への差別的な待遇に鈍感である状況を変えていかねばならない。そのためには第一に、近現代史の教育で「在日」を含む在外同胞の形成過程と現状をきちんと教えるべきである。そして、より普遍的な人権擁護の次元でこの種の問題を捉えるべきである。つまり韓国社会で「在日」問題を提示するときには、ただ民族主義的な同情に訴えるだけではいけない。むしろ「在日」という存在に客観性を与え、同じ歴史を共有する民族の中において「擬似民族問題」が存在することを自覚させてくれる対象として、また韓国内のマイノリティに対する差別問題をも真剣に考える良いきっかけとして捉えることが必要ではないだろうか。

そのためには、韓国の学術研究者たちの活躍が何よりも大事である。学術研究の成果はその他のオピニオン・リーダーに影響を及ぼすだろう。したがって、ようやく軌道に乗ろうとする韓国での「在日」研究が発展する環境づくりをしなければならない。韓国の政府および民間のファンドが「在日」研究にも助成できるように研究者たちは日夜努力している。在日社会の有識者たちも韓国におけるこのような学術研究者の動きにもっと関心を払うべきである。

そして韓国のジャーナリストの役割も重要である。韓国のマスコミは政策の方向を変える力を持っているのであり、そのような自らの役割を自覚し、「在日」に対する政府当局の不十分な政策を同胞同士の共栄に寄与するものに変えていくべきである。また内なる差別を自覚させ、差別や人権に対する社会的認識を変えていくことに努めなければならない。そのような問題意識に満ちたジャーナリストたちの活躍を期待してやまない。

●エッセイ

日本芸能界と在日コリアン

朴 一

日本の芸能界には在日コリアンが少なくない。自ら日本籍を取得した在日コリアンであることをカミングアウトした歌手のにしきのあきらによると、「紅白歌合戦は在日コリアンがいないと成り立たない」（野村進『コリアン世界の旅』講談社、一九九六年、一五頁）という。それほど、在日コリアンの芸能人には実力歌手が多いわけである。

しかし、彼らが朝鮮半島に出自をもつ在日コリアンとして注目されることは余りない。所属事務所が、「イメージダウンに繋がる」という理由で、彼らの民族的出自を隠蔽し、日本風の芸名を名乗らせているためだ。

もちろん、にしきのあきらのように、自分の意思で在日コリアンであることをカミングアウトした者もいる。俳優の岩城晃一は「徹子の部屋」で「イー・クァンイル」という韓国名を明らかにし、歌手の都はるみは、田原総一朗との対談で自分の父親が韓国人であることを語っている。つい最近では、NHKの朝の連続ドラマで人気者になった俳優の伊原剛志が、日本テレビで放送された番組のなかで、自分が在日韓国人三世であることをカミングアウトして話題になった。

こうしたカミングアウトで彼らの人気が下がったという話は聞いたことはないが、芸能プロダクションの多くは、依然として在日コリアンの俳優や歌手のカミングアウトには消極的である。『朝日新聞』が二〇〇一年三月一九日から五回に渡って連載した「イルム（名前）」という企画では、最終回で女性に人気のあるトレンディ男優S・Kが在日コリアンであることをカミングアウトする予定になっていたが、直前になって本人の意向が無視され、事務所の圧力で掲載が中止になるという事件があった。

だがこうした芸能界の体質は、逆に一部の低俗なマスコミによる在日芸能人の出自暴きというもう一つの人権侵害を誘発させている。政界・財界・芸能界の裏情報誌『噂の真相』は、かつてNHKの朝の連続テレビ小説の主役を演じた人気女優Y・Nの結婚がなかなか決まらなかった理由として彼女の国籍問題を挙げ、本人の了解なしに彼女の韓国名を掲載。また若者向けの月刊誌『BUBKA』は、癒し系のアイドルとして売り出し中のI・Hが韓国名で活躍していたモデル時代の写真を掲載し、事務所が封印してきた彼女の出自を暴露している。こうした事例は、本人の意向とは別に事務所の圧力で封印されてきた彼女たちの出自が、低俗なマスコミによってスキャンダラスに暴露されてしまったために、在日という出自がかえって矮小化されてしまった典型的なケースである。

芸能人の民族的出自をめぐる論争が、国際紛争に発展したこともある。八九年六月、日本歌謡界の女王といわれた美空ひばりが亡くなったが、彼女の死はお隣りの韓国でも大々的に報じられた。韓国内で発行されている朝刊五紙がすべて写真入りで彼女の死を伝え、多くの雑誌に追悼記事が掲載された。なかでも韓国の女性に最も多く読まれている『週刊女性』(八九年七月九日号)は、「韓国系日本歌謡界の女王の他界」という見出しで特集を組み、「美空ひばりは、一九三七年、横浜市で韓国人の父と日本人の母の間に生まれた」という出生秘話を掲載した。韓国のマスコミが彼女の死に過剰な関心を示したのは、こうした彼女の民族的出自によるところが大きかったと思われる。というのも、美空ひばりが「韓国人の血を引く歌手」であるという認識は、多くの韓国人の間では常識になっていたからである。

一方、日本では、こうした韓国の報道にアレルギーを示すメディアが少なくなかった。『週刊文春』や『女性セブン』では、早速「『美空ひばりの父は韓国人』はどこまで本当か」という特集記事を掲載し、韓国の「ひばりの父韓国人」説にはまったく根拠がないと反論した。

実際はどうなのか。確かに日本の芸能関係者の間でも、美空ひばりの出自についてはずいぶん前から同じような噂が飛びかっていた。こうした噂に信憑性を与えるエピソードも少なくない。ひばりと親交が深かった四〇〇勝投手の金田正一は、日本国籍を取得した後も「ひばりはオレのことを、オッパ(韓国語で兄)と呼んでくれるんや」と自慢していたという。また韓国人の父をもつ都はるみは、テレビでの田原総一朗との対談で、レコード大賞の受賞に際して「日本人じゃない歌手に、何でやるんだ」というバッシングが起こったとき、「私も同じだったから気持ちはわかるよ」と言って慰めてくれた美空ひばりの言葉が忘れられないと語ったことがある。

とはいえ美空ひばりが韓国人の血を引いていたという確かな根拠があるわけではない。確かなことは、日本人の中に美空ひばりが韓国人の血を引く歌手であってほしくないという感情をもってる人が少なくないということと、多くの韓国人にとって美空ひばりは特別な存在であるということだ。日本の芸能界が在日コリアン芸能人の出自をタブー視するのは、メディアの背後にあるこうした日本人の国民感情を恐れているからである。

4 「在日」の生活現場

在日コリアンの経済事情
【その歴史と現在】

朴一

一　問題の所在と検討課題

1　研究対象と見做されなかった在日コリアンの経済活動

現在、日本には五〇万人に及ぶ在日コリアンが暮らしているが、彼らの経済活動について論じられることは少ない。「在日コリアンの歴史」、「在日コリアンの法的地位」、「在日コリアンの民族教育」、「在日コリアンの文学」など、在日コリアンに関する文献は実にさまざまなフィールドから洪水のように出版されるようになったが、「在日コリアンの経済活動」について書かれたものは、ごく少数の企業家の回顧録や企業史を除けば、皆無に近いのが現状だ(1)。

何故、「在日コリアンの経済活動」は、研究対象と見做されなかったのであろうか。そこには、いくつかの理由が考えられる。まず日本の公式統計には、欧米のような移民企業や移民労働者に関するデータがほとんど記載されていない。「単一民族」思想に囚われてきた日本政府が国内の人口統計や経済統計を民族やエスニック資本という観点から分類してこなかったためである。そのため、在日コリアンの企業活動や経済動態を公式統計から考察することができなかったのである。

確かに、民団、朝鮮総連をはじめ在日韓国人商工会連合会、在日韓国青年商工人連合会、在日朝鮮人商工連合会など、南北在日コリアンの民族団体や経済団体が独自に調査した経済統計はいくつか存在する。しかし、在日の組織が南北に分断されていたり、組織間の繋がりがほとんどないこともあって、在日コリアンの経済状態を華僑や華人のように総体として捉えることが困難だったことも災いしてきた。

2 在日コリアンの経済力に関する誤解

統計を欠いた分析対象は、しばしば実像からかけ離れたイメージで語られるが、「在日コリアンの経済活動」もまたしかりである。例えば、「在日コリアンの経済活動」は以下のような言説で語られることが少なくない。

「経済基盤が非常に弱い在日朝鮮人の上に、職業選択の自由が基本的に否定されるという状況が重なる。何十年と努力して自家営業に乗り出してみても、零細な規模からはなかなか脱出できない。……従業員数九名までの企業が八八・六四二％を占め、……企業というにはあまりにもお粗末なその零細さが顕著にうかびあがってくる。」
（朴鐘鳴「在日朝鮮人の社会・経済生活」佐藤明、山田照美編『在日朝鮮人――歴史と現状』明石書店、一九八六年、二一六ページ）

また一方で、「在日コリアンの経済活動」が次のように理解されることもある。

「在日韓国・朝鮮人は、人口こそたった六五万人だが、日本のGNPのかなり大きな部分を稼ぎだしているという計算もあるらしい。ともかく、世界のマイノリティの中で、唯一、例外的な成功を収めている人たちが、在日韓国・朝鮮人である。」（呉善花『ワサビと唐辛子』祥伝社、一九九五年、一六七ページ）

二つの論文は、ともに在日コリアンの経済力について論じたものであるが、その評価は余りにも対照的である。前者は在日コリアンを「日本社会における経済的落伍者」と捉え、後者は彼らを「日本社会における経済的成功者」と捉えている。

だが、こうした在日コリアンに対する評価は一面的かつ極端であると言わざるを得ない。確かに、在日コリアンのなかには、依然として河川敷に貧しいバラック小屋を建ててほそぼそと生活する都市貧民もいる。またその一方で、辛格浩《シンキョクホ》や孫正義《ソンマサヨシ》のように『フォーブス』の「世界富豪ランキング」に登場する経済的成功者もいる(2)。

こうした一部を捉えて、在日経済の全体を語るのは誤りである。とはいえ、傾向的に言えば、これまでの在日コリアンの労働者や企業が、日本社会からの排除や収奪の対象として受け身的に描かれてきた側面が強いことは否定できない。確かに在日コリアン労働者が日本社会から排除されたり、在日コリアンの企業が日本経済の底辺部分に位置付けられていることを実証することも重要であるが、他方で差別社会のなかで形成されてきた在日コリアン中産層や在日コリアン企業の役割を日本経済や本国経済との関連のなかで冷静に評価することも大切である。

本稿では、こうした問題意識から、在日社会の階層分化や多様化の現実を踏まえて、在日コリアンや在日資本が日本経済や本国経済の発展にどのような役割を果たしてきたのかを歴史的に考察した上で、在日コリアンの経済活動の現状と課題について考察してみたい。

二　在日コリアンは日本や祖国の経済発展にどのような役割を果たしてきたのか

1　「大正期」大阪の繁栄を底辺で支えた朝鮮人労働者

一〇年ほど前に米国にいったとき、たいへん驚いたことがある。それは、米国の歴史教科書にアフリカからの移民労働者の歴史や、米国の社会・経済発展に果たした黒人たちの役割がきっちりと書かれてあったことである。日本の歴史教科書には、こうした移民労働者に関する記述はほとんど見当たらない。日本の学者のなかには「日本の高度成長が、先進資本主義国のなかで唯一外国人労働者の大量導入なしに行われた」[3]と主張する人もいる。本当だろうか。日本の中の最大規模の移民集団である在日コリアンは、日本の社会・経済発展に何ら貢献してこなかったのだろうか。この問い掛けに答えるためには、まず戦前・戦中期に朝鮮半島から大量導入された朝鮮人労働者が、大正・昭和期の日本の殖産工業化に果たした役割について論じる必要があるだろう。

日本が朝鮮半島を支配していた一九一〇年から四五年にかけて、土地調査事業や産米増殖計画などの植民地政策によって土地を追われ、生活苦に陥った多くの朝鮮人労働者は、仕事を求めて日本に渡ってきた。このとき、朝鮮人労働者の日本への渡航に大きな役割を果たしたのが、釜山と下関を結んでいた関釜連絡船と、済州島と大阪を結んでいた定期航路船「君が代丸」である。一九二〇年代後半から三〇年代の前半にかけて釜山から下関に渡ってきた朝鮮人労働者は年間一〇万人から一六万人、済州島から大阪に渡ってきた朝鮮人労働者は年間一万五千人〜二万人に達した（**表1**）。

表1　朝鮮半島から日本への渡航者の推移
（1924～34年）

	済州島→大阪	釜山→下関
1924	14,278(人)	122,215(人)
1926	15,862	91,092
1928	16,762	166,286
1930	17,890	95,491
1932	21,409	101,887
1934	16,904	132,530

出所：杉原達『越境する民』（新幹社，1998年）81ページ

関釜連絡船を利用して下関にやってきた朝鮮人労働者は、職場を求め全国各地に散らばっていったが、「君が代丸」に乗って大阪にやって来た朝鮮人労働者は、そのまま大阪周辺にとどまる者が多かった。当時、日本における商業、金融の中心であると同時に、綿業、機械工業などの一大工業地帯を有するアジア最大の工業都市でもあった大阪は、「東洋のマンチェスター」と呼ばれ、東京を超えるヒトの集積地

でもあった。そこには、アジアへの輸出品を製造する近代工業部門に吸収される一般労働力市場だけでなく、雑役や日雇い労働者などからなる巨大な「スラム労働力市場」が形成されていた。こうした「スラム生活圏」が、生活の糧を求める朝鮮人労働者の格好の受け皿になった。(4)

一九二四年に大阪で働いていた工業労働者約二五万人の出身地を調査した大阪市社会部の報告書によれば、上位三地域は①大阪九万四千人、②鹿児島一万四千人、③朝鮮一万一千人であった。(5)この数字は、当時の大阪が済州島から来た朝鮮人を工業労働者として活用していたことを物語っている。まさに済州島をはじめとする朝鮮半島から低賃金労働力として迎えられた朝鮮人労働者は、大正期「アジア最大の工業都市」大阪の繁栄を底辺で支える存在であった。

2　解放直後の在日コリアンの生活

一九四五年、祖国の解放を日本で迎えた在日朝鮮人は帰国を待ちわびた。とりわけ帰国者の経由地となった大阪には、帰国を望む一〇〇万人近い朝鮮人労働者が集まり、朝鮮海峡まで往来していた小型帆船に乗り込もうと、弁天埠頭や尻無川の河口に長い列を作った。(6)だが帰国することは容易ではなかった。彼らを朝鮮半島に運ぶ船舶が絶対的に不足していたからである。ＧＨＱは米軍輸送船による在日朝鮮人の帰還輸送計画を発表したが、朝鮮南部で発生した伝染病でこの事業も中断されてしまう。(7)こうした状況の中で、終戦時二一〇万人いた在日朝鮮人のうち約一四〇万人は帰国を果たしたが、七〇万人は日本にとどまることを余儀なくされた。

大阪にとどまった在日朝鮮人労働者の生活は、戦時中以上に厳しいものになった。戦争特需が終わったことで、関西の製造業が不況になるとともに、戦争に駆り出されていた日本人労働者が復員したことで、在日朝鮮人労働者が労働市場からはじき出されてしまったからである。戦中（一九四三年）と解放直後（一九五二年）の在日朝鮮人の職業構成の変化を示した**表2**を見ると、戦後は製造業と土建業従事者が大きく減り、日雇い労働者が増加、失業者も急増していることが判る。

表2　戦中と解放直後の在日朝鮮人の職業構成の変化
（1943 年と 1952 年の比較）

職業別	1943 年		1952 年	
農業	9,484 人	(0.6%)	10,156 人	(1.8%)
鉱業	94,320 人	(6.4%)	53 人	(0 %)
製造業	208,338 人	(14.1%)	14,573 人	(4.6%)
土建業	220,696 人	(15.0%)	19,991 人	(3.7%)
日雇労務	32,830 人	(2.2%)	35,585 人	(6.6%)
商業	60,430 人	(4.1%)	31,023 人	(5.8%)
失業者	339 人	(0 %)	13,269 人	(2.4%)
無業者	692,207 人	(47.1%)	328,624 人	(62.0%)
その他の職業	150,586 人	(10.0%)	72,527 人	(13.0%)
計	1,469,230	(100.0%)	525,801	(100.0%)

出所：1943年データは企画院『1943年国民動員計画』,1952年データは李瑜煥『在日韓国人の50年史』（新樹物産株式会社出版部,1960年）152ページより作成。

3　民族金融機関の誕生と在日コリアン企業の成長

日本の労働市場から排除され、厳しい労働環境に置かれた在日コリアンたちは、わずかな資本を元手に、小規模ながら自営業を営むしか生きる術はなかった。大阪でも、古鉄売買、土木、ゴム、プラスチックなどの分野で、在日コリアンの手で数多くの中小企業が生まれた。ホルモン（焼肉）屋、ヘップ（サンダル製造）、パチンコなど、在日独自のエスニック・ビジネスに活路を見いだす在日コリアンも少なくなかった。

しかし外国籍のままでは日本の金融機関から融資を受けることができないという資金調達の壁が、在日コリアンの企業拡張にとって大きな障害になった。在日コリアンに対する偏見や差別が常態化していた当時、在日コリアンは銀行窓口で外国人にない住民票の提出を求められたり、日本人の連帯保証人を求められたり、外国籍という理由で法外な担保を要求されることが多かったのである。在日コリアン企業が密集する大阪に大阪興銀（後に関西興銀と改名）が、全国各地に商銀、朝銀などの在日韓国・朝鮮系の金融機関が次々と誕生したのは、日本の金融機関のこうした融資上の民族差別を克服するためであった。

こうした社会的要請のなかで、在日コリアンの相互扶助組織として誕生した金融機関は、パチンコ、ゴム、プラスチック、土木、焼肉店などを営む在日コリアンの中小企業主に積極的に運転資金を融資することで、在日企業の育成に大きな役割を果たしてきた。

民族金融機関から融資を受けた在日企業の中には、在日コリアンのみならず日本の消費者の支持を受け、六〇～七〇年代に高成長する企業も現れた。なかでも製菓メーカーのロッテ（辛格浩）、焼肉のタレ「ジャン」のさくらグループ（全鎮植《ジョンジンシク》）、パチンコ機械の平和工業（中島健吉）、タクシーのMK（兪《ユン》奉植《ボンシク》）などの在日コリアン企業が、それぞれの分野で大きなシェアを占めるようになり、優良企業に成長した。

しかしこうした成功例は、在日コリアンの経済界でも、ごく一部の企業に限定されたものであった。日本が高度成長を遂げた一九七〇年においても、圧倒的多数の在日企業は零細な状況に置かれ続けた。

表3～5は、統一日報社が一九七五年に在日コリアン企業六七五三社を対象に行ったアンケート調

査の結果を、経営形態、資本金、従業員数の三つの指標から分類したものである。この調査結果から、七〇年代の在日コリアン企業の大雑把な特徴が把握できる。

まず経営形態では個人企業が圧倒的に多く、全体の六割以上が有限あるいは株式会社などの正式な会社組織としての体裁を整えていない。業種では、サービス業、製造業、卸売・小売業、建設業、娯楽・遊戯の五分野で全体の九割が占められている。また資本金は五〇〇万円未満が大半であり、従業員数も二〇名未満が七割以上を占めており、大部分の在日コリアン企業が中小零細企業に該当しているといってもよい。従業員が三〇〇名を超える大企業と呼べるものは、この時点では全体の一%に満たない。

4 在日コリアン社会における階層分化と中間層の成長

だが、在日コリアン企業の多くが中小零細企業だからといって、その経営者たちが日本人に較べて貧しい生活をしていたかというと、一概にそうとも言えない。彼らのなかには、小規模な自営業あるいは中小企業というスケールメリットを生かし、人件費や設備投資を節約することで、少しずつ販路を拡大し、日本の高度成長の波に乗って安定成長を遂げてきた企業経営者も少なくない。彼らの多くは、家族の団結と絶え間のない企業努力によって、零細性というハンディーを克服してきた。その結果、八〇年代に入ると、五〇〜六〇年代に相対的貧困層に属していた在日の自営業者や中小企業主の中から、ある特定の分野に特化した企業として成功を遂げる中間層が形成されるようになった。彼ら

表３　在日コリアン企業の業種と経営形態（1975 年）

業種	会社数（%）		経営形態		1社あたりの平均従業員数
			個人	会社	
サービス業	1724	(25.5%)	1256	464	1.2
製造業	1493	(22.1%)	822	670	27.5
卸売・小売業	1186	(17.6%)	837	346	9.8
建設業	943	(14.0%)	442	501	24.1
娯楽・遊戯業	917	(13.6%)	533	340	24.5
不動産業	268	(4.0%)	90	178	22.8
運輸業	118	(1.7%)	23	94	68.7
金融業	37	(0.5%)	2	35	58.9
鉱業	37	(0.5%)	6	31	28.3
農林・水産業	30	(0.4%)	27	3	13.5
計	6753	(100%)	4038	2662	17.5

出所：民団中央本部『差別白書』第５集，1981 年，381 ページ

表４　資本金から見た在日コリアン企業の規模（1975 年）

資本金	会社数	
10 億円以上	2	(0.03%)
1億円以上～10 億円未満	47	(0.7%)
1000 万以上～1億円未満	914	(13.5%)
500 万以上～1000 万円未満	1646	(24.4%)
500 万未満	4144	(61.4%)
計	6753	(100%)

出所：上掲書，381 ページ

表５　従業員数から見た在日コリアン企業の規模（1975 年）

従業員数	会社数	
1000 名以上	1	(-)
300 名以上～1000 名未満	34	(0.5%)
100 名以上～	268	(4.0%)
50 名以上～100 名未満	367	(5.4%)
20 名以上～	1082	(16.0%)
10 名以上～	1258	(22.6%)
10 名未満	3473	(51.4%)
計	6753	(100%)

出所：上掲書，381 ページ

は企業経営者として成功を治め、比較的裕福な生活を営む相対的富裕層としての地位を確立することになった。

一九八〇年代に朝鮮日報の駐日特派員として日本に長期滞在し、在日コリアンの生活をつぶさに取材した李度珩《イードヒョン》記者は、田駿《チォンチラン》の研究を援用しながら、在日コリアン有職者一七万人のうち、少なくとも一万人以上が資産一億円以上を保有する富裕階層であると推計している(8)（**表6**）。この報告から考えると、八〇年代の前半時点で、在日コリアン総世帯数の約五%〜七%が相対的富裕層に属していたという計算になる。六〇年代から七〇年代に企業経営で富を蓄えた自営業者や中小企業主たちの努力が、こうした富裕階層を少しずつ膨らませてきたのである。

このような階層分化は、この間の在日コリアンの職業構成の変化からも読み取ることができる。**表7**を見ると、六〇年代から八〇年代にかけて、在日コリアンの職業構成のうち単純労働者（二二・〇%→一二・四%→四・一%）や農林業（五・四%→二・五%→一・一%）などのブルーカラーの比重が大きく低下し、その一方で事務職（六・八%→一三・九%→二一・七%）、販売業（一四・一%→一五・五%→二〇・五%）、サービス業（二一・〇%→二一・〇%→六・九%）などのホワイトカラーの比重が増加していることがわかる。また医療分野や技術者などの専門技術職もわずかではあるが就業者比率を増加させている。

表6　1980年代における在日コリアン富裕階層の資産状況

資産規模	人数
50億円以上	12人
10億円以上〜50億円未満	150人
5億円〜10億円未満	1590人
1億円以上〜5億円未満	10000人前後

出所：李度珩《ヒョン》『ソウルへの東京通信』三修社,1984年

表7　戦後、在日コリアンの職業構成の変化

	1964年		1974年		1984年	
医療従事者	423	(0.3%)	867	(0.5%)	2149	(1.2%)
技術者	204	(0.1%)	631	(0.4%)	574	(0.3%)
教員	614	(0.4%)	1039	(0.6%)	1521	(0.8%)
管理職	5866	(4.1%)	4797	(3.2%)	13306	(7.8%)
事務職	9575	(6.8%)	20769	(13.9%)	36784	(21.7%)
販売業	19782	(14.1%)	23099	(15.5%)	34770	(20.5%)
農林業	7603	(5.4%)	3699	(2.5%)	1871	(1.1%)
生産工程従事者	32515	(23.1%)	34909	(23.5%)	42531	(25.0%)
単純労働者	29563	(21.0%)	16921	(11.4%)	7049	(4.1%)
サービス業	2833	(2.0%)	3025	(2.0%)	11794	(6.9%)
その他	31398	(22.0%)	38761	(26.0%)	17527	(10.0%)
有業者合計	140552	(100.0%)	148517	(100.0%)	169876	(100.0%)

出所：法務省入国管理局『国際人流』第46号，1991年，24ページから作成

こうした就業構造の変化は、これまで単純労働者と小規模の自営業者に偏りを見せていた在日コリアンの社会階層に、日本の高度成長の過程で事務職、販売業、サービス業に携わるサラリーマン、専門技術職などの新中間層が生み出されていることを物語っている。一九七〇年の日立就職差別事件を契機に顕在化した日本の企業や公務員採用における国籍条項撤廃運動が、日本の会社組織への在日コリアンの受入れ枠を少しずつ拡大していったのである。

5　祖国の経済成長に大きく貢献した在日コリアン

事業で成功を治めた在日コリアンの企業経営者の中には、日本で蓄えた富を祖国に還流させる者も現れた。一九六五年に日韓

が国交正常化するまで、在日コリアンによる日本から韓国への投資は主に財産搬入という形で行われたが、その額は六五年までに累計二〇〇〇万ドルに及んだといわれている。(9) 当時の韓国の輸出高が年間一億ドル未満だったことを考えると、こうした在日コリアンの祖国への財産搬入は巨額の資本導入に該当し、六〇年代の韓国経済の発展に大きく貢献したと考えられる。

とはいえ、在日コリアンによる韓国への投資が本格化したのは、一九六五年に日韓国交正常化が実現してからのことである。一九七四年には、本国投資の窓口になる「在日韓国人本国投資協会」が設立され、件数、金額ともに、在日コリアンの韓国への投資は急増。一九六五年から七八年までに、在日コリアンによる韓国への投資総額は四〇〇社、一〇億ドルに達した。(10) この投資額は、同期間中に韓国が受け入れた外国人投資総額九億三七〇〇万ドルを上回っており、在日コリアンの本国投資がいかに韓国の外貨不足を補い、六〇~七〇年代の高度成長に寄与したのかが判る。

しかしながら、韓国に進出した在日コリアン企業が苦渋をなめたケースも少なくない。戦後、坂本紡績を設立し、「紡績王」として名を馳せた徐甲虎《ソガッポ》も、その一人である。一九四八年に坂本紡績を設立した徐は、朝鮮戦争の特需景気にのって企業規模を拡大。ピーク時は年商三〇〇億円を稼ぎだす西日本最大の紡績王として君臨した。その後、事業を不動産やホテルにも拡大し、日本の長者番付ベスト一〇にも顔を出すようになる。愛国心に燃える徐は、一九六三年に韓国の泰昌紡績を買収し、ソウルに邦林紡績を設立。勢いに乗った徐は、さらに一七一億円を投じて大邱《テグ》に潤成紡績を設立するが、操業直前に工場を火事で消失。結局、徐は韓国に計二八〇億円も投資しながら、操業再開の目途がたたないまま、韓国からの撤退を余儀なくされることになった。[11]

こうした失敗例は坂本紡績に限らない。本国投資に躓《つまず》いた在日コリアン企業には、ビジネスよりも愛国心を優先するあまり、採算を度外視して失敗するケースが多く見られる。また韓国でのビジネス慣行に対する無理解や、日韓の経営システムの違いからもたらされたトラブルも少なくない。

一方で、こうした問題をクリアーし、本国投資を成功させた在日コリアン企業もある。韓国で大成功を治めた辛格浩率いるロッテ・グループが、その代表的な事例である。一九五〇年代に一度韓国に進出し挫折を経験した辛は、韓国経済の実情を徹底的に調べ上げたうえで、一九六七年、日本で培った経営ノウハウを一部改良して韓国に移植し、日本式の新しい食品生産システムを韓国に導入しようと試みた。国内市場向けの菓子製造にターゲットをしぼった辛の狙いは的中し、ロッテ製菓は韓国で大成功を治めることになる。さらに辛は、七〇年代に入ると、ロッテ製菓の成功を足掛かりに、ロッテハム、ロッテ牛乳、ロッテ酒造、ロッテ畜産などの食品メーカーを次々に設立。その後も、ロッテ機械、ロッテ電子、ロッテ平和建設、湖南石油化学など、他の分野でも系列企業を拡大していった。

このように辛が本国投資に成功した理由として、次のような五つのポイントが指摘できるだろう。[12]

①最初の進出でつまずいたとき、撤退を早期に決意したことで最小限度の損失にとどめたこと。
②本国投資に際して、日韓国交正常化という絶好のタイミングを逃さなかったこと。
③在日の特権を生かして、日本で調達した低利の資金を貸出金利の高い韓国でより有効に運用でき

たこと。

④不況下でも広告費用をけちらず、自社製品の宣伝に努めたこと。

⑤巨大プロジョクトを推進するにあたり、本国政府からのバックアップを受けることができるように根回しをおこなったこと。

以上、坂本紡績の失敗とロッテの成功の経験は、その後に韓国に進出した在日コリアン企業に一つの教訓を与えたといえるが、やはり本国に進出する在日コリアンにとっての最大の弱点は、ビジネス感覚を狂わす感傷的な愛国心ではなかろうか。在日コリアンの本国投資は、基本的にビジネスの観点から行われるべきものであり、感傷的な愛国心から始まった本国投資は挫折する可能性が高いということも、過去の事例は示唆している。とはいえ、コーロン、ロッテ、第一投資金融、新韓銀行など、韓国で成功を治めた在日コリアン企業も少なくない。彼らの果敢な本国投資が、日本資本の対韓進出の呼び水になり、本国の経済発展を誘導したのである。その功績は過小評価されるべきではない。

三　在日コリアンの経済活動の現況と課題

1　韓国系信用組合の破綻と在日経済の行方

二〇〇〇年暮れ、在日韓国系の信用組合最大手の関西興銀、同二位の東京商銀の破綻処理が相次いで発表された。これまで在日コリアン商工人を資金面で支えてきた在日韓国系の二大信組であったが、バブル期の過剰融資がたたって財務構造が悪化し、経営破綻に追い込まれたと言われている。両信用組合とも、国内の金融機関から支援が受けにくい在日の中小零細企業主に積極的に運転資金を融資するとともに、高金利を売り物にして預金量を拡大し、急成長を遂げてきた。しかしバブル期に大口の不動産融資に傾斜し、担保不足にもかかわらず巨額の資金が系列企業や経営陣の縁故者に融資されるという放漫経営が見られるようになった。

さらにバブルが崩壊すると、融資先が減った日本の銀行が在日コリアンの優良企業と取引を行うようになったことで、両信組の顧客が減少。なかでも普通銀行への転換を目指していた関西興銀は、規模を拡大するため、同じ在日韓国系の五つの信用組合を合併したことが、結果的に不良債権を増大させ、財務構造を悪化させることになった(**表8**)。両信組のみならず、在日韓国系のほとんどの信組はバブル崩壊後に経営が行き詰まり、三四あった信組のうち一二の信組が破綻に追い込まれている。

関西興銀、東京商銀をはじめ、京都商銀(二〇〇一年四月破綻)、福岡商銀(九八年五月破綻)などの破綻した在日韓国系信組の受け皿としては、当初、民団中央本部などが設立を進めていた全国統一の民族金融機関「ドラゴン銀行」が、韓国政府の支援を取りつけたことで有力と見られてきた(13)。

しかし、関西興銀と京都商銀の受け皿を選ぶ入札で、同じ在日韓国系の信用組合で、京都のMKタクシーのオーナーである青木定雄(兪奉植《ユンボンシク》)が会長を務める近畿産業信用組合が名乗りを上げたことで、在日の声を「ドラゴン銀行」に一本化することができなくなった。結局、金融当局は、「ドラゴン銀行」よりも近畿産業信用組合の方が関西興銀や京都商銀が残した不良債権の穴埋めに使われる公的資金の投入量が少ないと判断。関西興銀と京都商銀は近畿産業信用組合に譲渡されることになった。また東京商銀は北東商銀（仙台市）に、福岡商銀は熊本商銀に、それぞれ譲渡されることになった。

破綻した四つの信組はいずれも在日コリアンの金融機関に譲渡されることになったが、受け皿の金融機関にとっても在日社会から信頼を回復することは容易ではない。関西興銀や東京商銀の破綻、旧経営陣による放漫経営のつけは余りに大きい。今回の破綻で、出資金が戻らなかったり、融資がストップするなど、在日韓国系信組を支持してきた在日コリアンが受けた被害は少なくない。

表8　関西興銀（大阪興銀）の経営状況の推移

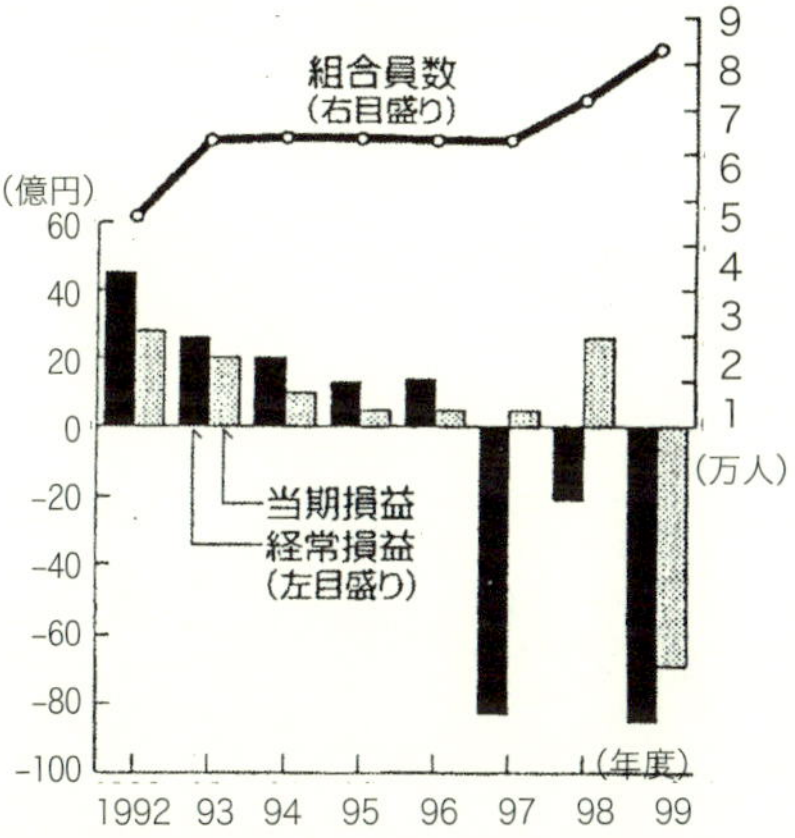

出所：朴一「在日信組はなぜ破綻したのか」『論座』2001年4月号

また日本の激しい金融事情から考えて、受け皿の金融機関にこれまでのような民族金融機関としての役割を期待するのは難しいのではないだろうか。在日の零細企業の相互扶助組織としての性格を強めれば担保不足の融資が膨らむ一方、二次破綻を避けようとすれば在日社会の多数を占める零細企業を切り捨てていかざるをえないからだ。受け皿の金融機関は、今後、民族金融機関としての役割と日本の金融機関としての生き残りのジレンマに立たされることになる。在日コリアンのみならず、日本の消費者からも支持されるような、透明かつ健全な金融機関として生まれ変わることが望まれる。

2　在日コリアン企業人に問われた課題

日本の高度成長は日本国民を豊かにしてきただけでなく、在日コリアン社会の中にも中産層や相対的富裕層を生み出してきた。今年、民団が行った『在日韓国人意識調査』（二〇〇二年三月）では、実に年収一千万以上あると答えた在日コリアンがアンケート回答者の一一％を占めた。しかし、日本経済のグローバル化が一層進展していく二一世紀には、かなりの部分が中産階級化してきた在日社会にも貧富の格差が拡大していくことが予想される。経済力の多くが一部の富裕層に集中する一方、事業に失敗したり、失業に追い込まれた多くの在日コリアンが相対的貧困層に追い込まれる可能性もある。

また日本の中の優良企業として成長した在日のビッグビジネスは、今後も日本の金融機関に依拠しながら事業を展開していくことができるが、日本の金融機関から相手にされない在日コリアンの零細企業は、一層厳しい経営を強いられることになるだろう。

在日コリアンの民族団体は、こうした状況を打開するためにも、在日零細企業や在日コリアン失業者への支援事業を行うことが重要である。そのためには、韓国からのベンチャー・ビジネスの誘致、在日コリアンの若手経営者を対象にした起業セミナー、在日コリアン失業者を対象にした再就職セミナーの開催など、常日頃から在日の経済団体が中心になって在日の経済活動を活性化させる「場（マダン）」を提供していくことが大切である。

二一世紀は、国境や民族を越えたグローバル化の時代である。それは、在日コリアンの企業人が国籍や民族が異なるという理由で経済的不利益を受けない社会を創造するチャンスであると同時に、彼らが国籍や民族を超えて、ビジネスマンとしての資質を正当に評価される時代でもある。そのような時代を創りだす、新しい歴史ドラマの主人公こそ、在日コリア企業人に他ならない。彼らの活躍に日本経済の「内なる国際化」の運命がかかっていると言っても過言ではないだろう。これからも、在日社会から辛格浩や孫正義のような型破りな企業人が現れることを期待したい。

注

(1) 在日コリアンの経済活動に関する数少ない研究として、呉圭祥『在日朝鮮人企業活動形成史』(雄山閣、一九九二年)、河明生『韓人日本移民社会経済史』(明石書店、一九九七年)が挙げられる。前者は解放前後における総連系商工人の経済活動について、後者は戦前期の朝鮮人移民労働者の経済活動について論じた労作である。

(2) 辺真一『強者としての在日』ザ・マサダ、二〇〇〇年、二六ページ。

(3) 森田桐郎編『国際労働力移動』東京大学出版会、一九八七年、二一ページ。

(4) 杉原薫、玉井金五編『大正/大阪/スラム』新評論、一九八六年。

(5) 岩村登志夫『在日朝鮮人と日本労働者階級』校倉書房、一九七二年、三四ページ。

(6) 梁永厚『戦後・大阪の朝鮮人運動——一九四五—六五』未来社、一九九四年、三八ページ。

(7) 金賛汀『在日コリアン百年史』三五館、一三七—八ページ。

(8) 李度珩《ヒョン》『ソウルへの東京通信』三修社、一九八四年、四六ページ。

(9) 池東旭「韓国経済と在日韓国人」『東洋経済日報』一九九四年一月一日。

(10) 『大阪興銀三〇年史』二七二ページ。

(11) 韓国に進出した坂本紡績は、その後、邦林紡績として再建され、現在も操業中である。

(12) 朴一『〈在日〉という生き方』講談社、一九九九年、一五八ページ。
(13)「ドラゴン銀行」構想は、二〇〇〇年暮れに在日韓国系で預金量一位と二位の関西興銀、東京商銀が破綻したことで具体化し、二〇〇一年八月までに在日韓国人の財界人から計一六七億円の出資金を集め、日本人の頭取候補も内定していた。

在日コリアンの宗教

【文化創造の過程】

飯田剛史

在日コリアンの多様な宗教活動を、その社会状況を背景に、とくに大阪の済州出身者社会に焦点をおいて紹介したい。それらは朝鮮の伝統的宗教文化や現代韓国の宗教状況の影響を受けながら、在日の人々が形成してきた固有の行動形態と意味の世界からなっている。そこに社会状況と人間のせめぎあいから生まれる文化創造の過程を見ることができる。

一　在日コリアンの社会とネットワーク

二〇〇〇年度統計では、日本に在住する韓国籍および朝鮮籍の人々は約六四万名で、そのうち永住権をもつ人々は約五五万名、他はニューカマーである。日本国籍取得者は累計で約二三万名にのぼり、その子孫もあわせると三〇数万名になるが、このうち韓国人ないし朝鮮人としての自己意識をもつ人は、上記の人々とともに「在日コリアン」と呼ぶことができよう。

日本敗戦時に在住していた約二四〇万名の朝鮮半島出身者の多くは帰還したが、なお五〇数万の人々が日本に留まった。留まった人々、また戦後入国した人々は、貧困と差別、偏見のなかで、まず経済生活の確保をめざした。多くの人々は零細な製造業、土建業やサービス業などに向かった。彼らは、苦闘をへて、ようやく一九八〇年頃には、日本人とほぼ同程度の経済生活水準に達し、子弟の教育水準も並んだと考えられる。

経済生活の確立と前後して七〇年代からは、就職やアパート入居などの差別反対運動がおこり、八〇年代には外国人登録証への指紋押捺撤廃運動が盛り上がり、一九九三年に撤廃が実現した。九〇年代以降は地方参政権獲得運動が焦点になっている。このような権利回復の運動に続いて、八〇年代以降、文化的な自己表現運動が盛んになってきた。

在日コリアンの衣食住などの生活文化が日本人のそれと等質化されていく傾向は避け難い。しかしそれへの対抗運動としての「民族文化」志向の運動が同時展開し、交錯している。本名を名乗る運動、母国語を学ぶ運動、舞踊や音楽などの民族文化運動がそれである。大阪市生野区や川崎市川崎区など在日の集住地域では、同化に対抗するいくつかの先端的な運動が生まれ、各地の在日コミュニティの運動に影響を与えている。

在日コリアンの居住地域は全国の都市部にわたっているが、大阪府の一八万名を筆頭に関西地方に約半数が住んでいる。大阪市生野区には区人口の四分の一にあたる約四万名の在日住民が集住し、その七割以上をしめる済州出身者の濃密な社会的ネットワークが展開している。

在日のさまざまな宗教はこのようなネットワークに支えられつつその重要な領域を構成している。

二　在日諸宗教の展開

宗教文化は、今日なお伝統色、民族色が強く保持されている領域といえる。しかし、これは過去の民族文化がそのまま残っているということではない。それらは日本社会の中で独自の選択によって再形成されてきたものであり、それは集団的な文化創造過程ということができる。

そこには儒教式先祖祭祀、巫俗、民俗宗教、韓国仏教、キリスト教会など、もっぱら在日によって営まれる活動のほか、日本の民俗宗教、仏教、神道、新宗教への参加もみられる。また建墓・墓苑形成、民族文化祭なども数えられる。

儒教式先祖祭祀と巫俗は、朝鮮の伝統的宗教文化を構成するものである。秋葉隆は、朝鮮の文化的伝統は、男性本位の儒教文化と女性中心の巫俗文化の二重構造によって成り立つと述べた〔秋葉 一九五四 一三七頁〕。儒教は李朝社会の公式イデオロギーであり、巫俗はそれによって迷信視され下級文化に位置づけられてきた。家族生活において、前者は儒礼形式の祖先祭祀（チェサ）として、後者は家族の死者と神々を祀る巫俗儀礼（クッ）として行われる。「在日」社会においても、この基本特性は維持されている。

儒教式祭祀

チェサ（祭事）、茶礼（正月、秋夕）などの儒教式祭祀は、八割以上の家族で行われている［福岡・金 一九九七 三八頁］。拝礼されるのは主として渡日後の家族の死者である。祭祀は世帯主が原則としてとりしきり、専門的職能者はいない。それは年に数回、同一父系につながる複数の親戚家族が集まって祭祀を行い飲福（酒食）をともにする場であり、若い世代が伝統的宗教文化に親しむ機会となっている［梁 二〇〇四］。またチェサでの家門（本貫）の確認は、韓国社会では他家門と区別する機能が大きいが、在日社会ではさらに独自の民族文化として認識され、儒教的倫理意識すなわち先祖への孝を重んじ、家門を誇りにする民族であることを自覚させる。

また少なからぬ親族会（宗親会）も組織されている。

葬儀も重要なチェサの場であるが、一般にはまず日本の葬儀社が仕切る「仏教式」葬儀が寺や会館で行われ、その後に家で親戚が集まりチェサを行う。さらに深夜になって親族の女性たちが巫者を呼んで死者霊を呼び降ろす「クッ」を行う。

巫俗、民俗宗教

生駒山および六甲山麓に六〇余の「朝鮮寺（韓寺）」があり、生野区の街中にも三〇余の「寺」がある。山の寺では、済州島に伝わる「クッ」と呼ばれるシャーマニックな儀礼がおこなわれている。女性が願主となってシンバンと呼ばれる霊的職能者に依頼して行う。霊的職能者としては、ほかにポサル（菩薩）、スニム（僧任）と呼ばれる仏教的色彩をもつ男女の祈祷師たちがいる。そこには日本の山岳修験と関わる人々、韓国からの出稼ぎポサルも含まれる。

生活上の不幸、災厄は、不幸な死に方をした先祖の霊が、あの世へ行けずに生きている人にまとわりつくために起こるとされ、先祖霊を供養しあの世へ送り出すことによって、不幸や悩みが解消すると信じられている。これは、日本の民俗信仰の霊魂観と共通している。「クッ」ではしばしば数日間にわたって、シンバンによる神霊降ろしやドラマティックな死者霊の救済が演出される。「クッ」には願主とその近親の女性たち、若い世代の女性たちも参加し、女性たちの伝統宗教的共同世界が再現される。男性は、「クッ」を迷信であるとして反対したり無視したりするのが通例である。ただ近年では経済的に成功した男性が願主となる「クッ」もみられる。「クッ」

生駒山の朝鮮寺でのクッ。神を迎え降ろすシンバン。（撮影：筆者）

は、死者とその近親が抱く恨（ハン）をやわらげ、悩みやストレスからの解放をもたらすという点で心的な緊張処理機能をもつといえる。

韓国仏教

純然たる韓国仏教の寺・普賢寺が生野区に創立されたのは一九六五年である。韓国仏教僧が建立した「寺」は、今でも大阪地域で一〇寺ほどで、祈祷師たちの「寺」が数十もあるのに対し多くはない。韓国の曹渓宗を掲げるもの以外では、総連系の統国寺など数カ寺がある。

寺の信者の多くは主婦層であるが、役員層には男性が多く、男女の二項対立的文化原理は緩和されている。「クッ」と仏教の両方に親しむ信者も多いが、「クッ」の重く暗い「恨」の世界から抜け出して安定した生活を獲得した階層の主婦層も見出される。仏教においては、巫俗より穏やかな形で先祖供養がおこなわれ、幸福の確認・感謝に比重が移ってきているようだ。信者ネットワークは、血縁には限られず同郷縁、近隣縁、友人縁など多様に広がっている。

普賢寺は、韓国曹渓宗と大阪とを結ぶセンター寺院であり、京都府の山中に韓国式伽藍と大規模な墓園をもつ高麗寺を併設している。民衆仏教観音寺は一九九九年、四三〇〇基の位牌仏壇（各家ごとの仏壇）のスペースを設けた九階建てのビル型寺院を建設した。

在日韓国仏教のこのような動きは、儒礼と巫俗の二元的伝統宗教文化の間から展開した第三の祖先祭祀の形態であり、新たな宗教文化の形成といえる。

建墓、墓苑形成

在日一世たちの多くは、いつかは帰郷し、死後の墓を郷里に設けることを望んでいたといわれる。しかしそれは容易ではなく、遺骨は街なかの寺に預けられた。一九六〇年代頃から日本に墓を設ける人が現れはじめた。在日の墓が集中している墓地や霊園が生駒山地はじめ都市近郊に設けられるようになった。墓を作ることは、日本定住のほぼ最終的な選択を意味する行為といえる。在日の墓は、一群のエスニックな文化形態を示している。在日の墓の大多数は一見日本人の墓と同じ形をしているが、そこに刻まれた墓誌、碑文において、家門の来歴と本人の事跡を誇らかに記すものから日本人の墓と全く区別がつかないものまで、日本定住の選択と、民族性・民族名保持との間のさまざまな表現のタイプが見出される。

在日光山金氏共同霊園での合同慰霊祭
（撮影：藤田庄市）

大阪にある在日光山金氏親族会は共同霊園を設立し、霊園の運営と合同慰霊祭を通して後続世代に、家門の誇りと民族意識を伝えようとしている。

在日大韓基督《キリスト》教会総会

キリスト教信者は、在日社会では約一パーセントである。これは日本人のキリスト教人口とほぼ同じで、現代韓国の二五パーセントと比べると著しく低い。代表的な組織は在日大韓基督教会総会で、プロテスタント諸派の合同からなり、七五の教会と約六五〇〇名の信者を有している。この教会組織は、在日コリアンの人権回復と民族的アイデンティティの確保を重要な宣教課題にし、さまざまな運動を展開してきた。とくに八〇年代の指紋押捺撤廃運動では主導的な役割を果たし、日本人の市民運動とも連携して世論を動かすのに成功した。この中で、「寄留の民の神学」が生まれ、「在日」であることの積極的意味が「創造的少数者」という表現によって主張されたことは興味深い。

しかし教会内には、これら人権運動に批判的な牧師・信者がいて、むしろこちらの方が多数であるといえる。彼らは「社会派」に対して「福音派」と呼ばれることがある。「福音派」の人々は教会は魂の救いにかかわる場であって、「政治運動」は本来の活動ではないと主張する。これに対して教会総会は、生野区に「韓国キリスト教センター」、東京に「在日韓国人問題研究所」を設けて、これらが人権運動を集中的に担い、これを教会の有志が支援するという形態を生み出した。私は、社会派と福音派は対立しながらも相互補完の関係にあるとみている。すなわち先鋭な理念をもつ相対的に少数の社会派の運動を、より保守的な多数派が躊躇しつつバックアップしてきたのである。また運動面での対立は、組織内の強い家族ネットワークによってつなぎ止められてきたという面もある。

このような内部緊張と模索を通して、この教会組織は運動を展開し固有の思想を生み出してきたのである。

純福音系キリスト教会

純福音系教会は、韓国でのキリスト教の急速な発展の中で大きな比重を占めるグループである。現世的幸福を重視し感情の面に強く訴える。日本にも複数の教会がつくられ数千名の信者をもつという教会もある。礼拝の場は、女性信者たちのエクスタティックな異言（言葉にならない音声）の祈りと嗚咽の涙で満たされる。信者の多くは、韓国から「水商売」の出稼ぎにやってきた若い女性たちである。韓国では「水商売」への蔑視・罪悪観が強い。罪責感をもちつつその仕事を止められない女性たちは、神の許しの説教と涙による感情の発散とによって心のカタルシスを得るのである。この点で、純福音系教会の機能は、伝統社会で巫俗が果たしてきた役割と共通点をもつといえる。

なおこの派の教会は、人権運動、反差別運動にはまったく関心を示さない。

日本の宗教にも、在日コリアンは参加している。修験道に参加する祈祷師、神社や寺に参詣する人々、創価学会など新宗教の信者も多い。

日本民俗宗教

在日の民俗宗教の担い手たちには、済州島巫俗をになうシンバン以外に、日本の山岳修験系仏教の修行を経たポサル、スニムと呼ばれる祈祷師がいる。後者の修行の場は、生駒山に散在する修験系滝行場であり、またそれらの本山である高野山や吉野山の参詣や修行にも参加している。生駒山系は近世から大阪近郊の民俗宗教の雑居市場であって、そこでの滝行場から戦後、多くの「朝鮮寺」が生まれた。生駒山の非権威的で開放的な宗教的特性が、在日の霊能者たちを招き寄せ、韓日の民俗信仰の混交形態を生み出したのである。

日本仏教

生野区周辺には、在日の葬儀を多く扱い、在日専用の大きな遺骨安置室をもついくつかの日本仏教の寺がある。在日住民と日本の寺とのかかわりは、一般に葬儀と遺骨預けに限られ、檀家となることはまれである。仏教式葬儀は、日本の葬儀社の媒介を経て日本の風習に影響を受けて成立したものである。

神社信仰

生野区の神社には、在日住民の参詣も少なくない。神社からは一定地域の住人は在日も含めて皆「氏子」とみなされている。しかし氏子会の中核役員層は日本人住人で占められている。生野区の猪飼野、鶴橋といった地域はもともと近世以前から存在した「村」であって、大正時代になって大阪市域に編入されたが、神社を中心とするこの「村」の家々の結合が今も保持されているのである［谷 二〇〇二］。しかし近年、神社維持にとって在日の参加と寄付の比重はますます大きくなってきている。地元の神社以外にも、多くの在日住民はご利益や観光で有名な神社、寺にとくにこだわりなく参詣している。

新宗教（学会）

生野区には、日本のさまざまな新宗教の教会、支部があるが、特に信者が多いのは創価学会である。創価学会は、地域の約一〇分の一の世帯が加入しているといわれ、在日世帯でも同様の比率であると関係者が語るところによると、創価学会は、在日コリアンが参加する最大の宗教組織ということになる。

ここでは、朝夕の「南無妙法蓮華経」の唱題・勤行と力強い現世主義の教えが、在日の人々に支持され力を与えていることがうかがわれる。学会内では、仏法の前での「平等」が説かれ差別はないと強調される。しかしここで説かれる「平等」は、日本人も韓国人・朝鮮人も区別なく同じという意味であり、在日信者のおかれた歴史・社会状況や民族的、文化的特質といったものは必ずしも顧慮されていない。信者の多くは通名で参加している。このような「区別しない平等」の中では、信仰を通して「在日」としての生きかたや「民族」的アイデンティティを求めつづけることは容易ではなく、むしろ日本人との「同化」が無意識のうちに促進されると思われる。「違いを尊重する平等」が、信仰における真の「共生」のためにに求められるのではないだろうか。

民族文化祭

在日の代表的な「祭り」として「生野民族文化祭」、「ワンコリア・フェスティバル」、「四天王寺ワッソ」をとりあげたい。これらの内容は全く異なるものであるにも関わらず共通の特質をもっている。すなわち八〇年代に少数の個人やグループの発意によって始められ、それぞれ独自のしかたで「民族」を象徴的に表現し、やがてヴォランティアによる大きな広がりを獲得し、今日も流動の過程にある点である。これらの「祭り」の共通テーマは「民族」である。「民族」はここではある宗教性、すなわち「聖」なる特性を付与された象徴的実在と考えることができる。

「**生野民族文化祭**」は、大阪市生野区で公立学校の校庭を借りて、農楽や伝統遊戯などを中心に催される。一九八三年から二〇〇二年まで続けられたこの祭りは、全国の在日集住地域の若者たちに影響を与え、福岡、福山、神戸、伊丹、尾崎、宝塚、芦屋、箕生、高槻、八尾、東大阪、奈良、京都、川崎などで、それぞれ特色をもつ民族祭りが行われるようになった。ここではいくつかの「民族的伝統文化」が選び直され、再創造される。若い世代にとって「民族文化」はもはや生得的なものでも自明なものでもなく、自覚的に求め、選び、学ぶべきものとなっている。そしてこの自覚的選択と複数グループの参加によって、「祭り」のありかたは多様な創造的展開の可能性をもちうるのである。

「**ワンコリア・フェスティバル**」は、野外音楽堂でさまざまな分野の在日のミュージシャンや芸術家が

ワンコリア・フェスティバル(1994年パンフレットより)

パフォーマンスを繰り広げるもので、日本人も参加し、韓国、北朝鮮、中国延辺朝鮮族自治区、アメリカ合衆国からも参加団体がある。目的は、南北対立を越えた「ワンコリア」の意識を、祭りを通して形成しようとするものである。

「**四天王寺ワッソ**」は、古代朝鮮から多くの渡来人が高度の文化をもって来日したことを、三〇〇〇人のパレードと四天王寺での聖徳太子による出迎えの儀式によって表現するものである。二〇〇一年度は、スポンサーである在日金融機関の経営破綻により中止となったが、二〇〇四年在阪日本企業の支援・参加によって復活した。

これらの「祭り」は、在日コリアンの新しい文化を、公共の場で表現し創造する運動であったが、今日では日本人住民も参加し、大阪のユニークな祭りとして幅広く認知されるようになってきた。これらの祭りは、日本人と在日コリアン双方の意識を変革するはたらきをもつといえるだろう。

在日諸宗教の結合型と文化機能

結合型＼文化機能	「同化」志向	「在日」志向	「民族」志向
フォーマル組織	日本新宗教	在日大韓基督教会 親族会霊園	純福音系教会
ネットワーク （原生縁 - 目標志向）	日本仏教・神道 日本民俗宗教	建　墓 在日民俗宗教	韓国仏教 巫俗／儒礼
ネットワーキング		民族文化祭	

三　諸宗教の結合形態と文化機能

在日の諸宗教が指し示す方向は多様で混沌としているようにみえる。しかしここで、宗教集団の結合形態と文化機能の観点から最小限の整理を試みることにしよう。

結合形態として、フォーマル組織型、ネットワーク型、ネットワーキング型の三つのタイプをあげることができる。

フォーマル組織型とは、メンバーシップ、教義、規約、組織、役職が明確に定まっているような結合である。キリスト教会および日本の新宗教活動があげられる。そこでの活動を行うことは、それまでの血縁ネットワークから切り離される結果を生むこともある。たとえば若い人が、家族の反対にもかかわらず教団に入信するとか、キリスト教徒がチェサをやめて親族ネットから距離をおくといった事例がある。しかし一方、信者同士の結婚と次世代の入信によって教団とかかわる血縁ネットワークが再形成される面も見逃せない。

ネットワーク型は、血縁・地縁が基礎となってなんらかの目標に向って再形成されるもので、さまざまな民俗宗教や伝統宗教の結合形態である。

ネットワーキング型（新しい価値創造をめざすなど社会運動型のネットワーク（塩原　一九九四　三九頁））として、民族文化祭をあげることができる。これらは、個人や集団の自発的なネットワークが祭りのたびに再編成される結合形態をとる。

一方、宗教が人々に影響を与えるのは、文化機能面において最も顕著であるといえる。ここでは、それが日本文化への「同化」を促進するのか、原初的「民族」文化を保持するはたらきをもつのか、あるいは「在日」としての固有の生き方に向かわせるのか、という三つの志向性を考えることができる。すると日本の諸宗教への関与は「同化」志向をもつ。韓国の伝統的宗教は原初的「民族」特性を保持させ、また純福音系教会ではニューカマーの女性たちに「民族」的避難所を与える点で「民族志向」を有するといえる。そして大韓基督教会および各民族祭の「在日」志向は、日本社会で自らのアイデンティティを保持しながらこれからの生き方を模索していく方向性を示しているといえる。

これらを整理して図示すると前頁表のようになる。

四　在日コリアンの文化創造と日本社会

在日コリアンは、経済的生活基盤の確立の後、一九八〇年代以降、社会的・文化的自己表現の時期に入ったといえる。在日コリアンは、単に歴史の受動的被害者としてではなく、これからは生活形成者、文化の創造主体としてもとらえ直されるべきである。

在日の宗教文化の研究を通してつぎのことが明らかになってきた。

在日コリアンの諸宗教は、在日社会全体の文化的・社会的統合といった機能はもたず、むしろ宗教ごとに分節化した集団を抱え、それぞれ異なる価値志向に対応しあるいはそれを創出している。

在日の宗教文化は、これまで「内輪」の活動にとどまっていたが、今日では日本の多民族的文化空間の一領域となりつつある。

在日コリアンは「創造的少数者」として、今後の日本の社会・文化の活性化、多元化において重要な役割を担いうる。

最後に、「多民族共生」が、これからの日本社会の課題の一つとすれば、在日コリアンによる文化創造と日本人による在日文化の理解および共同参加による文化創造は、その重要な条件になるであろう。

参考文献

秋葉　隆　一九五四『朝鮮民俗誌』六三書院（復刻版：一九八〇　名著出版）
飯田剛史　二〇〇二『在日コリアンの宗教と祭り――民族と宗教の社会学』世界思想社
塩原　勉　一九九四『転換する日本社会――対抗的相補性の視角から』新曜社
谷　富夫（編）二〇〇二『民族関係における結合と分離』ミネルヴァ書房
福岡安則・金明秀　一九九七『在日韓国人青年の生活と意識』東京大学出版会
梁　愛舜　二〇〇四『在日朝鮮人社会における祭祀儀礼――チェーサの社会学的分析』晃洋書房

路地裏から発信する文化
【大阪・猪飼野コリアタウンのきのう今日】

鄭雅英

朝鮮半島以外の国や地域に生活する朝鮮民族、いわゆる「在外同胞」の数は五〇〇万とも六〇〇万ともいわれる。南北朝鮮の総人口はおよそ七〇〇〇万人であるから、全民族の八%ほどが「在外同胞」に当たる勘定である。三〇〇〇万とも五〇〇〇万ともいわれる中華民族の「華裔（華僑、華人の総称）」に比べると実数では遙かに及ばないものの、本土だけで一三億人を抱える中国人との人口比で考えると、朝鮮民族が、その近現代史の過程でかなり多くの海外移民を送り出したことを実感できよう。海外に居住するようになった朝鮮民族は、自ずと集住するようになり、いまや「チャイナタウン」に劣らぬ数の「コリアタウン」を世界各地で形成している。

しかし、一口に「在外同胞」や「コリアタウン」と称しても、居住地ごとに持つ歴史的背景や生活実態にはかなりの相違がある。おおよそ中国、日本、旧ソ連邦（極東と中央アジア地区）方面に移住定着した朝鮮人と、北米や西ヨーロッパ、オーストラリアに移住した者とでは、時代も様相も全く異なる移民史を築きあげてきた。前者は一般的に一九世紀朝鮮の貧困や日本の朝鮮支配などに起因し、強制移住や抗日闘争といった歴史が不可分に語られる。中国吉林省延辺朝鮮族自治州の首府延吉は、その象徴的な街である。一方で後者は、二〇世紀後半に「発展途上」の韓国から「自由と一層の豊かさ」を夢に抱きつつ欧米諸国への脱出を図った人々である。彼らには数々の社会的経済的成功談と同時に、移住地での「多民族・多文化主義」社会への厳しいチャレンジとその現実が語られる。一九九二年四月、黒人やヒスパニック系住民との衝突事件を起こすに至ったロサンゼルスのコリアタウンこそ、さしずめそれを象徴している。それでも両者に共通するものは、「よりましな明日」に向け、異境の地で数限りなく積み重ねられた苦闘の履歴にほかならない。

ホルモンのような在日

日本でカタカナのコリアタウンを称した最初の街は、いうまでもなく大阪市生野区のいわゆる猪飼《いかい》野《の》朝鮮市場一帯で、朝鮮市場を構成する商店街の一つ御幸通り中央商店会が、一五年ほど前に「コリアタウン」を名乗ったことに始まる。関係者の話によれば、最初は「朝鮮市場」を商店街の正式名称にする案もあったそうだが、一九八七年の大韓航空機爆破事件の前後で「朝鮮」という名称の響きに世間的な拒否感があり、「コリアタウン」に落ち着いたという。商店会の当該者はもちろん承知の事実だが、「朝鮮」市場なり在日「朝鮮」人なりの「朝鮮」は、あくまでも民族の総称の一つとして使われているのであって、朝鮮民主主義人民共和国を直接的に指し示しているわけではない。そうした在日社会の常識に対する日本人の無知と、日本マスコミが見事なまでに一貫して醸成し続ける北朝鮮への否定的イメージが、今日でも地元の人間たちには――日本人か在日か、民団か総連かの一切の区別無く――当たり前の「朝鮮市場」という呼称を、「コリアタウン」に変えさせたのであった。

コリアタウンを称する街や地域は、その後日本の各地で続々と登場することになる。東京・新大久保の職安通り一帯は、いつの間にか「新宿コリアタウン」と呼ばれるようになり、二〇〇二年六月のサッカー・ワールドカップでは韓国戦のたびに多数の韓国人サポーターと、それを取材するマスコミが押し寄せた。同じ東京の荒川区三河島界隈の「三河島コリアタウン」や神奈川県川崎市の桜本商店街とセメント通り一帯の「川崎コリアタウン」なども、商店街を中心に地域の異文化混在を積極的にアッピールして、より広範囲の人々の興味を引きつけようとしている。同じコリアタウンでも、新宿のそれが、いわゆる「ニューカマー」（新渡日者）を軸に比較的新しく形成された街であるのに対し、生野や三河島、川崎が日本の植民地時代にまでさかのぼる「オールドカマー」たちの街であるなど、それぞれの街並みに、在日社会の経てきた多様な過去と現在をかいま見ることも可能だ。

事情はともあれ、「朝鮮市場」でも「韓人街」でもなく、まるで欧米大都市のダウンタウンにでもありそうな微妙なエキゾチシズムを響かせて「KOREA TOWN」を自称するこうした潮流に、在日同胞社会の生活や文化を、単なる「客寄せ」で消費させてしまう危うさも感じぬわけではない。しかし、キムチやチョゴリといった在日朝鮮人の日常食品や生活必需品を商う貧しげな商店街に象徴された朝鮮人密集地が、物理的にも意識的にも地域の日本人社会から全く孤絶させられ、さながら「あってもない街」としてあり続けていたのは、たかだか二、三十年前、ほんの昨日までのことだったのだ。ところが「あってもない」幽体のごとき各地の朝鮮人密集地は、何かを契機に、突如として「食文化」や「目新しさ」をメディアに提供する格好の「情報発信地」として脚光を浴び、今では遠方から多数の研究者や修学旅行生が、「異文化」を実体験すべく、ガイド付き一列縦隊で押し寄せては「フィールドワーク」にいそしむのである。在日の日常が「消費」される対象物になったこと自体、驚かなければならない。

私はかつて、蔑視され疎外されたかと思うと、「日本社会の国際化」を計るバロメータかのように持ち上げられる在日の存在を、日本では誰も手をつけずに忌避され「ほうる（捨てる）」もんだったのが、いつの間にやら「ヘルシー」で「エスニック」な人気食材に成り上がったホルモン（牛豚の内臓）の料理に譬えたことがある。「テッチャン鍋」に代表されるホルモン料理は、かつて貧困の果てにあった在日が生みだしたいわば救貧料理なのであり、とても「他人事」ではなかったのである。もう一つ、ホルモン料理で譬えたかったのは、三世四世の時代になって無限に多様化、細分化してゆく在日社会の有様だった。様々な部位の内臓と、野菜やキムチにみそなどが織りなすテッチャン鍋の味わいの如く、在日社会の多様さが自分たち自身の豊かさへと転じることを、ひたすら念じたのである。日本社会のなかでの「在日」という存在の浮き沈みは、在日なら誰もが実感するだろう。しかし、その多様さと豊かさの相関は達成されたのか。

ホルモンを食するなら、コリアタウンに限る。猪飼野コリアタウンの過去と現在を見つめながら、在日の行く末をしばし見つめてみたい。

路地裏と闇市から

大阪・猪飼野コリアタウンの来し方を簡単に振り返っておこう。

大阪に朝鮮人が集中しだすのは第一次世界大戦後のことで、一九二一年には福岡県を抜いて日本で最も朝鮮人人口の多い府県となる。大戦を前後して工業化の進んだ大阪は、植民地支配一〇年を経て物理的にも心理的にも生活条件の悪化する朝鮮人にとって、出稼ぎ先として選択しやすい状況にあった。大阪市内には化学工業（ゴム、ガラス）、金属機械工業などの零細企業が急増し、大阪府南部岸和田の紡績工場とともに廉価な労働力を求めていたのである。因みに、大阪市内在住朝鮮人数は一九四二年に約三二万人で歴史的にこれがピークに近いが、一九四〇年の大阪市総人口は三二五万人強なので、太平洋戦争期に大阪市では朝鮮人が人口の一割を占めていたことになる。「国際都市」を自称する現在の東京都（外国人住民の人口比五％弱）も、遠く及ばない。また一九四〇年に、ソウル（当時「京城府」）の朝鮮人人口は約七七万五〇〇〇人、以下同じくピョンヤン（当時「平壌府」）二五万三〇〇〇人、プサン（当時「釜山府」）一八万五〇〇〇人であったから、当時の大阪市はソウルに次いで朝鮮人人口第二位の都市だったのである。

現在の生野区を含む大阪市東成区（一九二五年大阪市に編入、生野区は一九四三年に分離）にはゴムや金属関連の零細工場が多数進出し、その労働者として朝鮮人も多数雇われるようになった。現在の桃谷を中心に存在した猪飼野地域は、もともと中小企業の労働者用住宅（いわゆる六軒長屋が主流）が多数造成されていた。そうした住宅を使って朝鮮人労働者向けの安価な下宿が朝鮮人自身によって多数経営されるようになり、次第に朝鮮人が集住したのである。国際的な労働移民は地縁・血縁を軸にして展開されるのが一般的だが、大阪に来た朝鮮人労働者の場合も同様であり、猪飼野では特に済州島出身者の集中が目立った。同じ済州島でも出身地ごとに、例えば南済州・法還里出身者はゴム工場、北済州・杏源里出身者は印刷工場といった具合に特定の職種へ集中する傾向があったという。

一九二三年に尼崎汽船が済州島と大阪を結ぶ船舶航路（主力に使われた「君が代丸」は有名）を開くと、さらに多数の済州島出身者が大阪に流入する。一九三五年の大阪府在住朝鮮人のうち、済州島出身者は全体のおよそ三分の一に当たる六万人余りとされるが、その大半は猪飼野を含む東成区一帯に生活していた。当初は青壮年の男性が単身で渡航し、やがて結婚したり故郷の家族を呼び寄せることで子供のいる世帯が増え、といった在日社会変容の過程は、中国朝鮮族やアメリカ合衆国に移住した韓国人にも共通して見られる道筋である。

朝鮮人労働者の賃金水準や労働条件は劣悪で、加えて低湿地帯の猪飼野は住環境も深刻だった。大阪市の行政は、この地域のスラム化進行を注視し、一九二〇年代から「大阪市社会部調査報告書」等で朝鮮人の労働状況や住宅問題を比較的詳細に調査している。ただし、その調査報告をもとに改善策が積極的に採られた痕跡は見あたらない。行政にとって朝鮮人集住地は、頭の痛い「要観察」地帯だったのである。ついでながら、一九七三年二月大阪市の行政区画改訂による町名変更で「猪飼野」の地名は消し去られ、区画を分割した上で鶴橋、中川、田島、桃谷などの町名に変更された。「万博」に象徴される華やかな高度成長がピークにあった当時、異邦人やスラムをイメージさせる「猪飼野」の地名は、行政にとって「美観」を損なうものに他ならず、それを抹消することこそ「住民へのサービス」であると認識されたのだ。行政の底に流れるものの一貫性を思い知らされる。

現在は「コリアタウン」「コリアロード」と名を変えた猪飼野朝鮮市場は、JR桃谷駅から東へ六〇〇メートル離れた御幸森天神宮を起点に平野川までおよそ五〇〇メートル続く御幸通りの商店街を俗称したものだが、元来この通りは日本人経営の商店で占められていた。大阪市域が東側に拡大した時代に作られた典型的な街並みで、今となっては信じられぬことに、往時は映画館や芝居小屋の立ち並ぶしゃれた空間だったのである。当然そこに、新来の朝鮮人が店を構える余地はない。

最初に朝鮮市場が成立したのは、御幸通りより一本南に入って東西に平行する路地だった。一九二〇年代に、採ってきたセリやワラビを軒先に並べたのが始まりといい、やがて朝鮮から取り寄せた干し明太やキセル、書籍のほか豚肉なども売るようになる。間口一間半・奥行き二間程度の小規模な店舗兼住宅が三〇軒ほど並び、一九三〇年頃には大層な人出で賑わったという。その後、第二次大戦末期の一九四五年六月米軍機の空襲を受け、当時の朝鮮市場は東半分を焼失する。戦後、同様に東側を焼失した御幸通り側に転出する朝鮮人商店が増え始めた。逆に日本人店舗は転出したり廃業する者が次第に増え、その後に在日の店舗が入るパターンが定着する。こうして御幸通りに朝鮮市場が出現するようになった。御幸通りの商店会が、商店街を「コリアタウン」「コリアロード」と命名し、朝鮮風の門やカラーレンガでの舗装を競いだすのは、遙か後一九八〇年代後半からのことである。御幸通りに三つある商店街のうち、中央と東側に朝鮮人の商店が多く、通り全体の店舗数一五〇のうち現在およそ六割強を在日の商店が占めている。

あらためて今この地域を俯瞰すると、朝鮮市場を中心軸とするように韓国民団と朝鮮総連の支部、在日大韓基督教会や韓国系仏教寺院観音寺など規模の大きな宗教施設、そして朝鮮初級学校が取り囲んでいる。破綻に見まわれたとはいえ、民族系金融機関も朝鮮市場に拠点を置いていた。この、さして規模の大きいとも言えぬ商店街が、在日コミュニティにとって経済活動から文化教育、情報交換、冠婚葬祭の類に至るまで、文字通り生活圏のコアであり続けていることを実感させる。

猪飼野近辺の主要市場としていまひとつ数えられるのはJR鶴橋駅周辺に広がる一群の商店街で、現在は鶴橋商店街、西鶴橋商店街、高麗市場など六つの商店街、市場に区分されているが、かつては鶴橋駅ガード下一帯を「国際マーケット」と通称していた。JR環状線と近鉄線ガード下に迷路のように広がった商店街はアーケードで覆われ、朝鮮食料品店、ホルモン焼き屋、朝鮮衣料品店などの民族商店とブティックに喫茶店さらには隣接する公設市場の鮮魚店、青果店、乾物屋などと渾然一体化して微妙に空間を共有している。アーケードでつながれた商店の数は、総数八〇〇軒に達するという。交通の便の良さと「韓国食品ブーム」が幸いして、近年では御幸通りコリアタウンを凌ぐほどの集客である。

鶴橋駅周辺のマーケットは、日本の敗戦前後鶴橋駅前に登場した闇市に発する。戦争末期の一九四

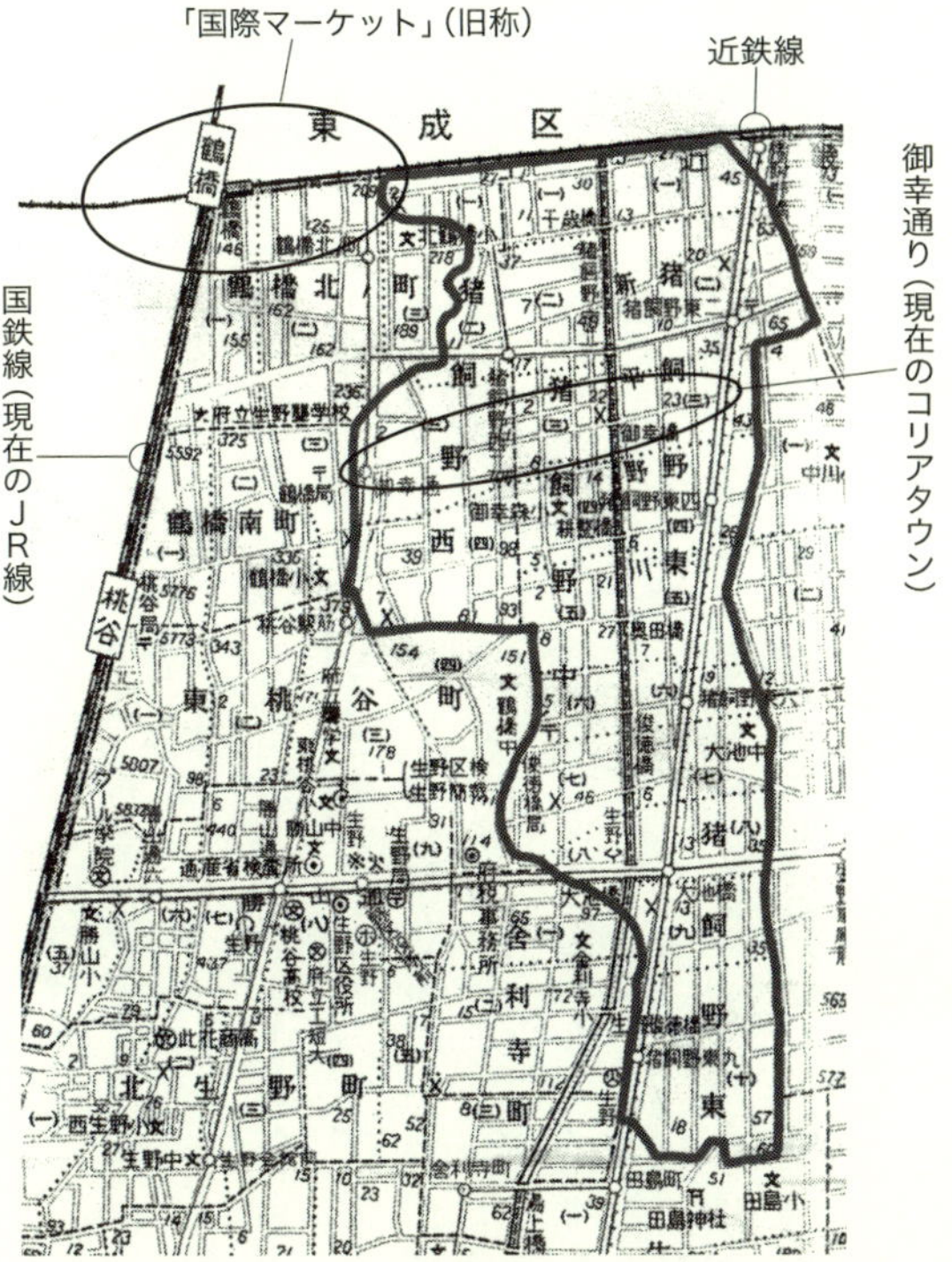

（生野区編『生野区政50周年』より）

四年、「空襲による類焼を避ける」目的で周辺の民家を強制的に立ち退かせて道路が造られた。この立ち退きで空き地のままになっていた鶴橋駅周辺の土地に、終戦前後から露天の闇市が出現したのである。闇市は一九四六年七月当局によって閉鎖された後、残った商店群が「商店街」として再整備されることになった。

闇市時代から、このマーケットでは日本人、朝鮮人のほか、中国と台湾出身者が割拠していて、「国際マーケット」の旧通称名はここに由来する。鶴橋商店街振興組合でうかがったところによれば、当初は日本人経営者が半数強を占め朝鮮人は三〜四割ほど、残りを中国・台湾出身者が占めていたが、現在では日本人と韓国・朝鮮人経営者の比率は逆転した模様だという。韓国人経営者のなかには、新たに渡日してきた「ニュー・カマー」の人々も増えている一方、中国・台湾出身者経営の商店は現在一割に満たない。戦後の混乱期には商業利権をめぐって多少荒っぽい事件もあり、アメリカ軍のMPが出動してきた逸話も残る。東京では闇市の利権争いが拡大して、台湾系商人のグループと日本の警察隊が派手な銃撃戦を繰り広げた時代である（渋谷事件、一九四六年）。しかし、ガイドブックを片手にした若者の一群がテレビで放映されたチヂミ専門店や「ヨン様グッズ」を探し求める現代の風景からは、そうした時代の空気を想像するのも難しい。また猪飼野コリアタウン同様、民族食材から衣料、日用品に至るまで「何でもそろう街」として、顧客は近畿圏のみならず遠く関東から東北、北海道にまで広がる。

かつての「国際マーケット」の複合的構図は、いまや不動産権の込み入った実態として痕跡を留めるのみだ。実際、複雑に入り組んだ土地区画と半世紀を越える期間に繰り返された営業権の譲渡・貸借が壁となり、一九九〇年代末に始まった商店街再開発の試みも順調ではない。しかし、かすかに残る闇市の面影と行き交う人々の体臭を感じさせる狭く雑然とした路地のつながりこそが、流行の「アジア的イメージ」を産みだして今も多くの人々を引きつけるのである。

ところで、前述の民家立ち退きで作られた道路であるが、現在でも「ソカイ道路」と通称され鶴橋駅周辺の商店街東端を南北に走っている。南行すれば猪飼野コリアタウンの入り口である御幸森神社に至り、北行するとJR大阪城公園駅の東側地域に出る。現在ではJRと市営地下鉄の車両基地、公団住宅の敷地の続くこの一帯は、かつて陸軍練兵場であったが、一九三九年城東線（現JR環状線）をはさんだ大阪城跡に存在していたアジア最大の軍需工場・大阪砲兵工廠が拡張され、その用地になった。従って「ソカイ道路」は、民間人の疎開や安全目的に供されたのではなく、軍事目的で建設された道路だったのである。

戦争末期、大阪砲兵工廠には少なくとも千三百人を越える朝鮮人労働者（その大半は徴用された者）が働いていたが、巨大軍需工場を壊滅させた終戦前日八月一四日の米軍爆撃で彼らのなかからも多くの犠牲者を出したはずである。また一九五〇年代後半、砲兵工廠跡の廃墟からくず鉄を回収する在日朝鮮人「アパッチ族」が勇名を馳せた事実も、作家梁石日の著作や映画で知られるようになった。そもそも大阪市街地に多数の朝鮮人が職を求めて渡来してきたのも、砲兵工廠の産み出す巨大な経済需要があったからこそと言える。「国際マーケット」を経由して砲兵工廠と猪飼野を結んだ軍事ルート「ソカイ道路」は、大阪在住朝鮮人の歴史的中核部分を貫通したことになる。

戦後の猪飼野は日本最大の朝鮮人集住地ゆえに、この地の人々は朝鮮半島や在日社会が経てきた六〇年の歴史を、ある意味では最も激しく体験してきたとも言える。例えば一九四八年済州島で始まる南北分断阻止を掲げた武装蜂起、いわゆる済州島四・三事件では、白色テロにより三万を越える一般島民が殺戮されたが、この時多くの島民が虐殺を逃れて日本に避難している。おそらくその大半は、済州島出身者の多く住む大阪猪飼野界隈に身を寄せたはずである。すでに韓国では四・三事件全犠牲者の名誉回復が政府によって立法化され、悲劇の体験も公的に語られるようになったが、在日の四・三経験者たちは今なお体験の語りに慎重である。変わりゆく街並みの裏側に、凄惨な歴史の記憶が息を潜めたまま封印されている。

共生と同化を抱きしめて

生野区の韓国籍朝鮮籍人口は、二〇〇二年現在で三万四〇〇〇人余り。生野区総人口の二四・五%である。しかし一九七〇年代初頭に四万二〇〇〇人を数えていたのに比べると、かなり減少している。過去五年間でも三〇〇〇人減だ。人口統計には、近年増加している短期滞在の韓国人ニューカマーも含まれるから、在日定住者の減り幅はさらに大きいことになる。区外への流出もあるが、近年では日本国籍取得者の増加が大きく影響している。コリアタウンで知られる生野をもってしても、在日の帰化や同化は無視できぬ現実である。

生野区人口統計で目立つのは、中国人の増加である。その数は二〇〇二年に九七二人で、数としては韓国籍朝鮮籍者に比ぶべくもないが、過去五年間でほぼ倍増している。この大半は、中国籍を持つ中国朝鮮族と見て良い。一九九七年の通貨金融危機が韓国を襲うと、韓国に多く出稼ぎに来ていた中国朝鮮族は職を失う者が続出し、そうした朝鮮族のなかで新たな出稼ぎ場所として日本が浮上したとされる。日本をめざす朝鮮族留学生の数も急増している。一般に中国朝鮮族は、在日と異なって朝鮮語を日常的に使用しており、コリアタウンのような場所では働き場所を求めやすい。実際、生野の街角で中国朝鮮族と出会うことは、もはや珍しいことではなくなっている。大阪の片隅のマイノリティ集住地が、韓国はもとより東アジアの様々な地域と経済的に密接にリンクされていることを実感させる。また中国朝鮮族の大半は、日本の植民地時代に朝鮮半島の各地から中国東北地方へ移住した者とその末裔であり、日本に渡った者とは、もともと隣人同士であった可能性さえある。在日と朝鮮族は半世紀の時を越え、異国日本で再び巡り会ったことになる。

中国朝鮮族は中国国家への帰属意識が比較的強く、同じ民族としての意識は持ちつつも、韓国人扱いされることには抵抗感をもっている。従って、コリアタウンのなかの朝鮮民族でも在日、韓国人ニューカマー、中国朝鮮族ニューカマーといった具合に、様々なエスニシティが輻輳する時代になっているのである。それでもサッカー・ワールドカップでは、三者一緒になって赤いTシャツに身を固め快進撃を続ける韓国チームを応援したのだから、民族とは奥行きの深いものである。

さて猪飼野コリアタウンで商いを続ける人々から、コリアタウンの現状と未来像を聞いてみた。韓国籍、朝鮮籍、日本人の商店主で四〇代の男性三人。コリアタウンを推進する商店会の幹部クラスでもある。それぞれの話に共通して印象的なのは、「バランス」と「共生」への意志だった。日本人と在日のバランス、民団系と総連系のバランス、在日世代間のバランス。コリアタウンは今に至るまで、常に様々なバランスの安定を求められる社会でもあった。かつて、同じ商店街でも日本人と在日の経営者は没交渉に近く、民団系と総連系は店を隣り合わせていても些細な争いに終始した。さらに民族の旧習にこだわる一世に二、三世は反発し、この街のコミュニティから離れようとする。

商店街をコリアタウンとして売り出しにかかった時期から、彼らは単なるバランスの維持よりも積極的な共存関係への転換に動くようになったという。大型店舗の増大で街なかの商店街がどこも地盤沈下を余儀なくされてゆくなかで、当地もコリアタウン化で一致するほか、生き残りに賭ける術が無いという切実な事情もある。朝鮮半島南北首脳会談を前後して、すでに地域の民団と総連の支部は相互交流が常態化し、ひと頃のような激しい政治的言動のやりとりは姿を消している。インスタントラーメンに初めてキムチを入れて食べた時の記憶を愉快そうに語る日本人の精米店主は、これほど日本人の食生活が変化するとはと感嘆しつつ、コリアタウンの売り物の主力を、焼き肉より更に家庭的なコリアン料理に移す必要性があると熱く説いた。彼は、商店街のコリアタウン化を最も積極的に押し進めてきた一人である。

二〇〇二年六月のサッカー・ワールドカップでは、コリアタウンの商店街を中心に様々な催しや公園に大型スクリーンを置いた応援観戦が企画された。催しごとに盛況を極める街の姿に、商店街のなかはいつになく結束が強まったという。「本当に楽しかった」と日本人精米店主は振り返り、「私らのためのワールドカップだった」と韓国籍キムチ商は言い切った。朝鮮籍青果商は、「韓国サポーターの赤いTシャツを着て韓国チームの応援に熱狂していたら、韓国籍の人間から『お前の方がよっぽど韓国人らしい』と言われた」と苦笑する。彼が地道な朝鮮総連のメンバーであることは、地域の人々なら皆知っている。

民族や思想を越えたコリアタウンの連帯と熱狂は、次に何を生み出せるのだろうか。だがこれは、在日がマジョリティたるコリアタウンゆえの特殊性かもしれず、日本中に散在するマイノリティとしての「普通の」在日には夢物語のようでもある。あるいはこれも、「同化」圧力の前に在日コミュニティが崩落してゆく直前の最後の輝きに終わるかもしれないのだ。「それでも仕方ない」と、韓国籍キムチ商は言う。様々なものが共存するこの街の文化を発信し続けてゆけば、いずれ人々は戻ってくるかもしれないし、少なくとも、最後までこの街に精神は生き続けるだろうからと。

コリアタウンの発信する共生共存の文化は、グローバリゼーションを叫びながら腐食化の進む日本社会の奥底に、受信されることはあるのだろうか。ともあれ、共生と同化を両わきに抱えつつ、猪飼野コリアタウンは、在日と日本社会の行く手を確実に見据えようとしている。

*猪飼野の歴史に関して、一部、次の文献を参考にした。
猪飼野保存会『猪飼野郷土誌』一九九七年
『朝鮮新報』二〇〇〇年三月十五日付

日本の食文化と「在日」

鄭大聲

序　キムチと焼肉は日本料理か

日本の食生活に外来の食文化が取り込まれ、伝統の和食文化が片隅に追いやられ、影をひそめ、食べ物の世界が大きく変容をみせているのが、現状ではないだろうか。

そしていまW杯共催後のムードの中で、韓国料理が「ブーム」にもなっている。焼肉、キムチ、冷麺はもちろん、ピビンパプ、クッパプ、チヂミ、チゲ鍋、チャンジャ、辛子明太子、眞露《ジンロ》(焼酎)などの食べものや商品名が目立つのである。

このような日本の食生活、外食産業への韓国・朝鮮の食文化の普及と定着の原点は、在日韓国・朝鮮人の「生活文化」、「経済文化」にある。

キムチは朝鮮半島で創造された漬物であり、在日同胞の食生活では欠かせない惣菜のひとつであった。それが在日の家庭から日本の家庭食、外食産業へと広まりをみせるのは戦後のことだが、いまや漬物産業のトップ商品だ。

食品需給研究センターによると、二〇〇〇年の漬物生産量は約一一八万トンで、最近一〇年間ではほぼ横ばい、その中でキムチは九〇年の八万トンから、〇〇年には三二万トンと実に四倍近くの生産量に成長し、トップとなった（『毎日新聞』二〇〇二年三月五日夕刊）。

伝統のたくあん漬の生産量は半分以下、浅漬けは三〇％減、わさび漬、奈良漬などは漬物生産ランキング一〇位にも入らない。

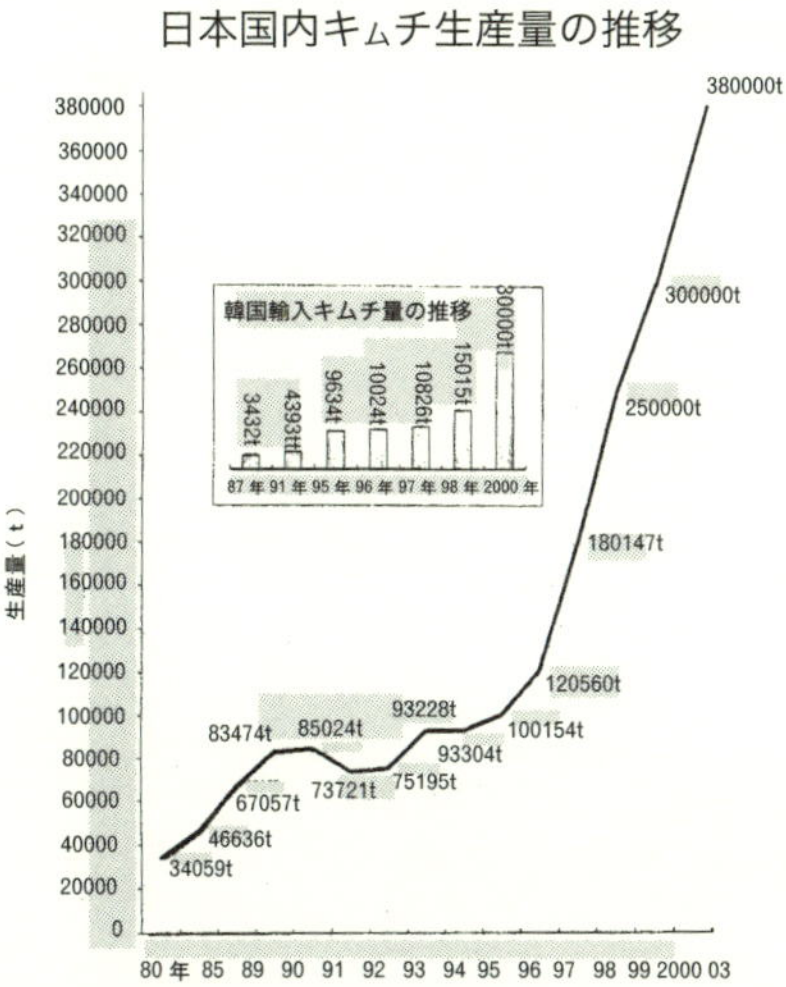

焼肉店で人気のピビンパㇷ゚。
いまや専門店がチェーン化に至る。

いまやキムチは日本の地域の食品関係店でも置かれている惣菜であり、キムチという語は、それが朝鮮語だと意識する人はきわめて少ない。

焼肉店は日本全国に〇一年現在約二万三千～五千店（全国焼肉協会事務局）とみられている。一方、そば、うどん店の合計は約三万四千店である（〇二年現在）。

焼肉店のスタートも戦後からとみてよいが、急速に広がるのは高度経済成長の昭和三十年頃からである。

はじめは食堂スタイルで、焼肉、キムチ、ピビンパプ、クッパプ、冷麺などが主たるメニューであった。日本の外食産業になかった新しい業種として人気が出だし、在日の人たちの生活手段のよりどころとなって、この商売を手がける人が増えたのは当然であった。またたく間に日本全国に焼肉店が立ち並び、外食産業の有望業種のひとつとなった。

〇一年に発生した狂牛病（BSE）問題で、少なからぬ影響を受けたが、いまも脱サラ組が仮に食べもの業をするならば、イタリア料理店か焼肉店かといわれるくらいの人気ぶりだという。

こうしてみるならば、キムチも焼肉料理も、もはや「日本料理」化した食べものと言ってもおかしくないだろう。

このことは在日の韓国・朝鮮人たちの生活文化が日本の生活文化にしっかりと根を下ろし、その一部であることを意味するだろう。

一　キムチの普及

キムチという食べものは生活に取り込まれるだけの十分な力というか価値を持っていた。在日の人びとが日本でキムチをつくって食べたのは本国での食生活習慣からである。

野菜類にトウガラシ、ニンニク、そして塩辛類を添えて漬け込んだ、今日のキムチタイプのものが創られたのは二百数十年前のことである。それ以前の漬物は野菜に塩をした水っぽいタイプの冬沈《トンチミ》と呼ばれるタイプのものだった。このキムチは今でもある。トウガラシが朝鮮半島に伝来したのが十七世紀前後とされ、漬物に使われるようになったのは十八世紀半ば頃とされている。

キムチは野菜の発酵食品である。発酵に関わるのは植物由来の乳酸菌であり、キムチの味のひとつの酸味はこの乳酸菌が生産する。そしてキムチは乳酸菌のいる健康食品となるわけである。発酵作用によって野菜類に

キムチの代表四種。(左上から右下へ)キュウリ、ダイコン、ハクサイ、ナス。

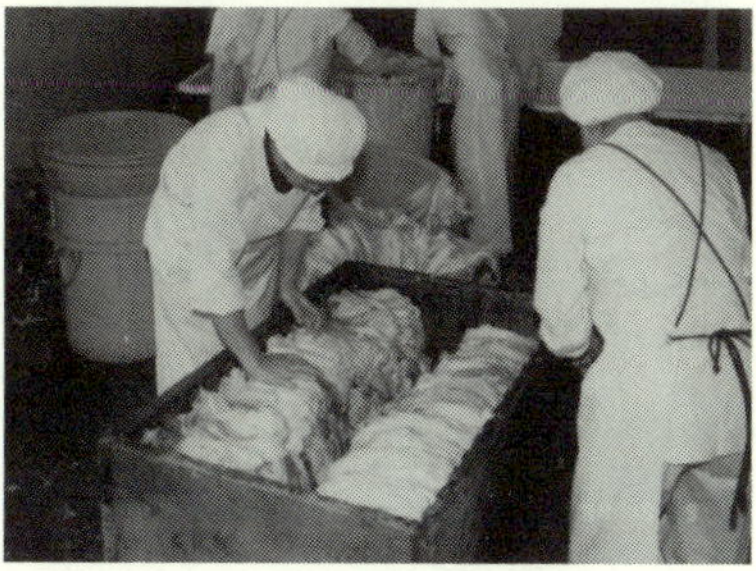

キムチ工場の生産風景。

はないビタミンなどが新しくつくられ、栄養価値が高まる。

野菜の食物繊維は腸の運動を活発にして消化をよくするし、腸内の有害物質を排除してくれる。キムチに欠かせないトウガラシも消化を促し、代謝を活発にし、ストレス解消に効果をみせて、日々の生活に大いなるプラスの役割をしてくれる。ニンニクが使われると殺菌効果、ビタミンB_1効果、さらに血液の循環をスムーズにしてくれる。

こうした価値ある食べものであったからこそ、生活の中に取り込まれていたのだし、これなしでは、食生活は成り立たなかったのである。

在日の人びとが自分の食生活をベースにして、食堂やレストランのメニューを構成するとき、キムチは欠かせない必須のメニューであったわけだ。

そしてこれが日本に広まるのである。その理由は、朝鮮半島の食生活習慣になった理由、つまり、キムチのすばらしい食品価値そのものにあるとみてよいだろう。

日本になかった食べものだが食べてみると辛いがおいしい。食べ慣れるとやめられない。同じ米のご飯を主食とするおかずにぴったりのキムチは、かくして日本の消費量ナンバーワンの漬物となったのである。これを生活の中に持っていて、さらにこれを商品として世に出した在日の人びとがいたからこそみられる食生活文化現象といえるだろう。

二　キムチ商品史

家庭での手づくりキムチが商品として売られるようになったのはかなり古い。

筆者の調査した範囲内では、朝鮮人が多く居住していた大阪では、昭和の十七〜十八年（一九四二〜三年）ごろからで、八尾、西成、生野などでは同じ朝鮮人を対象として小規模な商いがなされていた。西成では現在の丸全食品（玉本勲生社長）の祖父が始めたと聞いている。つまりその頃のキムチづくりが今日の三代目につながっているわけである。当時はほかにもキムチの商いをしていた人はいたのだが、それを続けている人はおそらく丸全食品だけであろう。今は大きな生産工場が住之江区にあるが、小売はしない卸専門で、日本では老舗のキムチ生産業者といえるだろう。

キムチ消費の増大に伴って、工場生産に取り組み、近年急速に伸びをみせた在日のキムチ生産業者も多くみられる。東京の第一物産、京都の星野キムチ、九州の金島食品などの好調さが目立つ。

ここで筆者が関係したモランボンのことをつけ加えよう。

モランボンが焼肉のタレ「ジャン」を製造販売したのは一九七八年で、このときにキムチもＴＶコマーシャルに乗せ、日本全国に流通をかけたのである。東京・府中市にある地域のスーパーではすでにモランボンキムチは商品になっていた。商品名は「キムチ」であった。ところが他地域では多くの場合「朝鮮漬」とされていた。ＴＶコマーシャルでキムチが放映されることにより、その結果、全国のキムチ売場からは朝鮮漬の名は消える。一九八〇年になると食品需給研究センターの品目にキムチという正式の名称が使われるようになり、数字の統計がとられるに至る。キムチは日本の全国商品となったのである。

この頃はまだ韓国からの輸入キムチもなければ、ニューカマーによるキムチ商品もない。手づくり商品であれ、工場キムチであれ、在日の生産活動によって出来上がった「経済文化」なのである。この「経済文化」に乗っかってニューカマーの人たちの「韓国家庭料理」、あるいは韓国輸入キムチが売られるようになったわけである。「キムチ文化」は在日の汗の結晶というべき「経済文化」のひとつである。一九九八年のソウルオリンピック、日本のエスニック激辛ブームでキムチの消費が一段と伸びるのも、この基本ベースがあっての話である。

三　焼肉文化

1　焼肉店

焼肉店が日本の外食産業の有力業種となったことは先にふれた。二〇〇一年の九月からの狂牛病(BSE)騒ぎにより、業界は大きな打撃を受け、ようやく立ち直りをみせてきている。

この食べもの業も在日の生活文化から生まれたものである。

ここでいう「焼肉」とは、獣肉を直火《じかび》で焼いていただく方法である。鍋などを使った間接的な加熱料理法のすき焼きとはちがったものを指す。この直火で肉を焼いて食べる文化は朝鮮半島に古くからあった。この料理法を身につけていた人たち、筆者の親の世代が日本で始め、それが広がりをみせて今日の焼肉店の隆盛へとつながってきている。

どうして日本にはなくて朝鮮半島にあったのか。

古代、仏教が広まるまでは朝鮮半島も日本列島も肉食は自由であったが、朝鮮半島は六世紀、日本は七世紀、共に仏教の戒律により殺生禁止、肉食禁止の社会となる。

これが朝鮮半島では高麗時代の十三世紀に遊牧肉食民族の蒙古による支配下で、肉食文化が復活する。さらに十五世紀の朝鮮時代には儒教国家となり、仏教の禁じたタブー感が完全になくなり、肉食は自由になるのみでなく高級なものにランクされる。畜肉は貴重であり、あらゆる部位を効果的に利用する文化が発達し、その生活文化が今日に続いてきた。

一方の日本は、明治の初めになってようやく肉食が奨励されるに至ったので、肉利用の生活文化は朝鮮とは違ったものであった。このちがいが第二次大戦後の食糧不足のときにはっきりと表れたのである。

屠殺場から出る畜肉の内臓は、日本ではほとんどかえりみられなかったが、この利用の生活文化を持っていた朝鮮人はこれを活用した。自身が食べるだけでなく、料理メニューとして売り出したのである。それも炭火で直《じか》に焼いて食べる方法であった。これが食堂や料理店で広まっていくのである。このころは、統制経済下で牛肉つまり正肉は流通していなかった。

畜肉の内臓が全く日本の社会でかえりみられなかったというわけではない。被差別部落の生活の中では古くから食べられており、江戸時代の記録にもみられ、「ミノ」「センマイ」という語が使われて

焼肉料理の発達により内臓類の料理法も細分化。

金網の上で直火で焼くのが「焼肉料理」。

いる（『被差別部落　北条の歴史』大東市、一九七五年）。食べ方は煮込みで、焼いてはいなかったようである。したがって被差別部落の人びとの中では、一般の食材であったとみてよい。筆者は京都の宇治市生まれの育ちである。朝鮮人の多く居住していた伊勢田（ウトロ）の集落には、京都市南区十条の屠場から内臓を専門に売りにくる人がいた。朝鮮人がこの食材の利用法を知っていたからである。私たちはこの人から内臓を買って食べ、ミノ、センマイという語も知った。家庭では「トンチャン」という朝鮮語で呼んでいたものである。戦時中さえどこからか入手してきたものを焼いて食べた記憶がある。

焼肉店でこの材料がメニューの中に取り入れられたのは、在日の生活料理としての位置を占めていたからである。初めは「トンチャン」と呼ばれる内臓類の料理が日本の焼肉店の中心メニューだったのである。

本場の朝鮮・韓国の直火料理法はノビアニと呼ばれ、正肉を味つけして台所で金網にて焼いたものを盛りつけて膳に出す方法であった。自分で焼く方法ではない。料理店でも同じであった。また肉を扱う商店でも正肉と内臓を一緒に扱うようになってはいなかった。韓国の焼肉料理で日本のように、カルビ、ロースがミノ、センマイなどと共にメニュー構成されていないのは、このような事情である。

いま焼肉のことを一般にプルコギと呼んでいる。プルとは火、コギとは肉のこと、つまり焼く肉である。しかしこのプルコギという語は新しいもので、古くからはノビアニで、宮廷料理名でもあった。一九四五年以前、つまり戦前の辞典類にはノビアニだけでプルコギはない。『韓国食品研究』(ソウル、新光出版社、一九七四年)の著者である尹瑞石先生の話では一九五〇年の朝鮮戦争のころ、野外の屋台店のようなところで、自分で直接焼いて食べるようなスタイルが出来上がったことで呼ばれた新しい語だという。

直火で肉を焼くノビアニ法は料理する人が焼く方法であったが、食べる人が直接焼く方法のプルコギ法へ変遷したことになる。

在日の場合、トンチャンの内臓類はノビアニ法には適さないので、コンロを囲んだ人が自分で焼く方法となる。統制経済が緩和され、正肉類が流通し出すと内臓類中心の焼肉メニューにロース、カルビ類が取り入れられ、今日のようにロース、カルビ、ミノ、センマイ、ハツ、レバーなど正肉と内臓類がミックスされたメニュー構成の焼肉店が出来上がったわけである。在日のつくり上げた焼肉文化といってよいだろう。

ここでホルモンという語についてはっきりさせておきたい。

内臓の一部をホルモンと呼ぶが、これを関西語の「捨てるもの」＝「放るもん」から来たというのが一人歩きしている。これはマチガッテいる。

ホルモンはドイツ語由来の Hormon で、日本では精力の代名詞のように使われたものである。すでに被差別部落の生活ではこれが古くから食べられていたが、これを商品化したときに、良い名称がないかとしてつけられたのが、精力を連想させるホルモンという語なのである。この材料が多く利用された大阪では、難波の洋食屋「北極星」の経営者、北橋茂雄氏が「ホルモン煮」という登録商標を一九四一年にとっている。

また、筆者の調査で入手した一九四一年の十一月に中国に出征した兵士の軍事郵便ハガキの中に、ホルモン料理という語が出てくる。食事担当と思われる兵士が、料理の先生とおぼしき大阪の女性に送ったもので、「ホルモン料理のつくり方を教えてください」とある。このことは、すでにこの頃にはホルモンという名称が内臓料理に使われていたことを裏づけてくれる。

ところが、在日の詩人で本書にも登場する金時鐘《キムシジョン》氏が、『差別──その根源を問う』（朝日新聞社、一九七七年）という対談集の中で、「これは決して英語じゃなくて、大阪弁の『ほってしまうもの』、つまり『ほるもん』が定着した〝朝鮮人語〟なんですよ」としたのである。これがマチガイ「ほるもん」語を一人歩きさせることのはじまりとなる。語呂が合っていたので、一部の人たちは面白おかしく取り上げる始末である。これはある意味では在日の生活文化、焼肉文化の知恵を自虐的にゆがめてしまったものであることを指摘し、明らかなマチガイであることを強調しておきたい。

焼肉料理は在日の生活の中から生まれた知恵の結晶であり、文化そのものである。焼肉料理法にかかわる外食産業は、「店舗文化」としては新しい境地を開いていく。焼肉はおいしいが、あの「煙」はなんとかならないか、という悩みに取り組んだのは在日であった。煙を集めるフード、煙をつきにくくする紙や布の「上っぱり」、究極は無煙ロースターである。韓国や中国などの焼肉店にも無煙ロースターはある。しかしこれは日本の店舗から見習ったもので、設備も初期は日本のものであった。無煙ロースターの登場は焼肉産業では一種の「革命」と言ってもよい。この店舗文化を築いたのも在日の「経済文化」が求めたからであろう。

2 タレ産業

家庭で焼肉を食べることが多くなるにつれ、その味のポイントとなるタレの商品化が当然考えられた。筆者の知るところでは、最初に手がけたのはブルドックソースで、一九六二年頃のようだが続かなかった。筆者がモランボンで企画に加わったのは一九七四年で、実際に「ジャン」という焼肉のタレを世に出したのは一九七九年であった。このときすでに先発メーカーのエバラ、桃屋などがビン詰のタレをだしていた。

モランボンはそれらのビン詰と差別化するため、レトルトの生パックを商品とし、商品の売場を肉類と同じところにした。発売に当たってはＴＶコマーシャルを打った。〝生きつづける味、朝鮮の味、モランボン〟という科白である。おそらく在日の企業がＴＶコマーシャルを打ったのは、それが初めてだろう。しかも「朝鮮」という語を使ったのだ。右翼をはじめとする反対側からいろいろな圧力が加わったことを、ここに書き留めておこう。しかし、コマーシャルのタレント、米倉斉加年氏の人気もあってこれは大当たりした。商品が売れたのである。ここにタレ産業がしっかりとひとつの食品産業としての場を築くに至り、続いて多くの調味料メーカーが焼肉のタレ産業に参入してくる。

朝鮮民族の生活文化のひとつの直火焼肉法が、在日の生活と経済活動によって日本の新しい食品産業を生むに至ったわけである。

四　盛岡冷麺

冷麺は朝鮮半島を代表する麺であり、焼肉店には欠かせないメニューとなっている。夏の暑さをいやしてくれる涼しくてさわやかな食べものとして喜ばれるのだが、実は本場では冬の食べものとして生活に根づいていたものである。その理由はここでは省略するが、岩手県の盛岡市の冷麺が有名となっている。

盛岡に冷麺の文化の礎を築いたのは、食道園店主青木輝人（旧名楊龍哲《ヤンヨンチョル》、二〇〇〇年死去、享年八十六）である。

青木氏は北朝鮮の咸興冷麺で知られる咸興に生まれ、一九三八（昭和十三）年に二十四歳で日本に来る。戦争中の一時期盛岡で生活するが、一九四九年に東京の数寄屋橋にあった「平壌冷麺・食道園」に就職し、ここで働くうちに冷麺づくりの技術を身につける。数カ月後食道園の店主がソウルに帰ることになり、食道園は閉店となる。好きな冷麺づくりに情熱を燃やしていた楊氏は盛岡で一九五四年五月に食道園をオープンする。店名は数寄屋橋の店名をとった。麺の味は生まれ故郷の咸興の味を出そうとする。ただ看板は「平壌冷麺」をかかげる。楊氏のつくったゴムのように弾力のある麺は、わんこそばに慣れた盛岡の人にはさんざんの評となったという。

やがて焼肉と冷麺の店食道園は、焼肉のあとに食べる冷麺の味が評判の店となっていく。店は大繁盛となる。楊氏は一九六二年日本人に帰化する。申請してから二年かかったという。やがて盛岡周辺に相次いで「もうかる焼肉店」が開店し、新設の店も必ず冷麺を出すようになっていく。かくして焼肉の広がりの中で、冷麺がこの地の食べものとして定着していく。

楊龍哲から青木輝人へと帰化した食道園店主から冷麺づくりとその味、そして生きざまの哲学を聞きとり、今日の盛岡の冷麺を有名たらしめた一人が「ぴょんぴょん舎」の辺龍雄《ピョンヨンウン》氏である。一九八七年に店を立ち上げた。

いまＪＲ盛岡駅前通りに「ぴょんぴょん舎」の冷麺専門ビルがある。数年前にオープンしたのだが、食事の時間帯には列が出来ている。オーナーの辺龍雄氏の経営哲学がこの好況をもたらしたのだ。

辺さんも苦労人である。学生運動に身を投じたし、税理士も目指されたし、インテリアにも興味を持っていた人である。焼肉店、そして冷麺を出す店として、きわめてユニークなそして上品な店づくりをした。これは盛岡市稲荷町に一九八七年にオープンした本店にいくとよく分かる。この店が人気を博し冷麺店の評価はこの地で一気に高まったと聞く。さらに「ぴょんぴょん舎」は持ち帰り用の冷

盛岡冷麺の宣伝は活発。業界あげての取り組みが行われている。

麺を考え出し、その数が急速に伸び、地方への流通をうながし、盛岡の産業品として共に盛岡冷麺を有名ブランドに持ち上げるのに大きく貢献している。

　いまや盛岡冷麺という名は勝手には使えない商標になった。

　盛岡より大きい東京、大阪などの都市でも冷麺のおいしいと知られた店は多いが、在日の生活から生まれ出たひとつの料理が、日本の一地方の名産品となったことは、特筆すべきことといえよう。

　これもひとえに食に取り組んだ一世、二世たちの努力のたまものなのである。

五　辛子明太子

この食べもののルーツは朝鮮半島にある。スケトウダラの沢山とれる東海岸の北方がそこである。多くとれたメスの卵を塩辛として粉トウガラシ、ニンニクを加えたもので、明卵《ミョンナン》ジョッと呼ぶ。十八世紀ごろから有名になった。

この食べものを日本に紹介したのは戦前の釜山に住んでいた日本人である。この明卵ジョッのおいしさを忘れかねて、戦後に博多でこれをつくる。スケトウダラの卵は博多ではとれない。北海道からのものである。

商品の名称の辛子はトウガラシのこと、明太《めんたい》とは朝鮮語の明太《ミョンテ》からとるが、釜山地方では明太《メンテ》と呼ぶのを日本語化したつもりが、明太《メンタイ》となる。子とは卵のことだ。かくして辛子明太子《からしめんたいこ》という名ができ上がる。

日本にスケトウダラの卵はタラコと言って食べてはいたが、トウガラシを加えたものはなかった。この食べものを博多で売り出すと人気が出て博多名物辛子明太子と呼ばれるようになる。となるとそれを真似る人が出てくる。そして過当競争になり倒産するところが出るようになった。

筆者のいたモランボンでは、本場の北朝鮮からタラ子を輸入し、辛子明太子を製造し、東京を拠点として売り出した。一九八三年春のことである。そしてこれをＴＶコマーシャルに打った。米倉斉加年氏がおいしそうに辛子明太子を食べる。売り出した商品は製造が追いつかない。あっという間に品切れ状態となる。販売店頭ではモランボンのものではなくてもということで博多のもので間に合わせて売る。

結果、博多の辛子明太子業界に活気が戻るだけでなく、辛子明太子という食べものが日本全国に知られる結果となる。モランボンは原料供給が追いつかず製造中止となった。

朝鮮半島ルーツの辛子明太子、日本の方が博多で商品化されはしたが、これを一気にナショナルブランド化したのは、在日の「経済文化」であったことをつけ加えておきたい。

食は文化である。人の知恵としての生活文化は伝播し、交流する。いま、日本では多くの外来の生活文化が活溌な交流をみせてくれている。やがて日本特有の文化へと変容するだろう。朝鮮半島の食生活文化もやがて日本の食文化のひとつとなっていくだろう。

5 「在日」の未来

営まれる日常・縒りあう力
【語りからの多様な「在日」像】

伊地知紀子

一　範型化される「在日」像——一元化と多元化

日本社会のなかのマイノリティとして、在日朝鮮人はある範型をもって記述されてきた。「解放後も日本に残った朝鮮人」「在日朝鮮人六五万人」「在日の五〇年」など、これらの言葉に対して確たる証拠は呈示しがたいにもかかわらず、何らかの実体的な像が措定される。日本社会からの語り口は、まず政治問題として、その次に社会問題としてであった。近年は「国際化の時代」という言葉とともに、物と人と情報の流動が盛んになっていることに合わせて、「文化の多様性」「文化交流」「異文化理解」の担い手として在日朝鮮人は脚光を浴びている。

しかし、これらどの局面においても、在日朝鮮人を一枚岩的に捉えている観は否めない。もちろん一元化された在日朝鮮人像を生み出した起点には、日本社会における在日朝鮮人に対する差別と抑圧のシステムがある。解放後、日本社会は一方的に在日朝鮮人から日本国籍を剥奪し、教育の場を弾圧し、人びとを社会保障制度の枠外に置いてきた。それゆえ、このような排除の構造に対して在日朝鮮人が民族運動を展開し闘ってきた歴史がある。そこで求められてきたのは、「奪われた民族の回復」を叫ぶ在日朝鮮人として結集することである。つまり民族と個人は一体なものとして想定されてきた。ところが最近、在日朝鮮人自身の「アイデンティティの多様化」が取り沙汰されている。「世代交代」「国際結婚の増加」「ダブルの人びと」「オールド・カマーとニュー・カマー」などがその題目となり、民族的アイデンティティの行方が議論の的になる。

こうした在日朝鮮人の多様性・多元化をめぐる議論が、具体的な題目は異なれど「少なくとも四十年ちかくの間」出されていることを、二世以降の運動における「在日論」のありようを通して李順愛は指摘している。(1) これはあくまでも在日朝鮮人運動を踏まえての言論である。しかしその基層において問われていることは、どこからいかなる多様性を設定し問題にするのかということであろう。この問いを本論では、植民地期以降朝鮮半島から渡日し在日してきた人びとの生活世界から考えてみたい。

植民地支配に端を発する朝鮮半島と日本との往来が現在まで続くなかで、さまざまな事情でさまざまな時期に渡日した人びと、そしてその子孫たちは、確固としてある日本社会の排除の構造のなかで、生活を営むために多様な対応を創り出してきた。そのなかで、在日朝鮮人だからといって、あらゆる人が運動体として結集してきたわけではない。人びとは日常を営むなかで抱える現実に対して、微細で多様な生活実践を創りだしてきた。そうした姿は、一元的に範型化された在日朝鮮人の姿からは見えにくい。先にとりあげた世代という枠組みにしても、その切り取りかたは実は多様である。「地域のなかの世界史」かつ「地域からの世界史」という視座を呈示する杉原達は、外国人労働者問題つまりニュー・カマーと呼ばれる人びとがオールド・カマーとされる在日朝鮮人問題と切断されたところで議論されていることに「根本的な疑念を感じている」としている。「ニューカマー／オールドカマー」という分節も明確に定式化することは困難であり、在日朝鮮人が最も多く生活する大阪市生野・東成周辺には「一世」「新一世」「新々一世」、そしてその二世・三世たちが「共感と利益共同と対立と反発をもちつつ、相互に連関しあいながら、様々な矛盾の中を日々生きているのである」(2)。

大阪市生野・東成は韓国済州島から来た人びとやその子孫の多い場所でもある。済州島の村で話を聞いていると、在日していた人、家族や親戚の誰かが在日している人に出会うことは珍しくない。植民地支配によって形成された生活圏は、日本の敗戦によって国境で仕切られたからといっても、済州島の人びとの生活感覚に境界を引くことにはすぐさま繫がらず、今も日常生活のなかに息づいている。このように、解放後も渡日し続ける済州島の人びとの姿だけからも「在日朝鮮人」という枠は、日本国内に居続けた人たちだけで形成されてきたのではないことがわかる。

さまざまな経緯で渡日し在日し子孫が生まれ育つ日常生活での「様々な矛盾」のなかで、人びとは在日朝鮮人同士として一致することもあれば齟齬も生じる。一致や齟齬に出身地や在留資格など異なる分節が登場することもある。そうして日々の現実を生きる人びとは、誰もが常に闘えたり、自らを正々堂々とした存在と看做して自己主張したり、「負の存在」全体を代表して生きられるわけではない。だからといって、差別を完全に受容するとか、全く何の抵抗もしないというわけではない。それぞれの事情や状況に見合った対処を時に応じてとることが、日常の実践の姿なのである。本論では、こうした日常の実践の姿を私がこれまで大阪や済州島で聞いてきた人びとの生活史から記してみたい。

二　分節を生きる——移動・往来・定住

故郷から異郷へ

植民地期以降現在に至るまで、済州島から大阪への人の移動は続いてきた。その歴史のなかで、人びとには多様な分節が加わってきた。そのプロセスを概観してみよう。解放前、済州島民の四人に一人が日本に渡り、その多くが大阪に集住した。済州島から人びとが大阪に向かった背景には、植民地支配による生活の困窮のなかで阪神地域での労働力不足を補う労働力の募集が行われたことに加え、一九二二年から就航した済州島—大阪直行航路の開設がある。こうした人びとの移動が、解放によって全く途絶えてしまったのではない。九四年私は済州島の北東にある杏源里に滞在しながら人びとの渡日経験を聞いてみた。村は三五〇戸が六洞（行政区画）に分かれており、そのうちの一洞四八戸のうち、半数の二四戸に渡日経験者がいた。渡日の時期と理由はさまざまだ。解放前に五戸、韓国からの海外渡航自由化となる八八年以前に三戸、以後に一三戸だが、解放前の五戸のうち三戸は八八年以後に再渡日経験者がいる。そのうち、日本のマグロ船の仕事をしている一戸を除いては、みな最初は在日している家族や親戚を頼っての渡日であった。こうした動向は、他の洞でもさほど違いはない。

家族や親戚を頼っての渡日は、植民地期から始まった。日本から戻ってきた人が「きれいないい服を着て帰ってきた」し、「日本行ったら白いご飯が食べられる」という。日本に行けば学校に行けるという期待や、もともと痩せた土地から税金を取り立てられるなか「こんなことやったら、都会でて商売でもやろか」という淡い展望をもって人びとは渡日した。植民地期済州島から渡日した人びとは、同じ村同士であっても互いの渡日を知らず、大阪で再会して驚くこともあった。

三〇年代には「メリヤスの月汀、印刷の杏源」という言葉ができるほど、村と日本の近代工場との経路は繋がっていた。渡日する人びとは、詳しい住所は知らなくとも大阪の築港について「谷町、左官町、空掘町」に行けば親戚に会えるといった具合だった。当時済州島の村にいれば、人びとは近隣の村以外に島のなかにどんな村が他にあるのか知ることもなかった。しかし、大阪に来て住む場所や仕事を探すなかで、「済州島は工場や、ユッチ（陸地＝朝鮮半島）は土方や」という職業形態の別や、「全然、陸地の人と私らの言葉は、聞き取れるけどちがいますねん」という言葉の違いに、地域間の反目も手伝って、同じ「済州島人同士」という意識が形成されてきた。その一方で、家を借りるとき「朝鮮人だけ貸さない」日本人による根拠のない拒否によって、同じ「朝鮮の人」から借りるということもあった。こうした日常での出会いややりとりのなかで、同じ「朝鮮人同士」という意識も加わってきた。

繰り返される往来のなかで

一九四五年解放になっても、それまで築かれた生活や気持ちがすぐさま切り替わるわけではない。当時、済州島—大阪直行航路の開設から数えてもすでに二三年経っていた。家族をおいて単身で出稼ぎに来ていた人もいるが、日本で家族を作り、仕事場を持つようになった人もいた。また、朝鮮半島から渡日してきた「一世」のなかにも、「五歳のとき来て、むこうのこと何もわからんし、言葉もわからんし、誰も知ってる人おれへんもん」と帰らなかった人もいた。解放前に夫の故郷である杏源里に行った人は、幼いころから大阪で暮らし農業の経験もなかったし、村の人に会うのも初めてだった。「電気も水道もないし、便所には豚がおるし、あんまり暮らしがしんどいから、大阪に戻ろうかとも思いました」と語った。

解放後の朝鮮半島はアメリカとソ連の支配のもとに置かれ、済州島では四八年四・三事件が起こった。四月三日米軍政下の南朝鮮単独政権樹立のための代議員選挙に反対する済州島民衆の蜂起に対して、軍・警察・右翼青年団体は徹底的な武力弾圧に乗り出し、島民約三万人が犠牲になった(3)。後の朝鮮戦争、南北分断と人びとの暮らしは再建される間もなかった。そうした状況のなかで、生活のために再度渡日する人びとは続いた。八八年韓国からの海外渡航自由化までは、多くの人びとが「密航」で渡日した。村で生まれ育ち四・三事件の際警察に追われて大阪にいた叔父を頼って渡日した人は、「植民地時代からの日本との行き来の中に、解放があっただけ」なので、「このような歴史を無視して、なぜ〈密航〉した行動だけを取り上げて、ただ悪いことをしたという〈不法〉な存在として別に扱うのか」と語った。一人息子ゆえに祭祀をすべて担うことになり、その金を賄うために堺の叔父を頼って渡日した人もいた。解放前、離ればなれになって「二七歳のときやな。親に会いたいなあ思て、またむこ（向こう）では生活できんからん、自分で決めてこっち来ました」と語る彼女は、「おなかに子供おるときな、すじん（主人）と。一二月末来て、次の四月に長女生まれて、次の長男生まれて、その後すぐすじんが死んでしもて。両親もそのとき、八人の子供連れて、くにのおばあさん見て土地をみるために帰ったからな。一歳と四歳の子連れて、どうしょーかと思たけどな、人の店先借りて六年間しましてん。キムチ売ったり。夜も昼も朝も、寝んとがんばってきましたわ」と語る。

解放後の日本での生活には、同郷性のなかに本国での政治的対立がもたらされ、さらに在留資格による線引きがもたらされた。外国人登録をした「合法」な存在と登録のない「非合法」な存在。外国人登録証を持つ人びとも「国籍」欄の記載をめぐって、九一年に一本化されるまで永住権が細分化されていた。[4]ただ、日本で生活を営むにあたって「合法」か「非合法」かによる存在の不安定さには大きな違いがある。

「非合法」の人びとは、「合法」の家族や親戚を頼って渡日し、仕事をもらったり紹介してもらい雇用関係を結んだ。そうして得られる仕事は、ヘップ工場やキムチ工場、「三K」と呼ばれる日本人が避けるものであり、植民地期とその構造は変わっていない。六七年に夫を訪ねて「密航」し一五年間登録証がなかった人は、「うちの民族は、在留権あるないで差別しますねん」といい、「持ってなかったら大きいことといえへん。『あんた（登録証）ないやろ』っていわれて。そやけど、うち、日本で生まれて、戸籍、日本にあるんですよ。五つのときにくに帰って」と主張する。こうした語りは、自らにもたらされた幾重もの分節の不当性を物語る。そうして「非合法」の存在であるがゆえに「どんな肩身の狭い思いしたか。周りはそうように見るし、何かするのも怖あてようせんし。仕事してても精神的に不安定やから、家につくまで安心できんかった」。そこで、自らの生活のために「合法」をめざす。そのためには「勤勉」に働き、登録証を持っている家族や親戚などに身元保証人になってもらい自首する。それは一見、国家権力を振りかざしてきた日本の法への従属ではある。しかし、八八年以前に渡日してきた人びとにとって、植民地期以降の苦労からすれば、何よりも必要だったのは生活の維持であった。このように押し付けられた「苦労」のなかで、解放前後をとおして渡日してきた人びとの労働力によって日本経済の基盤が支えられてきたのである。

交錯するまなざし

解放後も国境を越えて結ばれるネットワークは、限られた環境で働かなければ生活することが困難であった人びとが、個々の人間関係の束から紡ぎだし継ぎ木しながら形成してきたものであった。大阪市生野・東成では、同じ「済州島人同士」という同郷性に、解放前後の合法／非合法、南／北という分節が積み重ねられ、「在日朝鮮人」という言葉は同じでも、その枠組みは多様な分節が絡み合いながら再構成されてきた。そのなかで、さまざまな事情を抱えた個人に対して、常に同じ「済州島人同士」「朝鮮人同士」の温かいまなざしがあるわけではない。そこでは、家族や親戚といえども多様な分節に絡むまなざしを判断する必要があった。済州島の村の姑に子供を預け、夫を訪ねて渡日し、夫が別の女性の所へ行ったために自らと日本で生まれた子供の生活を営むうえで、親戚がいても誰に頼ることもできなかった人もいる。彼女は、「ここの女の人見てたら、自分もできるんちゃうかなあと思たんですね。（仕入れは）人がやってるのを見て、目すき（目つき）で、ああこれはどこで仕入れてるないうて。んで、これはちょっと優しい人にいって聞くんですねん」。

済州島の村で聞き取りをしていると、「おれは関西空港を作ったんだ」「鶴橋の『鶴一』で食器洗いをしてたんだよ」「生野に阪神パチンコあるだろう。あそこによく行ったさ」という語りを聞く。八八年以降に渡日した人びとの話だ。村の生活に「余裕が出てきた」と感じるのは八〇年代以降である。そのとき語られる多くの言葉が、「白いご飯が食べられるようになったから」である。渡日した人びとの理由を聞くと、「どんな所か、ちょっと見物に」といった感じで生活に切羽詰まったふうでもなく、ひと儲けして何か始めようというふうでもなかった。

それでも、仕事をしないで帰って来た人はまずいない。渡日するときはまず在日している家族や親戚を頼っていく。そこで、自分で工場を持ったり会社を起こしたりする身内の姿に感心しながらも、見えてくるのは在日朝鮮人として日本社会で生きる苦労、受ける差別である。村では、「僑胞」といえば「金持ち」のイメージだった。実際、六〇年代後半から杏源里での道路の舗装や里事務所の新築の際、在日本杏源里親睦会から多額な寄付が寄せられている。またそこには、「経済大国日本」のイメージも重なっている。ところが、日本に来て、家族や親戚のもとで「手伝い」とはいえ仕事を担うことになると、たちまち「一人前」の労働が要求される。「工場の中ばっかりで暮らして空も見たことなかったわ」「時間、時間。時間に追われて休む暇もない」と使われた側がいえば、「もっと教えこんだろと思てたけど、なんかのんびりしてるいうか、要領が悪いねん」と使う側がいう。そこでは「親戚だから」という言い方は互いに通用しない。特に八八年以降に渡日してきた人びとは、「村に帰っても食ってはいける」という実感がある。それゆえ、留まることにさほどこだわらない。こうしたズレは、何か実体を想定して語られる「本国」か「在日」かという差違に直結させる前に、まず互いに積み重ねて来た生活実感に基づく齟齬を見る必要があろう。

日常の営みのなかで、人びとは自らが感じる違和感とともに、さまざまな分節に柔軟に対処し、交錯するまなざしを判断し、その時その場の対応を決める。それでは、人びとは、さまざまに降りかかる分節に対して、運動体に結集することなく、分節に繋がる紐帯を強固に維持することなく、全く自立した個人としてそれぞれの生活を築きあげてきたのだろうか。あるいは、歴史のダイナミズムのなかで、ただ翻弄されてきただけなのだろうか。私が出会った人びとの姿は、そのどちらかに帰結するものではない。人びとが多様に展開してきた微細な生活実践は、「民族運動」という言葉には直結されるものではなく一元的な像を結びえないが、生活世界を常に生成し再編する力となってきた。ではつぎに、私が語りを聞くなかで知りえた実践の姿を記してみよう。

三　生活実践の場──生成する共同性

生活組織の生成と再編

現在の生活に至るまでに、人びとが生活組織である家族を形成し、家族成員の婚姻を契機に親族の紐帯を拡大していくなかにも様々な分節が持ち込まれてきた。済州島での村単位、島／陸地という分節に、国境・国家・在留資格という近代国家が造りだした分節が加わった。これらは、個々人の人生の様々な局面に降り掛かり、個人がさまざまな家族役割を獲得するなかで、他の家族成員の分節と共鳴したり軋みを生んだりする。人びとは生活のためにはさまざまな分節を受け入れざるをえない。それゆえに、分節は家族の悩みや紛争の種となり、離散家族の「痛み」を経験させられたのも事実である。しかし、地理的に離れても紐帯が消えてしまうことにはならない。

人びとが日本と朝鮮半島を往来することを左右したのは、政治的経済的状況と、解放後の永住権をめぐる選択であった。最初の永住権であった協定永住権を獲得するには、外国人登録証の国籍欄を「韓国」とする必要があった。この国籍の選択を「切替え」と呼ぶ人びとが、常にその時の状況を十分把握してきたわけでもなく、個人の都合のみで決定できたわけでもなかった。国籍欄を「朝鮮」のままにしている朴さんは、夫が解放後朝鮮総連の活動に携わっていたことと、夫と四番目の息子が共和国に行ったために朝鮮籍である。彼女自身、四八年の日本政府による民族教育弾圧への抵抗運動であった四・二四阪神教育闘争時のデモに加わった経験もある。「すじんが、運動の道に入って仕事せんから、『金日成の国は子供を大事にせん国かあ』て、すじんに怒りましてん。したら、『しゃあない』だけいうて、黙あって出ていきましたわ」と当時の様子を語る。彼女は北は「じぇんじぇんわからんとこ」であるし、南は「生まれの故郷やし、また兄弟もようさんおるし」と行かなかった。彼女は、家族を共和国と韓国と日本に「離散」させられた「痛み」を直接どこかに訴えるわけではないが、自らが「家族である」という紐帯を維持しているという認識によって、国家による分節という暴力性とその脆さを露呈する。

「もう、私ら初めから朝鮮でしょう。初めからね。ほんで、この、あの何や、韓国は途中で切替えしてできたんでしょう。ほやけど、私ら初めから朝鮮したまま、もう、ただそこの朝鮮の応援もしてないし、ただ始めからの朝鮮で、そのまま、今まま、そのままです。何も理由は無いんですわ」と語る金さんは、長男は韓国籍になり、他の三人の子供は朝鮮籍。結婚相手は、上の三人は朝鮮人で国籍は長男の妻が韓国籍で長女と次女の相手は朝鮮籍、長男と長女の相手は本籍地は済州島、下の子供の相手が日本人。長女の夫は解放後密航で渡日した。一つの家族のなかでも、分節はさまざまに入り組んでいる。

こうして家族が生成し再編されるなかで様々な分節が絡み合い、新たな紐帯が結ばれるなかで、それらの紐帯の結節点として祭祀がある。祭祀とは父系の祖先を中心にその妻も祀るものであり、その体系のありようや祭祀儀礼での女性への労働負担の問題がある。しかし、ここでは集うという側面から祭祀という場のありようように触れていきたい。祭祀は最低三代前までの父祖とその妻の命日に毎年執り行われる。祭祀への参加はさまざまな情報交換の場でもあり、そこに集う人びとはさまざまな背景や事情を持っている。金さんは、長女の夫の親が四・三事件で殺されたために渡日してきたという事情やその当時の村の様子を祭祀の席で同じく密航してきた夫のいとこの妹から聞いた。このように人びとの集う祭祀は、祖先の霊が儀式の場にやってくるというのがそもそもの考え方である。しかし、家族や親戚、知人が祭祀の場に集まるのが困難な現実がある。そこで、母の祭祀を大阪の兄も済州島の弟もする。また、父の兄が共和国へ行ったため祭祀を向こうでしているかわからないため、済州島でしている人もいる。そこでの祭祀についての解釈は、祖先の霊を迎える日ではなく「思い出す日」に変容している。あるいは、自分の母方祖母の祭祀を、本来は済州島の直孫がやるものでそうしているが、世話になったということで大阪でも執り行い、当日済州島では「今日は、日本でも集まっているな」と話すという。このように祭祀の場では、人びとは個々の経験を語らい、同席するはずのあるいは以前同席していた人について語り、自分達の子孫の未来を案じながら、一定の時間と空間を共有する。そして、交わされる語りに反発し共感しながら、過去を現在に照らしあわせて再構成し、個々の経験を新たに解釈し、縒り結ばれる多様な記憶の共同性が喚起されていく。それは自らに繋がる存在への想像力を生み出す。

互助講の創発性

大阪市生野・東成で九二年に聞き取りを始めるとき、私は自らが渡日した女性にお願いした。従来の記述のなかでの在日朝鮮人の姿からは女性が見えにくいからであった。実際、自らが渡日したという共通項を設定してお会いしても、渡日の時期も当時の年齢も様々あり、国籍・在留資格といった分節もそれぞれ異なり、「女である」といっても個々人の経験は一様ではなかった。そんな彼女たちの語りのなかで、相互扶助のための共同性についての語りに出会った。「頼母子《たのもし》」[5]である。

「頼母子」とは日本の鎌倉時代に発達したとされる金の賃貸の講で、朝鮮では「契（ケ）」という金の賃貸の講がある。彼女たちは女同士で「頼母子」を組んだと語った。組む理由は様々で、生活費、冠婚葬祭費、事業資金、家の購入、旅費、学費、娯楽費。組むときに、親戚・同郷・南／北・合法／非合法といった分節はさほど有効性を発揮しない。むしろ、「顔」をみて信用できるかどうかを判断する。「頼母子」を語る彼女たちは、組んだ時の、そして組まなければならない事情を語る。そこには、日常生活のなかでの「怒り」や「不満」が顔を出す。「日本のおばあちゃんは年金いうのがあるでしょう。旦那さんが先亡くなっても一生もらえる年金いうんが。うちらそんなんないもん。自分らが動かな入ってこえへん」「入る人に区別なし。日本の人はせえへん。怖がってせえへん。心がちっちゃいもん、んはっはっは。……今でもうちの息子ら反対するもん。『こわれるからやめとけやめとけ』いうて。それでもな、じぇったい金ね、たまりませんよ。金使うときに貸してもらわれへんで。誰に貸してもらうの今頃。こんなおばあちゃんに貸してくれませんよ。よっぽど信用なかったら」「銀行は仕事とか見るでしょ。仕事不安やったら、『ほしょにん（保証人）立て』とかいうでしょ。うちみたい（夫が）仕事してなかったら、家担保とられるし。……そら（政治活動ばかりして）うちのおとさん働かんから、

（中略）そんなせんと子供七人どうやって食わす？」。

生活史を語ってくれた八〇代から四〇代の彼女たちの多くは、「女である」がゆえに教育の機会を与えられず文字を持つ余裕のない生活を送ってきた。そんな日常のなかで、面倒な手続きや書類作成の必要のない「頼母子」は、生活の基盤を維持するために人びとが創りあげてきた共同性であった。しかしそこでは、世話役である親が集めた金を踏み倒し「パンク（破産）」する危険性を常に伴う。親戚だろうと知り合いだろうと、持ち逃げされれば誰も助けてくれない、助ける余裕などない。そんな緊張関係が「食った親」への制裁を生むこともあったという。しかし、彼女たちをそこまで追い立てたのは国家や資本である。直接相手に「怒り」をぶつけるしかない制裁とは、できる範囲での国家や資本にたいする「憤り」の表明ともいえよう。ただ、こうした緊張関係が日常生活の人間関係にも影響を及ぼし、細かな軋みの蓄積が人びとを封じ込めてきた共通の力への目をずらす。さらに、「子供を育てるために」「主人を手伝って」という理由付けによって不可視にされてきた、在日朝鮮人の女たちの労働への正当な評価を度外視させることも指摘されよう。

誰しも、一度や二度「食われた」経験がある。そんな「こわさ」と隣合わせながらなお次の「頼母子」を組む。「お蔭で、家持てたしね。したら、今度は自分、お金ちょと持ってたら、他の人困ってたら、また頼母子したげよかなてなりますねん」。属性など頼りにならないところで、彼女たちを結びつけてきたのは「信用」一つである。「ねさん（姐さん）」と互いに呼び合うことで、いったん出身地・南／北・合法／非合法といった相手の経歴は背後に押しやられる。そこでは、「国家の論理」も「資本の論理」も通用しない、「在日している」という事実に「信用」が組み合わされればいい。「頼母子」を語る彼女たちは、その語りによって、日常の生活過程のなかで「在日朝鮮人同士」だからというだけで互いに助け合う余裕など無いに等しい現実を闘ってきたことを示している。親戚・出身地域・国籍・民族といった、「自然さ」を装った重層的な分節化によるカテゴリーのどこにも甘えていられない。それゆえ、「頼母子」とは、「在日朝鮮人」として、「女」として分節されることによって、差異化のメカニズムのなかでより強力に排除されてきた人びとが生成してきた、運動体とは異なる即興的創発的な共同性による闘いであるといえよう。こうした共同性は、朝鮮の契が「頼母子」という名に変わって維持されきた「伝統」の様相を見せてはいる。しかし、それは、限定された生活環境のなかで、人びとが過去の知恵を再構成し、現実の生活に対処するための一つの戦略だったといえよう。こうした微細な生活実践の場のなかで、柔軟な紐帯が結ばれ、個々人の事情が編み込まれ、個々が抱く事情を察するなかで生成する互助の創発性・即興性は、その時その場で個々が向き合う現実に対処する力となってきた。

四　紡がれる「在日」像——結びに代えて

「在日」の多様性が設定されるとき、在日朝鮮人を日本人と異なる文化をもつ存在として政治や社会問題とは切り離して論じる場合がある。しかし、果たして文化を政治や経済や社会問題を構成する権力の問題と切り離すことはいかにして可能だろうか。日本人という「こちら」側と在日朝鮮人という

「向こう」側を設定してきた暴力性を抜きにして語ることは、在日朝鮮人を一元化してきた日本社会の差別と排除のシステムを見えにくくする。このことを踏まえたうえで、「在日」の多様性を検討していく必要があろう。

本論は、歴史的な構造化の力に翻弄されながらも、日常の現実に対処するなかで即興的で創発的な生活実践に着目することで、日々営まれて行く生活世界から歴史や社会を捉え直す可能性を試みたものである。日本国内に限定されえず国境を越えて形成されてきた人びとの営みのなかで紡がれる「在日」像は、これまでもそして現在も多様である。個々人の生活には、行為の判断基準や身のふるまい方、そして法や制度など、様々な権力が微細に入り込んでいる。そうした権力作用のなかで紡がれている多様な「在日」像は、支配や全体化の力へ対処するなかで生成し再編されていくものであり、担い手を範型化し概念化する力をずらしていく。

人びとが繰り広げる日常の微細な生活実践は、細分化し配分し秩序づける構造化の力からみれば、曖昧であり雑多であり一貫性のないものである。しかし、それは個人的で閉鎖的なものではなく、担う個々の多様な在り方を示すことによって他者に開かれている。そこでの個々の経験は特化されえず、さまざまに繋がる思いや判断、構えそして実感を振起していく。それゆえ、その時その場の現実を柔軟に捉え、身近な繋がりを巧みに活用・再編し、軋みやずれや不協和音を生み出しながら集ったり離れたりして培ってきた秩序への違和感・こだわり・構えが、縒りあわされるなかで生活を営む力が生成されている。こうした営みは、「向こう」側の世界のなかに閉じられたものなのではなく、今を生きる私たちに響く、完全に構造化されえない主体化の可能性を呈示しているといえよう。

註

（1）李　二〇〇〇：一五八—一五九。
（2）杉原　一九九八：三〇—三一。
（3）この事件は、戦後最大の虐殺事件ともいわれ、韓国の歴史のなかで長く隠蔽されてきた。一九八七年に全斗煥軍事政権が終わった後、少しずつ事件解明の動きが可能になってきた。しかし、東アジアの冷戦構造のなかで起きた四・三事件の影響は、済州島の人々の生活を様々な形で規定してきた。詳しくは、（「済民日報」四・三取材班　一九九四—一九九七、金成禮　一九九八）を参照のこと。
（4）一九五二年サンフランシスコ講和条約で一方的に日本国籍を剥奪された在日朝鮮人のなかで、四五年九月二日以前から引き続き日本に居住する者とその子孫で五二年四月二八日までに生まれた者（法一二六号とその子）のみ在留資格を保留された。その後、六五年日韓条約において、外国人登録証の「国籍」欄を「韓国」と記載する者は五年以内に協定永住権が与えられることになった。八一年に協定永住以外の人に特例永住が与えられ、九一年日韓会談によってそれまで保留にされていた協定永住三世の在留権についても永住許可が与えられ、すべての永住権が特別永住という名称で一本化された。
（5）「頼母子」の方法を私が聞いた例で紹介しよう。世話役の親と子九人で一〇人いるとする。一人一口、一〇回かけて一口掛け金一万円とする。最初は親が無利子で一〇万円受け取る。次回からは個々の事情を照らし合わせながら入札制で親を除いた九人のなかで一番高い利子を入れた人が落札する。Aさんが二千円利子をつけ落札し一〇万円受け取る。次回からAさんは一回一万二千円払い続ける。次のBさんが利子を千円つけると、Bさんは最初の設定金額一万円×九人分＋一万二千円（Aさん）＝一〇万二千円をもらい、次回から一万千円ずつ払い続ける。最後の人が一番多額を受け取れる。

引用文献

李順愛『二世の起源と「戦後思想」——在日・女性・民族』平凡社、二〇〇〇年。

伊地知紀子「日常の生活実践誌——韓国近現代と済州島の経験から」小林孝行編『変貌する現代韓国社会』世界思想社、二〇〇〇年。

——『生活世界の創造と実践——韓国・済州島の生活誌から』御茶の水書房、二〇〇〇年。

鄭暎恵「開かれた家族に向かって」『女性学年報』一五号、一九九四年。

金成禮（伊地知紀子訳）「韓国　近代への喪章」『現代思想』vol. 26-7、青土社、一九九八年（金成禮、"Mourning Korean Modernity : Violence and The Memory of the Chejeu Uprising" 1998)。

杉原達『越境する民—近代大阪の朝鮮人史研究』新幹社、一九九八年。

「済民日報」四・三取材班『済州島四・三事件』第一巻・第二巻・第三巻・第四巻、金重明・朴郷丘・文京洙・文純実訳、新幹社、一九九四・一九九五・一九九六・一九九七年（「済民日報」四・三取材班、『四・三は語る』第一巻・第二巻・第三巻・第四巻、伝芸苑、一九九四・一九九五・一九九七年）。

帰属意識二重化の可能性

【「在日」若い世代の聞き取りから】

福岡安則

女子学生からのメール

二〇〇〇年の秋、ある女子学生からEメールをもらった。

ごぶさたしてます。先生は夏休みいかがでしたか。私はといえば、台湾に帰ってきました。普段、日本にいると故郷、って思わないいんですけど、やっぱり台湾に帰ると、どこかで故郷だなっていう気になりますね。大学で中国語習った甲斐あってか、少しは以前よりコミュニケーションできた気がします。妹とふたりで買物もできるようになったし、カフェに入ることもできたし。嬉しいですね。

ところで、ちょっとした?悩みなんですが……。授業で言ってから、周囲に大きな変化はないと思うんですけど、精神的にかなりの変化があるんです。あの講義以外はいまだに言えなくて、う〜う〜言って悩んでます。以前だったら、日本人のフリして生きているんだろうけど、講義を受けたいま、それができないんですね。かといって、私をよく知っている（っていえるのかな？）人の前では言う気も言う勇気もなくて……。価値観などが違って上手にコミュニケーションできず、人間関係に悩んだりすることもあるので、さっぱりと言って、「だから違うんだよ、わかってよ！」って言ったほうが楽なんでしょうかねぇ。

別に、授業を否定しているわけじゃないですよ。ただ、あの講義を受けてから、在日であることを真剣に考えるようになったんですが、まだ始まりなんで、出口が見えないんです。あせってもしょうがないんで、ゆっくりと考えますけどね。やっぱり、苦しいなぁという気持ちになりますね。

久々なのに、暗くなってしまってごめんなさい。また、なにかあったら連絡します。

この年の前期に、私は都内のある女子大学で非常勤講師をした。授業科目名は「差別と共生の社会学」。受講生はおよそ五〇名。最初のほうの授業で学生たちに書いてもらったレポートには、「被差別部落出身の人も在日韓国・朝鮮人も、いままで私は出会ったことはありません。差別を受けている人を可哀そうと思うし、差別をしている人たちはひどいとは思っているのですが……」といった表現が目についた。だが、じっさいには、そのクラスに在日韓国人が二人、在日台湾人が一人、出席していた。彼女たちは、授業の後半で私の書いた本の読書レポートを発表するときに、みずからの出自をみんなの前で表明した。前述のメールで「授業で言った」とあるのは、そのことをさしている。

「授業を受けたあと、出口が見えない」とメールで書いてきた学生に、これといって私がなにかしてやれることはない。だが、彼女が自分の思いを語るのに耳を傾けることならできる。「出口探し」に役立つと確信をもっていえるわけではないが、結局、彼女から聞き取りをさせてもらうことになった。これがきっかけとなり、私はほぼ十年ぶりに、在日の若者たちからの聞き取りを再開した。

メールをくれた在日台湾人——帰化をしているから台湾系日本人というべきか——の学生は、菊川芳美（きくかわよしみ）。かつての民族名は、蔡明芳（ツァイ・ミンファン）。一九七九年、東京生まれ。聞き取り時点（二〇〇〇年一〇月一六日）で二〇歳、大学三年生。

在日韓国人の学生のひとりは、宮下智世（みやしたともよ）、本名、李智世（イ・チセ）。「韓国籍」で、在留資格は「永住」。一九七八年、東京生まれ。聞き取り時点（二〇〇〇年一一月二〇日）で二一歳、大学四年生。

もうひとりの在日韓国人学生は、金藤浩美（かねふじひろみ）、本名は金浩美（キム・ホミ）。「韓国籍」で、在留資格は「特別永住」。一九七九年、山陽地方の生まれ。聞き取り時点（二〇〇一年一月一五日）で二一歳。大学四年生。

また、本年（二〇〇二年）の埼玉大学での共通教育の授業「現代社会論」では、やはり五〇名強のクラスのなかに、在日韓国人三世の男子学生が一人、「中国引揚者等子女特別選抜」により入学してきた女子学生が一人いた。在日韓国人学生は、聞き取りはさせてもらったが、残念ながらデータ使用の最終的な許可を得られなかったので、ここでは言及できない。「中国帰国」の学生は、中国名が王玲（ワン・リン）、日本名が木内玲子（きうちれいこ）。彼女は、一九八一年、中国黒龍江省生まれ。母方の祖母が「中国残留婦人」であり、一九九六年九月、一五歳のときに、両親と一緒に来日。国籍は「中国」。当初は「定住」ビザだったが、いまは「永住」ビザである。聞き取り時点（二〇〇二年七月六日）で二〇歳、大学一年生。——なお、語り手の名前は、プライバシーの問題を考慮し、本人たちとも相談のうえ、すべて仮名に変えてある。

私は一九八八年から九〇年代はじめにかけて、韓国籍・朝鮮籍・日本国籍の在日コリアンの若者たち一五〇名あまりから生活史の聞き取りをさせてもらった。そのときの調査のファインディングズは、大きくいって二つ、在日コリアンの若者たちの大多数が、多かれ少なかれ被差別の体験をし、日本人の偏見のまなざしを感じとり、そしてアイデンティティの葛藤を体験しているということと、われわれはえてして、一口に「在日韓国・朝鮮人」と言ってしまいがちだが、在日コリアンの若者たちのアイデンティティのありようはじつに多様化している、ということであった。それを私は『在日韓国・朝鮮人』（中公新書、一九九三）などにまとめた。そのときの調査に比べれば、今回の聞き取りはまだほんの数人。在日の若者たちのアイデンティティの全体的状況はかくかくしかじかだなどとはなにも言えないが、それでも、このかんの十数年の時間の経過がわれわれになにをもたらしつつあるかの予兆のようなものを記述することはできるかもしれない。

少しずつは変わる／少ししか変わらない

私は聞き取りをしていて、世の中って少しずつは変わるが少ししか変わらないという実感をいだく。たとえば、在日コリアンをめぐる就職差別の状況に、それがあらわれている。

宮下智世の父は、一九四三年に東京で生まれている。大学を卒業したあと就いた仕事は、「カバン職人」を継ぐことであった。金藤浩美の父も在日二世で一九五三年生まれ、一流大学を卒業しているが、就職差別にあっている。「お父さん、就職するときに、一年間アメリカに行ってて、英語もペラペラしゃべれるようになっていたし、国際的な仕事に就きたいと思って、貿易会社の最終面接まで行ったらしいんですけど、そこで、国籍のことを言われて、落とされたみたい」。結局、父は、見合いで結婚した後、義父のパチンコ店の経営を継いだ。

一九八八年からの調査のときには、一流大学を卒業して一流企業に本名で就職している在日コリアンの青年たち何人かに出会った。その一方で、強烈な就職差別に直面した女性からの語りも聞いた。宗美栄子（チョン・ミヨンジャ）は一九六三年生まれの在日三世。大学を卒業後、韓国領事館で総領事秘書を務めたあと、宗田美栄子の通名で日本企業への再就職をはかった。「外交官秘書をやってたというと、けっこう高く見てくれるんですよね。でも、国籍が違うって言うと、ことごとく断られて……。二〇ぐらい受けたのが全部ダメでした。本籍欄に『韓国』って書いたのは、全部戻ってきちゃいました。あと半分、本籍を『京都』ってしといたのは、全部通って面接。しかし、最後は、『うちの会社は、外国人は採らない。きみはすごくいいんだけど、日本人じゃないからね』」(『ほんとうの私を求めて』新幹社、一九九二)。

今回聞き取りの一九七九年生まれの金藤浩美自身はといえば、就職活動についてこう語った。「父から『いまでも就職差別は残っている。だから、やれるだけやって、それでダメだったら、花嫁修業でもいいし、韓国に留学に行ってみるのもいいんじゃないか。ダメならダメでいいから、やってみろ』っていう感じで言われて。私も、まぁ気楽に……。どんどん受けるつもりだったんですけど、けっこう早く決まりました」。私が尋ねる、「面接で対応が差別的だったところはなかった？」「なかったですけど、でも、本籍の欄があるじゃないですか、エントリーシートに。私は本籍は生まれ育ったA県だと思ってて、最初は『A県』って書いて出してたんです。で、おなじ時期に就職活動してるイトコに、『本籍は韓国だよ』って言われて、えっ、そうなの、って感じで、そこから『韓国』って書き始めたんですよ。で、『A県』って書いたのは、とりあえずぜんぶ書類選考通ったんですよ、五つぐらい。でも、『韓国』って書いたのは、おなじ数ぐらいだったと思いますけど、まったく戻ってこなかった」。私がつっこむ、「それは、明らかに差別だよね」。彼女いわく、「差別ですかぁ。でも、たまたまってこともあるかも」。

大学の授業で、差別なんてもうないんでしょという意見を表明する学生を前にすると、私は、世の中そんなに甘くないよ、本籍欄に「韓国」と書いただけで書類選考をはねてしまう会社の人事がいっぱいいるんだから、と言いたくなる。ぎゃくに、どんなに差別をなくそうとしても差別はなくなりっこないと無力感を表明する学生を前にすると、私は、世の中そんなに捨てたものじゃないよ、十年ちょっと前には日本人じゃないとわかるとお断りと言っていた企業の人事も、書類段階はともかく、面接した時点で日本人じゃないとわかっても門前払いをしないぐらいには、マシになってきてるわけだから、と言いたくなる。

オールドカマー

前回の聞き取り調査は、私が勤務していた千葉県立衛生短大の卒業生・在学生から始めた。一学年二二〇名のなかに、たまたま毎年一名ずつ、韓国籍もしくは朝鮮籍、日本国籍の在日コリアンがいた。今回はまだ本格的な調査を始めたとはいえないが、私の目の前に登場してくる〈在日〉は、韓国・朝鮮人にかぎらない。彼女たちからの聞き取りのごくごく概略を、祖父母、父母、もしくは本人の「来日」の古い順に、紹介していこう。

オールドカマー／ニューカマーという分類を適用すれば、金藤浩美（金浩美）は、オールドカマーにあたる。父方・母方とも祖父が、植民地支配下の朝鮮から渡日。祖母はふたりとも日本生まれの二世だ。「パチンコ屋の二階」に住んでいたので、もの心ついたときから自分が在日韓国人と知っていた。彼女が在日であることにはじめて違和感をおぼえたのは、小学校入学後だ。「一年生のとき、私は自分が韓国人ていうのをかっこいいことだと思ってて（笑い）、クラスの友だちに言ったら、『あっ、韓国人だぁ』とかって指差されはじめた」。転校先の小学校でも「いじめ」を受けたが、中高一貫の女子校ではのびのび過ごせた。

浩美が「差別と共生の社会学」の授業でのレポートで繰り返し書いてきたのは、「恋愛と結婚」の問題である。「私は小さなころから、親には『あなたは韓国人と結婚するのよ』と言われてきました。しかし、私はいままで数人の人とお付き合いをしてきましたが、在日の人とたまたま出会うことなど滅多にないので、その人たちはみんな日本人です。私は在日であることを隠すつもりはないので、また、間接的に伝わるのが嫌なので、自分から告げてきました」。

しかし、日本人の男性たちはあまりにも無理解だ。聞き取りで彼女はこう語る。「『言ってないことがあるんだけど』っていう感じで言ったんですよ。でも、言ったとたんに、『エッ』とか言って、『でも、そんなの気にせんから』って。なんか、すごい、もう、動揺を隠しきれてなくて、あっ、動揺してる、って思って〔笑い〕。『そんなの関係ないよ』とか、すごい連発。そのあとはもう、その話はいっさいむこうからしてこないし。なんか、聞いちゃいけない、触れちゃいけないと思ってるっぽくて。——最初にそういう感じだと、やっぱり、なにかがひっかかりますね。なんか、さみしいっていうか、ここまで、っていうか」。レポートではこう書く。「『お母さんが、韓国人嫌いって言ってたよ』『俺のお母さんに話したら、いい顔してなくて、付き合うのを少し反対してた』などと聞いたこともあります。先のことを考えると、本当に怖いです。不安です」。

恋愛と結婚での不安はともかく、聞き取りでの浩美の印象はひじょうに明るいものであった。それは、彼女のアイデンティティの核が安定していて、「私は在日韓国人であることを恥ずかしいと思わない」と言いきれるところに由来しているように思われる。「私は小さいころから、親に『あなたは韓国人なのよ』と言われ、育てられてきました。そのせいか、いままで自分が韓国人であることを嫌だなんて思ったことはありません。韓国特有の行事や食べ物など大好きだし、韓国人であることを誇りに思っています。私は、いま、両親、特に母の私たちに対する育て方に感謝しています。韓国人であるということにマイナスのイメージを持つことなく生きてこれたし、これからもそれはきっと変わることはないと思うからです」。

「ふだんの生活のなかで、自分自身を何者だと感じてる？」という私の質問に、彼女は「在日韓国人」と言いきった。彼女が自分は「在日韓国人」だと言うとき、彼女の心のなかでは、「日本人」にたいしても、「本国の韓国人」にたいしても、一定の距離感があるようだ。「日本人の人が考えてみたこともないことをいままで持ってきたというか、なんか、生き方の部分でまったく違うと思う」。一方、「韓国に行ったときに、言葉が通じないし、ヘェーって気づくことも、すっごいいっぱいあったし。だから、やっぱり、韓国人でもない」。同時に彼女は、日本人との共通性を感じ、韓国に親近感を感じている。「ふだん生活してるとき、まわりがみんな日本人じゃないですか。私自身、自分が日本人っていう気になってるのかもしれない」。「韓国へは二回しか行ったことないけど、親近感というか、なんか自分の国っていう感じもする」。

済州島から「密航」で

宮下智世〔李智世〕は、父が在日二世、母が在日一世だ。智世のもつ外登証に記載されている在留資格は、なぜ「特別永住」ではなくて「永住」なのか。

聞き手　在日何世ですかって聞かれたら、どう答える？

智世　「二・五世もしくは三世」とか言ってます。うちの父は〔一九四三年に〕日本で生まれて、一度〔済州島に〕帰ってきたって言ったかな。それで、小学校四年生ぐらいで〔ふたたび日本に〕来て。言葉も知らないで。で、そのまんま小・中・高・大と日本で育ってるんですよ。母は、生まれも育ちも学校も、ずっとソウルで。で、結婚して日本に来た。

聞き手　ハラボジは、いつ日本に来てる？

智世　詳しくは知らない。カバンを作る職人をしてました。ハルモニは八三ですね。済州島で海女さんをやってて、二〇歳で結婚って言ってた。

聞き手　お父さんのきょうだいは？

智世　お姉さんがいて、父がいて、弟、弟。

聞き手　どこで生まれてる？

智世　伯母さんは、たぶん韓国で。父は日本。叔父さんたちは、たぶん韓国だと思います。

聞き手　そうすると、アボジが小学校四年生ぐらいでもう一度日本に来たというのは、密航で来てるね？

智世　ああ、そう言ってた気がします。むかぁーし、ちっちゃいときに、ちらりと聞いたので、なんか、船の底みたいな……

一九四八年の「済州島四・三蜂起」への弾圧を逃れて日本に「密航」してきた島民が多数いたと聞く。李家の人びとの「密航」は一九五三年ごろだ。それが「四・三蜂起」にからむものかどうかまではわからない。ただ、ある時点で法務局に「出頭」し、「特別在留許可」を得、のちに「永住」資格を申請して、こんにちに至っていることは確かだ。そして、一九四九年ソウル生まれの智世の母が結婚によって在日の仲間入りをしたのは、七四年、二五歳のときだ。

智世も、在日韓国人であるというアイデンティティにおいて安定している。彼女もまた、もの心ついたときから自分が在日韓国人であると知っていた。「母方の親戚が韓国にいて、小さいころから毎年のように韓国に遊びに行っていました。私たち家族が遊びにいくと、親戚が大勢集まり、私たちをもてなしてくれました。私にとって韓国は楽しく、面白い場所であり、毎年楽しみでした。私が韓国に対してあまりマイナスイメージを持たないのは、韓国にいるハルモニをはじめとする人びとのおかげであると、いま思うことができます」。だから、智世は、通名を使っていても、「小・中・高・大と、自分が韓国人であることを隠そうとしたことはなかった」という。

大学卒業後の一年間、智世はソウルに語学留学をした。「韓国留学をして本当によかった」と、彼女はメールで書いてきた。「在日韓国人」であることに変わりはないが、その「韓国人」の部分が強まったという。

台湾からのニューカマー

菊川芳美は、在日台湾人二世である。「母方の祖父が医者で、日本にあらかじめ来てて、母といちばん下の妹が日本に……。それ、つい最近知って、もうビックリ、って感じなんですけど。写真みてて、一九七七年の日付で、『日本に行くとき』の写真とかっていうの見て、あっ、私の生まれる二年前なんだ、って」。一九四九年台湾生まれの父も、「日本に留学しに来て、有名大学の修士を取って、そのまま日本の会社に就職」していた。ふたりは「見合い」で結婚。

帰化をしたのは、芳美が幼稚園の「年中さん」だったとき。その日を境に「サイメイホウ」から「よしみちゃん」に名前が変わった。彼女が差別を体験するのは、小学校にあがってからだ。「授業参観のとき、やっぱ、母のしゃべりかたが違うから、それで、ガーッて広まっちゃって。『日本人じゃないからぁ』とかいろいろ。エッて思ってるあいだに、ひとりはずれちゃって。六年間ずっとひとりだった」。

もうひとつ、戸籍の記載を見たことも、彼女にとってショックだった。「戸籍とかも、昔の名前はまったく消されないで、バツ印とか書かれてあるじゃないですか。〔小学校の〕低学年だったんですけど、それを知ったときに、すごいショックでしたね。ませてたんですけど、結婚するときとか、黙っても、戸籍みたらばれちゃうじゃないですか」。

都内から千葉県に引っ越した後の中学では「リセット」をめざす。しかし、自分では「黙って」いても、「〔うまくは〕いきませんでした。部活の連絡の電話にうちの親とかが出ちゃったりすると、話し方から違うから、『なんか変だよね』とかって言われて。で、しょうがないから、お父さんのほうが比較的まだ日本語がうまかったんですよ。だから、『ハーフなんだ』って。半分だと、そこまで差別されないから」。

私立の女子高では「のんびり」できた。とはいうものの、日本人になりすますために、彼女はそれなりの努力をしている。「そのくらいから、もう、電話が鳴ったら、私か妹がガーッて走って〔受話器を〕とるっていう習慣が〔笑い〕……」交際と結婚の問題では不安をいだいていたが、大学の学園祭で知りあった彼氏は、偶然にも、おなじ境遇だった。つまり、帰化をした台湾人だったのだ。

メールでは「出口が見えない」と書いてきた芳美だが、内面的なアイデンティティとしては揺れているわけではない。「〔自分をあらわす言葉で〕いちばん近いの？　単語じゃないけど、『日本人だけど、台湾人です』かな」。「ふだん日本にいると、祖国は日本って思うんですけど、台湾に帰ると、台湾も祖国だなぁって思う。『台湾に帰る』『日本に帰る』って、〔私にとって〕両方とも〔帰るところ〕」。

「中国帰国者」の私は「中国人」

木内玲子〔王玲〕は、授業中の最初のレポートを「出身地、中国。出身高校、長野県I高校。中国引揚者として入学しました」と書き始めていた。母方の祖母が「中国残留婦人」だったのだ。

一九二三年生まれの祖母は、二〇歳のとき、「満蒙開拓団」の一員として、夫と幼子とともに旧「満州」に渡った。夫の死亡、日本の敗戦。「二〇歳ぐらい差がある、すごく貧しい」中国人男性と子連れで再婚、四人の子が生まれた。文化大革命時には、「日本から持ってきた手紙と写真をぜんぶ捨てた」。

母は一九五七年生まれ。高校卒業後は看護婦として働いた。そして、人民解放軍兵士をへて警察官をしていた父と結婚。一九八一年に王玲が生まれた。「一人っ子政策」が始まっていたので、きょうだいはいない。小学校・中学校では、「みんなから『日本人のおばあちゃんがいてうらやましいなぁ』って言われた」。彼女の世代では、日本のイメージは「軍国主義の国」よりもむしろ「豊かな国」となっていたのだという。

一九九四年から九六年にかけて、祖母とその五人の子と家族たちはあいついで日本に「帰国」。王玲も、日本に来るとき、身元引受人によって「木内玲子」の日本名をつけてもらった。

玲子は、大学入学後、バイトの面接でこんな体験をしている。「『じつは、私は中国から来ました』って言ったら、『中国人はちょっと……』。申し訳ありません。そーゆー決まりなんです』って。ちょー、ショックでした」。採用が決まった店での面接では、こう言われたという。「これからどうせ帰化する、どうせ日本人と結婚するんでしょ。じゃ、日本人じゃん」と。こういう対応にも彼女はとまどう。というのも、彼女のアイデンティティは「中国人」だからだ。

授業中に彼女がレポートを発表してくれたときに、私が質問した、「玲子さんはナニジン？」答えは明快だった、「中国人です」。「帰化を考えてるようだけど?」「帰化したら、日本国籍をもった中国人になります」。

聞き取りで印象的だったのは、締めくくりの一連の言葉だった。「日本に帰れて、おばあちゃんは、いま幸せです」「お母さんは〔まだ日本語ができないけど〕幸せなおばあちゃんを見て、幸せそう」「私も幸せです。ちょっと就職と結婚が心配だけど」「お父さんは、あんまり幸せじゃない。〔日本語ができず〕さみしそう。毎日、釣りに行ってる」

予兆

ごく少数の聞き取り事例から言えることは、私がいずれ本格的な調査を実施するときの導きの糸となりうるようなある種の予兆にすぎない。

ひとつは、〈在日〉をうみだす歴史性、をどう読み解いていくのか。李智世の一家などをみると、彼ら/彼女らの存在を、植民地支配という歴史的経緯にもとづく敗戦前からの「オールドカマー」と、今日的なグローバルな経済格差が動因となった「ニューカマー」とに、そうそう単純にカテゴリー分けができるわけではないことがわかる。あるいはまた、木内玲子の一家などをみると、「中国からの引揚」は、「中国残留日本人問題」の終わりかもしれないが、新たな「在日問題」の始まりでもあることは、明らかなように思われる。

もうひとつは、〈在日〉の若者たちの語りにうかがわれた「帰属意識の二重化」のもつ可能性である。〈在日〉は、これまで、日本人でもなければ○○人でもないものとして特徴づけられてきた。しかし、語りから滲み出してくるのは、日本は好き、○○も大事、という二重化された帰属意識である。——これまでは、日本における国籍をめぐる法意識も日常意識も、単一帰属を要求するものであったように思われる。しかし、二重帰属をそのまま認めたら、なにかいけないことでもあるのだろうか。

授業で、思わず、私はこうしゃべっていた。「公務員の採用に国籍条項があるのは当然と言い、選挙権がほしければ帰化をすればいいと言う人たちは、その前提として、国籍の帰属はただ一つでなければならないと考えている。そして、そのまた前提にあるのは、二重国籍が認められないのは、いつか戦争が起きたときにどっちにつくかはっきりしない存在は困る、ということだ。しかし、二重国籍者というのは、絶対に戦争が起きては困る人たちのことだ。好きな国どうしが戦争をしては困る。そういう人たちが増えることは、平和憲法に適合的だ。〈在日〉の若い人たちから聞き取りしてると、これからは二重国籍を認めていくべきだと、ぼくなんかは思うね」。——このアドリブに対して、学生たちの多くが「納得」「賛成」という感想文を寄せてくれ、私は私の思いつきに満足している。

在日朝鮮人教育と国際理解教育のはざま

宋英子

在日朝鮮人教育が進展する予感

「南北首脳が歴史的握手　分断五五年初の会談へ」[1]の見出しが紙面を飾り、「南北の自主的統一」「金正日総書記のソウル訪問」「離散家族問題の取り組み」「当局間対話の開催」等を内容とする南北共同宣言は、二〇〇〇年六月一五日付けで署名された。この南北共同宣言を受け、当然であるかのように、多くの在日朝鮮人が暮らす大阪市生野区のコリアタウンが登場し、そこに住む在日朝鮮人によって過去の記憶が語られた。筆者は、在日朝鮮人教育においても何かが動くのではないかと予感した。

確かに南北共同宣言以後、シドニー五輪開会式での南北初の同時入場行進（二〇〇〇年九月）、ワールドカップでの日韓共同応援（二〇〇二年六月）があり、民族学校同士の交流授業、子どもによるサッカーの国際交流等が盛んに行われるようになった。ただ、外国人学校卒業生への大学受験資格が緩和される等の動きはあったものの、在日外国人に対する民族的偏見や差別意識は根強く、本名（民族名）を名のることが困難な状況は依然として存在し、中国残留孤児の親族として家族とともに来日した子どもの強制退去[2]に至っては、夏季休業中にも行われるという事態が起こっている。

筆者がこの共同宣言の報道から記憶を遡らせたのは一九七二年の「七・四南北朝鮮自主的平和統一共同声明」である。この声明は、大阪市内公立学校で民族学級が設置される原動力ともなり、積極的に在日朝鮮人教育が推進される契機ともなった。

大阪において在日朝鮮人教育と国際理解教育の取り組みが行われているにもかかわらず、絶えず揺れながら生きているのは、在日朝鮮人の子どもであり、帰国・来日等の子どもである。本稿では、特に在日朝鮮人の子どもの教育問題にふれながら、今日まで取り残してきた教育課題について提起したい。なお、筆者がいう在日朝鮮人教育という名称は、南北が分断されている状況の中で、日本の公教育という教育現場の中で生きる在日朝鮮人の子どもに対し、民族の自覚と誇りを育む教育のことであり、日本人の子どもが朝鮮を正しく理解し、尊重するとともに、民族としてのちがいを認め、ともに生きようとする人権感覚を育む教育のことである。「韓国」「朝鮮」の国籍をもつ在日外国人を総称して在日朝鮮人と表記することを予め断っておく。

「非行」「越境」「告発」「宣言」

日本教職員組合教育研究全国集会は、日教組の教育に関する研究集会であり、今日的な教育課題のリポートを中心に、教育実践の交流と討論が行われる。一九五一年一一月一〇日・一一日の両日、日光市で第一次大会が開催されて以降、二〇〇四年一月には埼玉県で第五三次大会が開催されている。在日朝鮮人の教育問題が提起されるのは高知の第二次大会からである。[3]

一九五〇年当初、大阪における在日朝鮮人の子どもの教育問題は「非行」と、日本人の子どもの「越境通学の増加」という形で顕在化してきた。[4]「非行」で荒れる学校、校区に被差別部落や朝鮮人多住地域をもつ学校への通学を避け、公立学校の中でも進学校や名門校と称される学校に就学させる越境通学が増加する。越境通学を多く出した平野川沿いの生野・東成区を中心とする各学校での朝鮮人の子どもの在籍率は高まり、公立学校で朝鮮人の子どもが日本人の子どもよりも多く在学するという現象が起こる。

このような教育の本質を厳しく指摘し、その是正の措置を要請したのは、部落解放同盟大阪府連を中心とする運動であり、在日朝鮮人の子どもによる「告発」である。[5] 特に、この「告発」は、「越境通学の増加」や私立高校入学差別に対し行われている。当時、私立高校入学の差別的制限は普通の状態であり、日本国籍者に限る、日本人の子どもより何割かの成績上位者、日本人の子どもとのセット入学、入学金の増額といったことが平然と行われていた。また、公立高校においても、合格得点は日本人の子どもの何割かの上位者であった。このような入学差別の実態があるにもかかわらず、問題提起や差別撤廃の動きはなく、在日朝鮮人の子どもの進路は、公立高校や定時制高校、進学を諦めて就職希望といった傾向が一般的であった。

大阪市の教育史をみる限り、在日朝鮮人の子どもの教育問題は放置され続けてきたといわざるを得ない状況である。また、この時期、高度経済成長政策が開始される時期と重なり、教育政策として教育課程の改訂、能力・特性に応じた教育が要請される。この教育政策も在日朝鮮人の子ども抜きの教育政策であり、大阪市内の都心部や文教地区にある進学校や名門校への越境通学を激化させた。

在日朝鮮人の子どもの私立高校入学差別への「告発」は、差別撤廃運動へと展開し、結果、私立高校は朝鮮人の進学への門戸を開放していくという一定の成果を生み出す。在日朝鮮人の子どもが、偏見・蔑視や差別意識、差別的処遇等に晒されながら生きる状況にあって、教師が在日朝鮮人の子どもに対し、民族的アイデンティティをことさら強調するのはある意味で避けられない選択であったように思う。民族的アイデンティティの強調は、「宣言」という形で現れる。

一九七〇年代当初、筆者が居住していた大阪市西成区では、在日中国人保母の職場復帰問題（私立保育所の公立移管に伴う解雇問題）があり、大阪市立長橋小学校の民族学級問題[6]があり、部落解放と民族解放の共同闘争の渦中にあった。当時、西成支部は約一万世帯、三万五千人という人口を抱える都市部落であり、その約二〇％は在日朝鮮人が占める混住地域であった。そのため、西成支部にあっては、在日朝鮮人問題は部落解放運動と切り離して考えることができず、共同闘争は、西成支部が部落解放と民族解放を勝ち取るため、大阪府連第二〇回大会運動方針を受けて展開された典型でもある。

筆者は、この運動の渦中にあった長橋小学校の隣の校区に居住しながらも、日本人の鎧で身を固めながらこの光景の外部に所属し、「朝鮮人が騒いでいる」という噂を耳にする以外、見聞きすることを避けていたように記憶している。

この小学校では、被差別の立場におかれている保護者や子どもの要求と願いを捉え、生活の現実を見据えた部落解放教育が取り組まれていた。民族学級設置要求が高まる背景として、一九七一年四月の児童会執行部選挙で「朝鮮人宣言」した五年生の子どもによる「朝鮮人差別の問題」や「補充学級のあり方」への問題提起、また、一九七二年の「七・四南北朝鮮自主的平和統一共同声明」が挙げられる。この共同声明は、「統一して晴れて祖国へ帰る」「目前にさし迫った統一」「祖国統一までの辛抱」といったスローガンに代表される「祖国統一」への幻想が現実のものであるかのような印象を在日社会に与えてきた。

教職員は教育実践の中で、在籍する朝鮮人の子どもの学習権の保障は、彼らの民族教育を保障することであり、民族の言葉や文字を知り、歴史や地理、文化を知ることをはばまれ、日々日本人社会への同化を強いられていることこそが、民族差別そのものであることを明らかにした。

一九七二年一一月二一日、民族学級は開校式を迎える。しかし、民族講師の国籍問題と在日朝鮮人の子どもの教育に対する施策の問題から、民族講師が引き上げざるを得ない状況に追い込まれる。在籍する在日朝鮮人の子どもが、民族学級という形で在日の共同体を組織し、人権の主体として民族意識を覚醒するとき、南北の政治的対立とイデオロギーは、巧みな方法で在日の共同体をあたかも抗争と葛藤の場であるかのように想起させてしまう。そのため当時の新聞は、「大韓民国居留民団大阪地方本部を通じて、駐大阪総領事館は北朝鮮系の講師が韓国籍の子弟を教えるのは好ましくない、と判断していることを聞き、対立する一方が反対することは強行できないと考え中止に踏み切った」「南北朝鮮の自主的統一という理想も、深刻な対立の現実の壁にぶつかったかたち」と報じた。[7]

民族学級が再開されたのは、一九七三年九月のことである。民族学級は、在日朝鮮人の子どもと日本人の子ども、教職員の意識や感覚を変革した。在日朝鮮人の子どもが自らを肯定的に受け止め、自己規定する過程は、保護者にとっても「在日の共同記憶」を覚醒し、自らの民族を獲得する過程でもある。呼び戻される「在日の共同記憶」とは、一九四八年の阪神教育闘争の記憶[8]である。阪神教育闘争における教育の弾圧と民族への差別と抑圧等の記憶が強ければ強いほど、その反応として、阪神教育闘争の記憶は「在日の共同記憶」として強調される。長橋小学校で学ぶ子どもの保護者や民族講師の中には、阪神教育闘争時、弾圧により教育を奪われた子どもがいる。

一九七五年以降の在日朝鮮人教育は、研究および運動団体による共闘[9]もあり、在日朝鮮人の子どもと保護者が自らの民族意識を覚醒し、民族名を取り戻し、在日朝鮮人内部の結束を強化するかのように展開されてきた。児童会役員選挙の演説会での「朝鮮人宣言」や「本名宣言」は、在日朝鮮人教育の実践の中ではある種の特異なケースとでもいえよう。「宣言」という形で自らが何者であるのかを表明した子どもが人権の主体者として立ち上がり、教師と周りの日本人の意識を変えるだけではなく、民族と出会え、自らのアイデンティティを形成できる場を要求するようになるからである。

「今、紹介にあずかりましたNです。どうぞよろしくお願いします。私がなぜ立候補したかというと、私は朝鮮人です。でも、この学校をよくしたい、立派な学校にしたいという気持ちは日本人のだれにも負けません。私の姉が選挙運動に回っていて、ある人から『朝鮮人！』と言われ差別されました。でも、私たち姉妹は絶対にくじけません。この学校を差別のない立派な学校にしていきたいと思います。どうか書記にはNに清き一票をお願いします。」

児童会役員選挙の演説会で、書記に立候補した五年のN子の「朝鮮人宣言」である。N子の演説内容には、『朝鮮人！』と言われ差別された」「この学校を差別のない学校にしたい」等、明らかな主張をもって語られた。ある教師が「彼女、トップ当選や。今まで教師していて朝鮮人宣言した子どもは初めてや。彼女、ようやりやったなぁ。」と語っていたが、ここに登場する教師のように、単にN子の気持ちを了解し賛同するだけで、この宣言内容を誠意をもって理解したといえるだろうか。N子の輝きを真に了解したといえるのだろうか。

この「朝鮮人宣言」を機に、N子は、民族の言葉や生活様式、自分が何者であるのかをまわりの日本人にも語り始めた。しかし、彼女は、自分の身を固めるある種の鎧を全く捨てたわけではない。日本人のまなざしと在籍する在日朝鮮人のまなざしを意識するが故に、学級の中に自分の居場所を見失うときがある。N子の「朝鮮人宣言」は、居場所を求める発言に変わる。

「先生、この学校には私ら姉妹の他にも朝鮮人がおるんやろ。私らが集まって、朝鮮の勉強ができるようにしてほしい。」

現在この学校には民族学級が開設され、在日朝鮮人の子どもは、民族講師とともに朝鮮の言葉や歴史、音楽や舞踊、生活様式等を学ぶ。

名前が個人に付けられ、自らをどのような名前で呼ぶのかは個人に任される問題であるかもしれない。在日朝鮮人の場合、当たり前のこととして解釈できないのが「名前」の問題である。「名前」と「在日の共同記憶」が重なった瞬間、今日もなお続く日本社会の差別の中で、通称名を名のらざるを得ない状況が同時に蘇るからであろう。これまで通称名で生きてきた在日朝鮮人の子どもの名前が、「朝鮮人宣言」や「本名宣言」という形で語られ、自らの民族意識を覚醒し、本名を取り戻したかのように受け止められてきた。

在日朝鮮人の子どものすべてがN子のようにはなれない。しかし、ある意味では在日朝鮮人の子どもにN子のようになることを強要してきたのではないだろうか。つまり、「子どもとつき合う」「子どもと向き合う」とはどのようなことなのかを知っているにもかかわらず、子どものおかれている状況を知るが故に、日本で生きる生き方を教えなければならないと思ってきたのではないだろうかということである。筆者は、子どもに「人権を問い続ける主体」であることをやめようといっているのではない。在日朝鮮人の子どもが「人権を問い続ける主体」であることをやめれば、在日朝鮮人教育は日本人の子どもを育てることだけを考えて、民族としてのちがいを認め、ともに生きようとする人権感覚を育む教育を実現することは可能だろうか。答えは、ノーである。そのようなことはこれまであり得なかったし、これからもあり得ない。

もし、そのような教育があるとすれば、それは次に挙げる国際理解教育という「教育」ではないかと思う。国際理解教育の中では、日本人の子どもが他の国や民族に興味を示すことはあっても、在日朝鮮人の子どもの「宣言」はあり得ないからである。

国際理解教育は「国際化のための教育」?

一九五四年、第八回ユネスコ総会では、「国際理解と国際協力のための教育」が採択され、一九七四年の第一八回総会では、「国際理解、国際協力及び国際平和のための教育並びに人権及び基本的自由についての教育に関する勧告(一九七四年勧告)」が採択された。個人の基本的な権利および自由の行使に影響を及ぼす世界の諸問題は、地球規模での取り組みが必要であると認識されるようになった[10]。

日本で「一九七四年勧告」が紹介されたのは一九八二年である(ユネスコ国内委員会編『国際理解教育の手引き』)。さらに日本で国際理解教育が積極的に推進されるのは、一九八七年、臨時教育審議会が「全人類的かつ地球的視点に立って、人類の平和と繁栄のために様々な分野において積極的に貢献し、国際社会の一員としての責任」を重要視し、国際化に対応する教育改革の提言とともに「国際理解のための教育」について言及してからである。この提言を受け、教育課程審議会では、教育課程改善の基本方針の一つに「国際理解を深め、我が国の文化と伝統を尊重する態度の育成を重視する」ことが示された。日本の国際理解教育は、むしろ「国際化のための教育」という施策の枠組みの中で推進されてきたものであるといえる。

一九九八年、教育課程審議会答申の中で、「各学校段階、各教科等を通じる課題」の一つに「国際化への対応」が掲げられた。その中に、広い視野をもって異文化を理解し、異なる文化や習慣をもった人々と共に生きていくための資質や能力の育成を図るとともに、日本の歴史や文化・伝統に誇りや愛情と理解を培う教育を一層重視すること、また、小学校において「総合的な学習の時間」等で、外国語に触れ、外国の生活や文化に慣れ親しむ等の体験的な学習活動を行うこととある。大阪市の場合をみてみよう。

大阪市外国人教育研究協議会によると、二〇〇三年六月現在、大阪市内各校園に在籍する外国籍の子どもは六七八二人である。国籍別では韓国籍・朝鮮籍の子どもが五九二〇人で最も多く、次いで中国五七三人、フィリピン七四人、ブラジル四六人の順である。

二〇〇四年四月現在、大阪市内九四校の公立学校に民族学級が設置され、民族学級では朝鮮人の子どもを対象に、専任の民族講師により、言語、文化、歴史等の学習が行われている。また、大阪市では、帰国・来日等の子どもの「帰国した子どもの教育センター校」(以下、「センター校」)が小学校四校、中学校四校にあり、日本語指導をはじめ、母語・母文化を保持・伸長する取り組みが進められている。

国際理解教育や在日朝鮮人の子どもの教育、帰国・来日等の子どもの教育は、小学校においては国語科、社会科、音楽科、家庭科等の各教科、道徳、特別活動の中で、また、中学校においては必修教科、選択教科、道徳、特別活動の中で取り組まれてきた。

現在、「総合的な学習の時間」が設けられたことで、民族学級や「センター校」のある学校では、「世界のフェスティバル」「It's a small world」等の取り組みが行われ、民族講師や在日外国人の保護者が「ゲストティーチャー」となり、外国の言語や文化等の学習が行われている。このような取り組みにより、民族学級や「センター校」で学ぶ子どもの動機づけだけではなく、日本人の子どもにも大きな変化が現れてきている。外国の言語や文化等を単に知るだけではなく、友達と積極的に関わろうとする子どもが増えている。

大阪市における国際理解教育は、在日外国人教育の取り組みの成果を生かし、自他の歴史や文化・伝統を尊重し、互いのアイデンティティの確立を図るとともに、多様な文化や習慣のちがいを認め、尊重し合い、共に生きる資質や態度を育てる取り組みでなければならない筈である。しかし、こうした取り組みを行っている学校は少なく、在日外国人の子どもの国や民族に視点を当てた取り組みになっていない状況がある。

「教育」のはざまで

国連は、一九九四年一二月の総会で、一九九五年からの一〇年間を「人権教育のための一〇年」とする決議とともに具体化への行動計画を策定した。大阪市においては、一九九七年に「大阪市人権教育のための国連一〇年行動計画」が策定され、一九九九年八月には「人権教育基本方針」が、二〇〇一年六月には「在日外国人教育基本方針」が策定された。今日提唱される人権教育は、同和教育、在日朝鮮人教育等のこれまでの取り組みを見直し、子どもの人権をめぐる「いじめ」「児童虐待」等の課題、外国籍住民の増加に対応した多文化共生社会をめざすうえでの課題、プライバシーをめぐる問題等の新たな課題への対応を可能にするものとして推進されようとしている。しかし、同和教育、在日朝鮮人教育が、人権意識の涵養や人権問題の解決に寄与したことは何で、放置されてきた課題は何かを整理すべきではないだろうか。

日本において、人権教育の進展に大きな役割を果たしたのは、被差別部落に対する差別の撤廃を目指す運動であった。「差別の現実から深く学び、生活を高め、未来を保障する教育を確立しよう」という精神は反差別の運動にも引き継がれ、大阪市においては、一九七〇年から読本「にんげん」が小・中学校に無償配付され、「差別の現実から深く学ぶこと」を基本姿勢として、差別を見抜き、差別を許さず、差別に立ち向かう力の基盤となる人権意識を高める取り組みが進められてきた。

一方、在日朝鮮人教育は、教育論争と子どもの教育問題、朝鮮半島と日本、南北の分断、これらを同じ位置から語ることで、公立学校の教師は「在日」を語り、在日朝鮮人教育を実践してきた経緯がある。在日朝鮮人教育が取り残してきた子どもの教育問題をいかに立ち上げるのかという問題に直面したとき、在日朝鮮人の子どもは、「人権を問い続ける主体者」として立ち上げられ、教育現場で語られるようになった。日本人の子どもは「在日朝鮮人の子どもに呼応しながら「朝鮮」と向き合い、ともに生きようとする人権感覚を育んできた。在日朝鮮人の子どもが自己のアイデンティティを形成する過程で、日本人の子どもは、日本人としての自己のアイデンティティは何で形成すればいいのかと反論しながら、実は、日本人としての自分を自覚し、日本人としてのアイデンティティを形成していたように思う。

教育現場においてこのような実践が行われる中で筆者は、自分が何者であるのかを表明できずにいた子どもや名前のことで心が揺れる子どもがいることを見逃してきたのではないだろうか。また、「在日朝鮮人の子ども」「日本人の子ども」という枠組みの中で、「差別する者とされる者」「鎧を身につける者と引き剥がす者」「主体者とまわりの子ども」等の関係を創ってきたのではないだろうか。教育現場を、教育現場を取り巻く地域を、地域を取り巻く社会、そこに蔓延する朝鮮人への差別や偏見・蔑視に対し、在日朝鮮人の子どもに何ができるのか、何をしようとするのかが大事であるにもかかわらず、「人権を問い続ける主体者」として立ち上げることを強調してきたのではないだろうか。さまざまな疑問が起こる。在日朝鮮人の子どもを頑張らせることで創り上げてきた教育、実は、「公立学校で学ぶ在日朝鮮人の子ども」という穿った見方で、在日朝鮮人の子どもを国籍や民族という枠組みの中に位置づけ、「差別や偏見・蔑視に打たれ強い子どもになってほしい」と願ったのは、これまで在日朝鮮人教育にかかわってきた筆者自身ではなかったのだろうか。

今日、在日朝鮮人教育は、国際情勢と公立学校の教育現場に在籍する子どもの状況の変化に伴い、大きな揺らぎの時期を迎えているように思う。これまで在日朝鮮人教育の中で蓄積されてきた教育実践を、国際理解教育や人権教育と名づけられた教育に回収することこそ、内実を伴わない「弱さ」で覆い尽くすことなのではないだろうか。国際理解教育や人権教育を内から問い直し創り出していくことこそが、今しなければならないことのように思う。

子どものおかれる状況をみても、依然として存在する在日朝鮮人の子どもに対する差別発言や差別事象に対し、自らが何者であるのかを表明できず、劣等感や宿命感を秘めたネガティブなアイデンティティを形成する子ども、自らの存在を自己否定する子どもがいる。また、日本の学校に編入学してきた中国よりの引き揚げ・来日の子ども、アジア・ラテンアメリカ等の子どもがいじめに遭うケースも頻発している。彼らが話す日本語や生活習慣の違い等に対する排他的な意識が契機となり、相手国に対する中傷や暴力、さらには不登校、不就学といったケースがある。在日朝鮮人教育、国際理解教育、人権教育等の名称で名づけられる「教育」のはざまで、うごめいている子どもがみえないのだろうか。

おわりに

今、在日朝鮮人の子どもの揺らぎだけではなく、重国籍の子どもをどう育てていくのかという教育課題が浮かび上がってきている。(11) 国際人権規約や子どもの権利条約、人種差別撤廃条約には、差別の禁止だけではなく、マイノリティの子どもの権利が謳われている。国際結婚による重国籍の子どもがそれぞれの国や民族に関わるアイデンティティを形成し、育まなければ、彼らがどこの国籍を離脱し、どこの国籍を選択するのかは明白である。しかし、考え方によれば、二つの国籍という境界線をもちながらも、両方の国籍を楽しみながら生きることができるのは重国籍の子どもかもしれないし、その豊かな文化や思想の可能性を育てる教育の営みが実に重要なのだ。

注

(1)「朝鮮半島分断後、初めてとなる南北首脳の歴史的対面は、韓国の金大中大統領が朝鮮民主主義人民共和国(北朝鮮)に第一歩を踏み入れた瞬間に実現した」と報じている。(『朝日新聞』二〇〇〇年六月一三日)。

(2)二〇〇〇年一月五日の『朝日新聞』に、孤児との血縁関係に疑問があるとして、入国管理局から入国許可を取り消された父親とともに中国に突然送還される子どものことが報じられた。入国管理局は、すでに入国した家族も再調査を行い、孤児の親族でないことが判明した場合、一家全員の在留資格が取り消され、不法就労者と同じように強制退去の対象にするという内容である。親が不法入国や滞在で摘発され、学齢の子どもがともに強制退去されるケースは今も続く。

(3)高知大会では、「在日朝鮮人教育の問題は決して朝鮮民族のみの問題ではなくして、ともに被壓迫民族の解放、植民地化に對する抵抗の問題として、われわれが目指している平和と獨立の問題との關連において、深い共感のもとにとりあげられなければならないはずである。したがって、教育内容も、北鮮系がどうとか、南鮮系がどうとかいうような問題に拘泥せず、民族の解放、民族の統一という立場から、朝鮮人自身の欲する方向、すなわち朝鮮人としての教育、民族教育の方向が認められなければならない」と確認された。日本教職員組合編『日本の教育　第二集』岩波書店、一九五三、四六九―四七〇頁。

(4)飯田正「ある日本人教師の在日朝鮮人教育とのかかわり(三)」『朝鮮研究』一四二号、日本朝鮮研究所、一九七五、四二―五〇頁、および「ある日本人教師の在日朝鮮人教育とのかかわり(四)」『朝鮮研究』一四三号、日本朝鮮研究所、一九七五、四―一八頁を参照。

(5)稲富進「在日朝鮮人教育にかかわる私の原点(一)」『むくげ』六七号、「むくげ」編集委員会、一九八〇、六―七頁。

(6)長橋小学校の民族学級創設経緯に関する内容の資料として次のようなものがある。大阪市立長橋小学校在日朝鮮人教育研究部「公立学校のなかでの在日朝鮮人教育のとりくみ」全国解放教育研究会編『解放教育』No.22、明治図書、一九七三、六九―七五頁。吉田信太郎・本持喜康「西成における部落解放運動と在日朝鮮人問題」『解放教育』No.23、明治図書、一九七三、八八―九四頁。大阪市教職員組合南大阪支部長橋小学校分会、公立学校に在籍する在日朝鮮人子弟の教育を考える会『民族学級をいかに進めようとしているか』一九七二。拙稿「本市における『ともに生きる力』を育てる教育の創造―在日外国人教育の実践史からの展望」『大阪市教育センター研究紀要』第一〇〇号、一九九七。

（7）一九七三年二月一七日の『神戸新聞』および一九七三年七月四日の『毎日新聞』。

（8）痛みをともなう過去の記憶は、一九四八年四月二三日から四月二六日にかけて神戸や大阪で起こった峻烈な教育弾圧であり、阪神教育闘争と呼ばれる。大阪では「教育問題共同闘争委員会」が組織され、一九四八年四月二三日には、閉鎖反対集会が大阪府庁前の大手前公園で開催された。集会には子どもを含む約一万五〇〇〇人が参加し、大阪府に対し抗議が行われた。府当局は四〇〇〇人の警察官を動員して弾圧を加え、このとき一七九人が逮捕されている。続いて二六日、「朝鮮人学校閉鎖反対人民大会」が開かれ、大阪市内はもちろん府下全域より約三万人が参加した。府当局はこの集会で、放水と拳銃の発砲による威嚇を行った。この集会では、武力によって在日朝鮮人の民族教育の権利が奪われただけではなく、当時一六歳であった金太一少年が射殺されている。

（9）一九七一年の大阪市立中学校校長会差別文書問題を契機に、戦後民主教育と言いつつ、在日朝鮮人の子どもを視野から欠落させてきた教育の中身が問われることになる。その結果、自主的に在日朝鮮人教育に取り組む教師たちを中心に「日本の学校に在籍する朝鮮人児童・生徒の教育を考える会」（一九七三年に「公立学校に在籍する在日朝鮮人子弟の教育を考える会」と改名）が発足した。また、この差別文書問題を契機に大阪市外国人子弟教育問題研究協議会は、一九七二年に大阪市外国人子弟教育研究協議会、一九七五年に大阪市外国人教育研究協議会（以下、「市外教」）と改名され、会の目的も「人間尊重の教育に基づいて、民族的偏見と差別をなくし、互いの民族的自覚をたかめ、国際友好を深めるための研究と実践につとめる」とされる。また、一九七一年に大阪市同和教育研究協議会も専門部会の中に、「在日朝鮮人子弟教育部会」（一九七四、一九七五年「在日朝鮮人教育部会」）が設けられ、一九七六年からは市外教が研究を担うことになる。一九八三年に「全国在日朝鮮人教育研究協議会」が全国組織として発足した。民族団体として、一九八四年に「在日朝鮮人児童・生徒に民族教育の保障を求める実行委員会」が発足し、一九八六年には「民族教育促進協議会」と改称される。

（10）一九九四年、ジュネーブで開催された第四四回国際教育会議（ICE）では、一九七四年国際教育勧告の評価と展望について討議された。ICE宣言では、「暴力、人種主義、外国人嫌悪、攻撃的ナショナリズムと人権の侵害、宗教的非寛容、全ての形式と現象のテロリズム、富める国と貧しい国の拡大しつつあるギャップ」といった現象が、国内および国際的にも平和と民主主義、開発への障害となることを憂慮し、国際憲章、ユネスコ憲章、世界人権宣言、および子どもの権利条約、婦人の権利に関する条約等の精神をふまえ、見直しが行われた。千葉杲弘「一九七四年国際教育勧告の改訂をめぐって」『国際理解教育』VOL. 1、創友社、一九九五、六―四一頁。

(11) 重国籍の子どもの教育課題については、拙稿「国際結婚による重国籍の子ども――子どもの教育環境に関わる調査(二〇〇一年)から」『部落解放』二〇〇二年一〇月号、解放出版社を参照してほしい。

コリアン・ネットワークと「在日」

玄武岩

いま東アジアにコリアン・ネットワーク論が浮上している。それは、冷戦解体後も変化の兆しをみせない分断体制のなか、未完の国民国家を完成するというよりも新しい民族統合の原理を見出そうとする学問的・実践的努力の結果として導きだされているといえよう。そして今日、「在日」社会においても、移植された分断体制に加え、次第に閉塞化するホスト社会の不気味な動きのなかで、在外僑胞やマイノリティではなくリージョナルな存在として自らを再定義することでポジティブな意味を与えようとする試みがある。そこで韓国と「在日」の東アジアの視点が交錯するわけだが、必ずしもそれらの方向性が一致しているわけではない。それは概ね、韓国の本国中心主義やそれにもとづく在外同胞政策によるものだろう。

ただ、東アジアにおける多国籍で多文化的なコリアン系の人たちの関係性をコリアン・ネットワークとして捉えるのであれば、「在日」はそれをとおして東アジアのリージョナルな構造の構築に積極的に加わり、またコリアン・ネットワークの意味をより具体化していくことが求められる。なぜなら、仮に東アジアにおけるリージョナルな構造を「東北アジア共同の家」だとすれば、「共同の家」の骨格をなすコリアンのネットワークの形成はもちろん、そのネットワークの韓半島中心主義を乗り越えるためにも「在日」の歴史と現状は重要な位置と意味を有するからである。では、コリアン・ネットワークにおいて「在日」はどのようにかかわり、近年盛んになりつつある「韓民族共同体」から自発的で分権的なネットワークへの移行へという課題にいかに作用することができるのであろうか。

コリアン・ネットワーク論の浮上

朝鮮半島における統一の方案として提起された「韓民族共同体」の議論は、一九九〇年代に入り、グローバル時代の民族の生存戦略として新たに位置付けられる。「海外同胞」もそのようなグローバル戦略の一翼を担うべく、その存在が注目され始めた。そして最近の「韓民族共同体」もしくは「韓民族ネットワーク共同体」という言葉があらわすように、ネットワークとしての民族のあり方が模索されはじめている。(1)

一方「在日」サイドでも、日本社会における「在日」、あるいは本国との関係における「在日」という既存の思考範疇を脱し、東アジアにおけるリージョナルな存在として自らを位置付け直そうとする動きが見られる。(2)まさしくこれは、八〇年代半ばの指紋押捺撤廃運動を通して主流の民族団体から離れた下からの意思表明という変化につづき、今度は東アジアというリージョナルな地点から自らを眺めようという大きな転機といえよう。

近年の諸領域におけるネットワーク概念の導入は、グローバル化のなかで近代的な国民国家を超える脱ナショナルな概念の必要性によって促されているように思われる。歴史研究においても、国民国家の登場以前に活発な交流を見せていた東アジアにおける商業的ネットワークを実証的に検証することで、ユーロセントリックな歴史認識を問題化し、国家中心の歴史像に対するオルタナティブを提示しようとする動きもみられる。(3) そのようなネットワークの概念が韓民族共同体における議論にも参照されている。

とはいえ、そこから導出された韓民族(ネットワーク)共同体論が必ずしもネットワークの意味をそれなりに活用した、新しい関係性からなる民族同士のコミュニケーションを保障しているとはいいがたい。九〇年代に入り急速に普及したインターネットなどコミュニケーション技術の登場に後押しされた韓民族共同体論には、韓半島中心主義や技術決定主義が色濃く投影されている。すなわち、ここでの共同体が朝鮮半島の統合や経済的発展に貢献するという、自発的で多頭的なコリアンのネットワークというよりも本国の「韓民族」を頂点に据えたツリー型のヒエラルキー構造を想定しているようにも思われるのである。

このような発想の限界は、総体的価値とそこから得られるアイデンティティが前提となる共同体概念に対する再考もなく、ネットワークと共同体を併用することにもあらわれているが、なによりもネットワークの概念の曖昧な活用に起因しているのだろう。したがって、まずは比喩的な意味に止まっているネットワークの概念を本来的な意味から問い直し、それによってネットワークを用いた韓民族共同体の議論に潜む半島中心主義を浮き彫りにする。

ネットワークとしてのコリアン

ネットワークの用語は、それが使われるディシプリン、また適用する対象や方法によってもさまざまな意味合いを帯びている。つまり、それは個人やそれからなる集団間の関係を形成する物理的なインフラでもあれば、価値や関心の共有を媒介するプロセス、あるいはその制度や組織でもある。しかしネットワークがこうして相互依存的な組織間の社会関係一般を指すのであれば、ネットワークと階層組織や官僚組織との区別が曖昧になる。それでリップナックとスタンプスは『ネットワーキング』で、ネットワークがメンバーの自主性、そしてそのメンバーの共通な価値観によって規定されるとしている。(4) また、朴容寛《パクヨングァン》もネットワークの中枢性格として、自立性、目的・価値の共有・共感、分権性をあげており、(5) 近年のネットワーク論では、それが自発的に形成され、自立的・相互作用的で分散的な構造をなしているという側面が強調されている。

ところでネットワークの概念が顕著に用いられている領域の一つが、中国系の人々の移動と繋がりに関する華僑・華人ネットワーク研究である。韓民族共同体の議論ではしばしば華人ネットワークが引き合いに出され、韓民族共同体の未来像として理想化されがちである。その場合、主に華人のビジネスにおけるネットワークが取りあげられるのは、ネットワークがもっとも実体的にその姿をあらわすのが経済活動の側面だからであり、韓民族共同体論もその比重が経済面に置かれているのも確かである。しかし、果たしてコリアン・ネットワークは華人ネットワークをモデルにするものであろうか。以下に、自立的で分権的なネットワーク概念をベースに、華人ネットワークと対比しながら、コリアン・ネットワークの政治的・市民的特性を提示してみよう。

まず、コリアン・ネットワークはまだその実体が明らかでなく、むしろ形成段階に入ったばかりであることが指摘できる。華僑・華人に比べて比較的浅い移住の歴史を持つコリアンは、東南アジア方面に進出した中国人系とは違って、日本や中国、極東ロシアなど朝鮮半島より進んだ資本主義制度のなかで商業資本を形成することができず、また移住形態も農業移民が中心であった。それゆえ経済的交流から成り立った華人ネットワークに比べると、コリアン・ネットワークはむしろ政治的ネットワーク（あるいは社会運動的ネットワーク）としての可能性を秘めている。経済的合理性が基本原理ではないことは、ネットワークの性格規定においても重要なことである。北朝鮮への投資や沿海州への農業進出は、ただ経済的営為だけでは説明できない要素が多い。それがコリアン・ネットワークに対して、東アジアにおけるリージョナリズムの視点から、脱国家的なアクターの連帯として位置付けることを可能にする。

また、コリアン・ネットワークは華人ネットワークのように自然発生的にあらわれたというよりも、(6)民族網構築事業のようにネットワークの構築が韓国政府や各団体で目的意識的に推進されている。(7)それは南北朝鮮の統合という最高レベルの到達点にたどり着く手段としてであろう。その分、韓民族共同体論における韓半島中心主義的な性格は随所に見られる。ただ、コリアン・ネットワークの推進には国家主導だけでなく、メディア機関やNGOなどの市民団体も積極的にかかわっている。それは意識的に脱国家的なネットワークを目指していることでもあり、民主化の経験を通して生まれた市民的なネットワークの可能性を備えているのがコリアン・ネットワークの特徴であろう。

共同体からネットワークへ

在外コリアン、とくにネットワークとしてのコリアンが注目を集めたのは、日本帝国に抗う在外朝鮮人が本国と「気脈ヲ通シ」、朝鮮内地の独立運動と連携することを恐れて在外朝鮮人に対する大々的な調査が行なわれたように、植民地期に遡ることができる。事実、帝国に対抗するネットワークとして必然的にあらわれた朝鮮人のネットワークは、例えば在外朝鮮人のコミュニティで発行されたエスニック新聞が他の朝鮮人コミュニティや「本国」にナショナルな思想を伝播したように、各地の朝鮮人社会を結び、ヒトやモノ、そして情報の流通経路となった。『開闢』(一九二五年八月)が組んだ在外同胞の特集では「同胞全体の協同奮闘」を求め次のようにネットワークの必要性を唱えた。「我々は、在内同胞が在外同胞を忘れて生きることができず、在外同胞がまた在内同胞を捨てて勝利することはできないので、内外が一つになり、内でできないことは外でやり、外でできないことは内でやることで、互いに協同共進しなければならない」。このような記事に対して日本は停刊処分で応じた。

この文面にもみられるように、当時は朝鮮の独立が最大の課題であっても、植民地下にあるがゆえ政治的中心性のない「本国」よりは、国権回復運動の主導権は沿海州や満州、米州や上海など、日本の影響力が及ばない帝国の外縁部にあった。そのようなネットワークとしての自立性と分権性が存在したのである。しかしいまや、分断という致命的な欠陥があるとはいえ、「国民国家」という政治的意味をもち、冷戦崩壊後には実質的な朝鮮半島の「合法政府」となった朝鮮民族最大のエスニック・コミュニティである韓国がネットワークの結節点となっている。その韓国が、これまで途切れたネットワークを再形成する過程において中心性を表明することで、ネットワークを韓半島中心の共同体に転換してしまう。これが近年盛んに議論されるようになった「韓民族共同体」にほかならない。

もちろん一時的にあるネットワークの結節点が吸引力をもってヒトや情報の移動を促すこともあるだろう。そして国家レベルであれ民間レベルであれ、いまの韓国が中心的役割を担っていることも否定できない。しかしそれはあくまでも最近の現象である。戦前の独立運動はもちろん、戦後、南北朝鮮の建国過程、そして経済発展や民主化への貢献など歴史的に見れば、在外同胞の果たした役割は目を見張るものであった。もちろん在満朝鮮人に対する救護活動など朝鮮内地の在外朝鮮人に対する関心も決して薄くはなかったが、未来志向の共同体概念では視野に入れられない在外コリアン社会と本国とのかかわりを歴史的に考察することで、長いスパンからネットワークの脱中心性・双方向性を捉えなければならない。

また、現状としても在外コリアンは決して受け身としてだけ存在するのではない。北朝鮮への支援活動や難民問題における朝鮮族の役割は欠かせないし、韓国を経由しない在外コリアンのコミュニティ同士に交流も少なくない。文化の流通においても、「在日」の文学が翻訳されるほか、舞踊家や劇団が「本国」で公演を行なうだけでなく、在外同胞からスポーツ界の国家代表も生まれている。最近の日本における韓国映画ブームや梁石日《ヤンソギル》原作の日韓合作映画『夜を賭けて』も「在日」を抜きにしてはありえなかっただろう。

そうであるならば、政治や経済、文化などあらゆる分野において東アジアという視点から「在日」のあり方が問われ、リージョナルな存在としての「在日」の姿が提示されるなかで、コリアン・ネットワークは「在日」に何をもたらし、また「在日」はそれをとおしてどこに向かうことができるのであろうか。

リージョナルな存在としての「在日」

ネットワークという用語を持ち出すまでもなく、「在日」の祖国へのかかわりは経済的援助だけでなく、人材やときには命までも捧げるものであったが、いまだにそれらが正当な評価を受けたことはない。独裁政権に抵抗した民主化闘争へのかかわりも二〇〇一年一一月に韓国の聖公会大学で開かれたシンポジウム「海外同胞と韓国民主化運動」でようやく光が当てられたに過ぎない。

しかし「在日」の成し遂げてきたもっとも重要な役割は、東アジアという視点から考察したときにより明確に見えてくる。

「在日」はなによりも日本市民と「連帯」できる立場にある。韓国では教科書問題などが浮上するたびに全体としての日本しか取り上げられてこなかったが、〈つくる会〉の教科書を批判する草の根の市民と手を携えてきたのがまさに「在日」であろう。その教科書を阻止したのは、外交的な圧力よりも市民運動団体の活動であり、韓国がそのような日本の「多様性」に気づいたのはおそらく昨年の教科書事件においてではなかっただろうか。韓国の軍事政権の当時から「日韓連帯の思想と行動」のパイプ役として常に「在日」は存在し続けてきた。

そしていま「日韓連帯」を越えて「アジア連帯」としての「在日」の意味が問われている。それは「在日」が旧植民地出身者としてではなく、日本を構成する多民族社会の一員として存在することを意味する。もちろんそれは「在日」の来歴を無視したり、またそれによって野放しにされてきた戦後の権利状況に対する補償を放棄したりするのではない。ただ、「在日」が、朝鮮人としての「在日」ではなく、移民者の連帯を形成する際に用いられたイギリスにおける「ブラック」のような概念だとすれば、旧植民地出身者としての妥協に止まらない、より普遍的な人権としての権利概念を広めていくことが望まれる。八〇年代以降の「真の国際化」のなかで謳われた多文化や共生には偽善としかいいようがない面があるにしても、難民や新来外国人への対応が「在日」政策にも一定の変化をもたらしていることも見過ごしてはならない。

コリアン・ネットワークとしての「在日」は日本だけに止まらない。旧植民地出身者としての妥協を拒否する東アジアのなかの「在日」は、日本社会で養ってきた多民族的、市民的な運動の力量をもって、日本に劣らない単一民族意識のもとで平然と外国人労働者や朝鮮族差別に走る「野蛮な祖国」にも断固として立ち向かうことができるはずである。そのためには、今度は「祖国」においての自らの「特権」も顧みなければならない。当初在外朝鮮人の二重国籍を事実上容認するようないわゆる〈在外同胞法〉について、「在日」側では、韓国籍である「在日韓国人」には意味がないとして拒否感を示した。それには同法律が「在日」の帰化を促す恐れがあるという特殊な事情があったとしても、そうした「在日」の姿勢は他の同胞には戸惑いをもたらすものであった。そもそも中国の朝鮮族や旧ソ連の高麗人は法律の適用対象から除外されているのである。他方、民団は、韓国外交通商部（省）の傘下機関「在外同胞財団」の一年予算のうち半分近くを独り占めしているような状況である。(8)

いまは事実上の違憲判決が下されている〈在外同胞法〉の改正に「在日」が興味を示すことは、改正運動に大きな励みになるだろう。外国籍である朝鮮族や高麗人の権利拡大は血統主義としてよりも、むしろ韓国の国家中心主義に亀裂を入れることであり、日本における「在日」の参政権が韓国との相互主義によってもたらされる可能性を考慮すれば、それらの問題は「在日」自らの問題と決してかけ離れてはいない。しかし北朝鮮脱出者支援の活動を除くと、市民レベルでの「在日」の朝鮮族や高麗人に対する関心はあまり目立たない。とはいえ、「在日」は韓国が強制移住させられた高麗人や延辺の朝鮮族を「発見」するずっと前から彼（女）らに関心を示してきた。さらに、韓国では長い歳月タブーとされてきた「四・三事件」について語り続けてきた。ネットワークには多くの代表がいる。本国をとおすことなく、本国以外の代表性を発揮できる位置にある「在日」の試みがコリアン・ネットワークの重要な柱になる。

「アジア不在の戦後処理」という矛盾を「在日」は真っ向から被ってきた。それをここであえて列挙する必要はないだろうが、「在日」が「在日」としての正当な戦後補償、そして定住外国人としての権利の保障をアジアという視点に立ちそこから連帯を形成して要求していくのであれば、問題を根底から問い直していくきっかけになるはずである。翻って、それは同化と排除の対象であった「在日」が、東アジアのなかで置き去りにされるかもしれない日本をつれてアジアとともに歩むことでもある。そのような連帯の一角としてコリアン・ネットワークが存在し、それが他の目的を異にするネットワークとさらなるネットワークを形成する開放性の志向に立てば、「在日韓国朝鮮人」運動と外国人運動はなんら矛盾するものでなくなる。このような「在日」運動の方向性、そして参政権や国籍問題をめぐるジレンマを超える鍵がコリアン・ネットワークにある。

注

(1) ネットワーク概念を用いた韓民族共同体の最近の議論としては、『韓民族共栄体』第八号(海外韓民族研究所、二〇〇〇年)の特輯「二一世紀韓民族共同体(Korean Community)実践方案」、『民族統合の新しい概念と戦略』上・下(翰林大学校民族統合研究所、二〇〇二年)などがある。とくに、今後長期プロジェクトとして三年間行なわれる全南大学校社会科学院の共同研究「世界韓商ネットワーク構築と韓民族文化共同体——米国、日本、ロシア、中央アジア地域の在外韓人を中心に」は本格的なコリアン・ネットワーク研究として注目に値する。

(2) 二〇〇〇年のワンコリアフェスティバル(大阪)が「二一世紀のワンコリアと東アジア」をテーマにし、また二〇〇一年(東京)にも「アジア共同体」をメインテーマとして掲げることで、「在日」と東アジアをめぐる本格的な議論が始まった。また、日本と韓国、そして「在日」の若い世代が中心となって行われてきた「日韓共同ワークショップ」が「東アジア共同ワークショップ」と名称を代えて交流と認識の輪を広げているのも、朝鮮問題および日韓、日朝問題は二国間関係に収まらないという意識が反映された結果であろう。「在日論」のレベルでも九〇年代には「アジア市民」としての「在日」が問われてきたが（徐龍達先生還暦記念委員会編『アジア市民と韓朝鮮人』日本評論社、一九九三年）、本格的になったのは最近のことであろう。尹健次は、在日が東アジアという認識枠組みを確立していく必要性を求め（『「在日」を考える』平凡社、二〇〇一年）、李恢成も「東アジア共同体」の視点から「在日」の役割を強調している（『可能性としての「在日」』講談社、二〇〇二年）。

（3） 例えば、濱下武志編『東アジアの地域ネットワーク』（山川出版社、一九九九年）、杉山伸也／リンダ・グローブ編『近代アジアの流通ネットワーク』（創文社、一九九九年）、古田和子『上海ネットワークと近代アジア』（東京大学出版会、二〇〇〇年）、川勝平太編『グローバル・ヒストリーに向けて』（藤原書店、二〇〇二年）などがある。

（4） J・リップナック＋J・スタンプス（社会開発統計研究所訳）『ネットワーキング――ヨコ型情報社会への潮流』プレジデント社、一九八四年。

（5） 朴容寛「ネットワークの意味合いとそのタクソノミー」『北東アジア研究』第3号（二〇〇二年三月）、一五七頁。

（6） 陳は、これまで華僑・華僑が地縁や血縁などの繋がりによってネットワークを形成し、それをビジネスに活用しているとされてきたが、実際は華人・華僑がそうしたネットワークを意図的に形成したのではなく、むしろ移民である彼らが生活の術として相互扶助を行なうなかで、自然発生的にネットワークが形成されたと指摘している。陳天璽『華人ディアスポラ――華商のネットワークとアイデンティティ』明石書店、二〇〇一年、六四頁。

（7） 民族網（Korean Cyber Network）構築事業は国会議員や各界代表が推進委員となり、「民族網事業支援法」を制定して政府次元でインターネットを駆使したコリアンの「サイバー共同体」を構築しようとするプロジェクト。

（8） 外交通商部が出捐する在外同胞財団の二〇〇二年度予算一九四〇万ドルのうち、在日民団支援事業費が八四七万九千ドルである。外交通商部『二〇〇二年度歳入歳出予算各目明細書』を参照。

●エッセイ

闇に光を

金守珍

「在日は差別されてきた」と、決り文句のように言われるが、実は僕らも、日本人を差別してきた。「なんだ、ひどいことしやがって」と、日本人に喧嘩も売ったし、事実僕も十代の頃は、おおいに暴れたものだ。今になると、そんな自分にちょっぴり罪悪感を抱いたりもする。

在日は、決してきれい事で生きてはこなかった。闇金融、パチンコ産業、ヤクザなど、社会の闇の部分にも深くかかわっている。特に一世は、日本は仮の住まいでいずれ祖国に帰ると思っていたから、日本で好き放題やったという面もあると思う。正攻法では、日本人に勝てないからだ。

だが、日本人にも子孫にも誇れないことをやりながらも、それで得た財で民族学校をつくるために寄付を惜しまなかった。それは、奪われた言葉と歴史を取り戻そうという、ピュアな思いだったはずだ。ところがそうした純粋な思いは、気がつくとイデオロギーという怪物に取り込まれていった。寄らば大樹の陰ではないが、大きなところを人任せにしてしまったために、「正義」の名のもと、とんでもない歪みが生じたのだ。

考えてみれば在日は、常に「国家」に翻弄されてきた。植民地支配国であった日本という国家。分断された二つの祖国。常に国家によって引き裂かれながら、二十世紀、僕らは日本社会のなかで、時に闇の部分に足をつっこみながら、身を隠して生きてきた。

二十一世紀を迎えた今、誰もがうっすらと、国家というシステムはもはや限界があると感じているはずだ。だからこそヨーロッパも統合に向かっていったが、それは争いごとや暴力の連鎖を避けるための知恵でもあった。

これからはアジアも、垣根をゆるめる方向に向かっていくべきだろう。その過程で、在日という存在は、「共存」のひとつのモデルケースになると思う。これだけ差別の歴史があり、憎しみを持っていたのに、今、僕らは日本に根を下ろし、案外この国でうまくやっている。まだ足りない点はあるが、僕らの側から主体的に日本にかかわることで、それも変わっていくだろう。

それに今や西洋的な近代化の思想そのものが限界を迎え、アジア的発想を見直す時期に来ている。日本がアジアの一員であるという原点に立ち戻ったとき、まずは隣国である中韓との関係から始まると思う。特に韓国。W杯を共催したこともひとつのきっかけになったが、もっとお互いが違いを知り、吸収し合うことで、新しい関係が生まれるはずだ。そのとき、在日が果たすべき役割は大きい。

だがそのためには、逆に、僕ら在日が日本でどう社会的に生きていくか、自分たち自身が問われることになるだろう。

まずは、もっと表に出ていかなくてはいけない。そして、すべてをさらけ出す必要がある。それも通りいっぺんでは意味がない。「臭いものには蓋」ではなく、闇の部分も含めて、白日のもとにさらけ出すべきだ。誇れない、かっこ悪い部分があるのも当然だ。それが人間というものなのだから。その上で、恥ずべき点は反省すればいい。都合の悪いことは隠したままにしておくと、かえって差別を生むし、理解もしてもらえない。

僕は、初監督をつとめた映画「夜を賭けて」(今秋日韓同時公開)を通して、今まで光を当てなかった部分に光を当てたつもりだ。大阪の兵器工場跡地から金属を盗み出す通称「アパッチ族」は、かっぱらいの集団、いわば犯罪者だ。おまけに、よるとさわると喧嘩ばかりしている。その向こうには、大村収容所という国家的犯罪が見え隠れしているが、とにかく生きるために知恵を働かせ、がむしゃらに突き進んだ。

在日は清濁併せ呑まなくては、この国で生きていけなかった。それも事実であり、歴史なのに、歴史をきれい事に塗り替えて何の意味があるのだろう。経済や生活の都合を優先させて本名を隠し、出自を偽り、後になってそのことを知った子どもたちがかえって歪み、それを取り戻すためにどれだけ莫大なエネルギーを消費するか。

僕は、受け継いできた幹から伸びた枝の先に、たわわに実が実るところが見たい。幹がなければ、枝は茂らない。ルーツに誇りを持ち、それを踏まえた上で、未来へ向かっていきたいのだ。今、在日に求められているのは、国家や集団が言うところの怪しげな「正義」なんてものに任せず、個人個人が心のなかに正義を持って、自らの生き方、考え方でもって、誇りを次の世代に示すことではないだろうか。

考えてみれば、古代、玄界灘は豊饒の海だった。さまざまな民族が行き交い、文化が交じり合うことで、東アジアは豊かになっていった。つまり多様性こそが、文化を育てる活力となるのだ。

日本社会に在日がいるというのは、多様性があるということだ。これから僕らは在日文化をひっさげて、日本を、ひいてはアジアを豊かにしてゆきたい。生きていることの楽しさを一緒に分かち合えるものを、「在日」という立場を明快にしてつくっていくことが、僕ら自身にとっても心底楽しいし、有意義なことだと思うからだ。

6 「在日」を生きる

〈対談〉

「在日」を生きる

金時鐘＋尹健次

司会＝編集部

四・三事件と日本定住

――本日はお二人に在日として生きてこられたご自身の経験をもとに、在日をめぐる様々な問題についてお話しいただければと思います。

金　僕は生来基礎立てて実証的に話せる貯えを持ってないのでね。どこまでも詩をする、文学する者の心情的な話が基になるので、僕が適任者かどうかわかりませんが。

――いえ、むしろそうしたお話こそ伺えればと思います。先生が日本に来られたきっかけに済州島四・三事件というのがありますね。まずそのあたりのことから伺えないでしょうか。

金　僕は、心情的に複雑なんですね。いまの韓国、当時は南朝鮮でしたが、一九四八年に南朝鮮だけが単独選挙をして政府をつくる、独立するということが起きた。単独選挙とは、うちの国の分断を固定化することです。それで人民蜂起の事件が起きた。それは当然、本質的には反米です。アメリカが韓国に李承晩《イスンマン》を引き連れてきて、かつての親日派といわれる右翼人士の多くを、李承晩臨時政権の中心に坐らせ、いまの韓国をつくった。もちろんこれは、アメリカが強引につくり上げていた政治的プログラムの実践でした。日本におられる人たちには想像だにできない殺伐とした事件が、連日続きましたね。人一人、ハエ一匹を殺すよりも軽く殺したりする残酷さでした。そしてこの単独選挙に抵抗して、南朝鮮各地にいろいろなことが起きます。中でも武力闘争に踏み切った最たるものが済州島の人民蜂起で、一九四八年の四月三日に武装蜂起をした。いうところの四・三事件というものです。

尹　金時鐘先生にとって、四・三事件はほんとに原点ですよね。今日はできるだけ時鐘先生のお話を聞いてみたいですね。

僕にとっての八月十五日

金　四・三事件の人民蜂起という正当性だけを考えるなら、僕は非常に遅れて四・三事件の意義にたどりついた。終戦、日本では敗戦を終戦といいますが、われわれにとってそれはかぎかっこつきにしろ「解放」でした。しかし僕は自分の国をとり戻すために何ら指一本動かしたわけではありません。僕は自分の国が植民地になるということについても関わったことがありませんし、自分の国が解放されるということにも関わったわけではない。ある日突然、天がひっくり返るみたいに、これがお前の国だという「朝鮮」を与えられた。僕にとっては、押しつけられたようなものでした。

満十七歳でしたけれど、何しろ自分の国の文字、いまでいうハングルなどは「あいうえお」の「あ」も書けない少年でした。だから自分の国が解放されたというのは、それまでの十七年間の一切が全くなくなってしまう事件だったわけです。印画紙を白日下に引き出したみたいに、真っ黒になってしまった。文章一つ読み書きできるわけでなし、自分が勉強したものの一切が無価値になった。それはそのまま、自分の過去が一切なくなったのと同じ。僕は北朝鮮の元山というところで生まれて、七つで済州島に来ましたが、幼稚園に上がるところから小学校、旧制中学にまで行って学んだ蓄えが一切なくなってしまうのが、僕にとっての一九四五年八月十五日であり、自分の国の解放であったわけです。

金時鐘（キム シジョン）

詩人。1929年、朝鮮・元山市生まれ。済州島で育つ。1948年の「済州島四・三事件」に関わり来日。50年頃から日本語による詩作を開始。在日朝鮮人団体の文化関係の活動に携わるが、在日朝鮮人運動の路線転換以降、組織批判を受け、組織運動から離れる。73年から92年まで日本の公立高校の教員を務める。著書に『地平線』『日本風土記』『新潟』『猪飼野詩集』『光州詩片』『原野の詩』『化石の夏』『さらされるものとさらすものと』『クレメンタインの歌』『「在日」のはざまで』『草むらの時』『なぜ書きつづけてきたか　なぜ沈黙してきたか』（金石範との共著）等がある。

父の複雑な思い

金　僕が日本に定住する、定住者になったもともとというのか、起点に、この四・三事件があったことは確かです。四・三事件がなければ、僕は日本に来るはずもなかった。

僕が在日するということについては、非常に忸怩《じくじ》たるものがいっぱいありまして、僕は女の兄弟すらひとりもいない一人息子で、父は日本を生理的、生理悪寒といってもいいぐらい大変毛嫌いした人でした。自身が専門学校程度の学校を中退した人なんですが、『朝日』『毎日』といった日刊新聞まで取り寄せて読む人でしたけれども、日本語は使わない。

その父が、四・三事件で僕が

追われるようになりますと、あるだけのコネと、なけなしの全財産といっていいほどのものをはたいて、僕を日本に来させるわけです。自分が植民地統治下の統治者である日本をあれほどまでに呪いめいて嫌っておったのに、僕をその日本に逃した。自分の嫌ったところへ逃してまで、一人息子の僕の延命を図った。だから僕が在日をすることについては親、とりわけ父の意向があった。そういう親の、非常に極まったぐらいの複雑な思いを、僕は考えて日本に住んでいるわけです。それでこちらに闇の船で来たのが、いま思えば須磨に……。

尹 須磨というのも推量で、密航船だからどこについたかわからないんですよね。たぶん須磨ではないかとおっしゃるだけで。それですぐ苦労して、大阪にいらっしゃったわけですね。

在日とは何か

金 そうです。昭和十年代に日本にわずかな賃金を得るためにたくさんの労働者たちが来ました。在日というとそういう人たちを指すことが多いですが、そのように植民地統治下において日本への移入を余儀なくされ、在日の定住者となった人たちと、僕のように、よんどころなく日本に来ざるをえなかった者とは「在日」性を一緒に計るわけには参りませんが、それでも僕は日本で生きているという「在日」の実存は同じものだと思っています。こちらには、一九四九年の六月に来ました。ですから僕の場合は、日本の植民地統治によって植民地人としての特定の事態を押しつけられたことは事実ですけれども、一般にいわれるところの在日する同胞、在日朝鮮人とはその成り立ちをたしかに異にしてはいます。ですが、植民地統治を経た朝鮮――僕は総称として「朝鮮」を使いますが――の歪みの申し子であることには変わりがありませんので、僕はやはり在日する朝鮮人の一人だと思っています。

在日という僕の認識の中には三つの範疇があります。まずは「日本に引き寄せられた」人たちの存在があり、「日本から引き離されてしまった」人たちの同胞と、また「日本によって切りとられてしまった」人たちとがいます。強制連行であるとか徴用、徴兵にまつわる人たちがこの三番目の範疇に入ります。

「日本から引き離されてしまった」というのは、いうところの解放によって祖国の再建に喜び勇んで帰っていった二百万近い同胞たち。そのために在日の多くの家庭では、一家が別々に切り離された。とりあえず妻、子どもたちを先に行かせておいて、身の整理をつけて帰ろうと思ったら帰れなくなった人たちが、長い生活の中で後添えをもつ。本妻がいるにもかかわらずこちらでまた家庭を持つことで、二家庭になる。あるいは本国にいる人たちが父を頼って来ることで密航者問題も起きてくる。これは終戦処理を巡って歪んだ、在日同胞の陰の在日史でもあるもの。「日本に引き寄せられた」者とは、かつて日本国民であったものが、またもや絡めとられるように日本という存在自体に引き寄せられた僕みたいな者のことです。それらをひっくるめて、在日だと考えているんです。

負い目から運動へ

金 それでも僕みたいな徹底した皇国少年だった人は少ない。金石範《キムソクポム》さんなど三つしか歳が違わないのに、あの人は日本の敗戦を感じておったというんだから。三つの違いというのは、ある歴史の転換期では決定的なもの。逆に僕より三つ後に生まれていたなら、僕のような自己混迷、「解放」がそれまでの自分を唾棄せねばならないような過去喪失には陥らずに済むわけですけれども。

それで一からやり直していくなかで、植民地統治のむごさというものを文献的に、また教義的に知っていきます。それを遅ればせに知った分、今度は勢い僕は学生運動になだれこみます。自分があまりに無知だった、何も知らな過ぎたということへの反動です。済州島で、南朝鮮労働党、略称南労党の予備党員に早くに入党します。それで武装蜂起事件に関わった、闘争の

尹 健 次（ユン コォンチャ）

1944年京都生まれ。在日朝鮮人二世。京都大学卒業、東京大学大学院博士課程修了。その後、民間株式会社に約10年間勤務しながら学位論文を執筆。現在、神奈川大学教授。専門は近代日朝関係史・思想史、マイノリティ論、在日朝鮮人問題。著書に『朝鮮近代教育の思想と運動』『異質との共存』『孤絶の歴史意識』『民族幻想の蹉跌』『日本国民論』『現代韓国の思想』『「在日」を考える』『もっと知ろう朝鮮』等がある。韓国でも４冊の翻訳書が刊行されている。

中核の一因子として追われてこちらに来ます。

逃げるといっても、これはオーバーないい方ではなく、宝くじにでも当たるような確率で生き延びたね。後に「針の穴を抜けるほどの難しい脱出だ」といった人がいましたが、そういうものでしょうね。運がよかったとしかいいようがない。筆舌に尽くしがたい苦難でした。しかし日本に来たら来たで、自分の国が苦難なおり組織活動をしていた者、基本組織におった者が、いかに生命の危機があったとはいえ、逃げを打ったという負い目にさいなまれた。

そうやって逃げを打ったという負い目から、在日朝鮮人運動にすぐ入ります。僕は主に民戦大阪府本部の文化面の仕事をやりました。

朝鮮戦争が勃発すると在日朝鮮人運動も非合法化されて、略称「民戦」という組織になります。その民戦の非合法組織に祖国防衛隊という結社ができまして、祖国防衛隊の機関紙が『セチョソン（新朝鮮）』という新聞ですけれども、その新聞の遊軍でもあった。表向きの仕事では、一九五一年に発刊した『朝鮮評論』という総合雑誌がありますが、初代編集実務の責任を負ったのが金石範氏で、彼が三号までやり、四年あまり続きましたけれども、その後四号からは僕が実務を引き継いでやりました。

「自分は何者か」という葛藤

尹　すると金時鐘先生は朝鮮半島でお生まれになって、日帝下の学校で、日本人になる教育をお受けになって、皇国少年になったと。だから自意識、自覚としては日本人なわけですね。

金　当時としてはそうでした。

尹　それで日本が敗戦して、つまり朝鮮がカッコつきの「解放」になって朝鮮人としての道を歩まれたのですね。当然そこで朝鮮語を学ばれて、朝鮮半島に米ソの冷戦体制が覆い被さっていくなかで、済州島で大きな闘争に加わられた。それが挫折して日本に逃げてこられて、そこで在日を生きてこられたということになります。ということは、枠組みとしては日帝下の朝鮮と、それから日本に来られて後の日本という枠組みがあるわけで、これが全く違うものなんですね。

私の場合は、時鐘先生と十五歳違うんです。時鐘先生は十七歳のときに解放だとおっしゃったわけですが、そうすると解放ということは自覚されているわけですね。あいまいであろうが、何であろうが。私の場合はほとんど日本の敗戦の直前に生まれていますので、物事がわかる、自覚する、自分の頭で考えるというのはもっと後ですから、完全に日本という枠組みでいるわけです。つまり日帝下の朝鮮というのは、知らないわけです。私が知っているのは、日本だけなんですね。しかしその日本は、在日朝鮮人として知っている。そこはずいぶん違う。

ただ似ているのは、やはり在日を生きるということ。「在日を生きる」というのは時鐘先生が最初におっしゃった言葉だと思うんですが、日本に生まれ育って、もちろん日本の学校に行ったわけです。そういう意味では自意識の形成としては、やはり日本なんですね。日本人というと言い過ぎですが、日本人としての教育を学校教育で受けたと。

そういう意味では時鐘先生とは違うんですが、しかしまたある意味で似ています。先生の場合には、皇国少年からいったん朝鮮人になろうと努力された。私の場合はやはり日本人の教育を受けて、それでずっと生きていければよかったのかもしれませんが、生きていけないということで悩んだんです。私が自意識を持つようになって、中学生になってからでしょうね、たとえば本名を使うか、日本名を使うかというような具体的な問題に引っかかります。小学、中学、高校と、学校を上がるたびに、名前を変えたんです。名前が二つあるというのは対人関係、そして自分の心の中の問題としてものすごく大きな問題になるわけですね。そういう中で、自分が何者かということに悩み、しかもその場合に朝鮮というのはつねに劣等感というか、負のものとして存在してしまいます。これは、日本の学校に行く限りはそうならざるをえないわけです。しかも、それを突破する道を探せないんです。いまはごく素直に朝鮮人ですと言えるんですが、それはいまの話であって、日本の学校に通っている間は常に曖昧模糊、わだかまり、それから葛藤、苦しみというものがありました。

在日朝鮮人としてのアイデンティティ

尹　それがいつ解消できたかというと、年齢的にいうとやはり三十幾つのときではないかと思うんです。大学に行っているときもダメだし、東京の大学院に行っている間もダメで、結局学業を終えてからということなんです。私は京都生まれの京都育ちですが、京都で大学を終えてやることもなく、就職もできなくて、仕方がなく東京に来て大学院に行ったんです。いまと違って奨学金の受給資格もなく、勉強とは名ばかりでアルバイトの毎日でした。大学院に入って初めて朝鮮語や朝鮮の歴史を少し勉強しはじめたんですが、結局それでも自分のアイデンティティの問題は解決できなかったです。そこでというか、やがて本格的にそのことを考えざるをえなくなりました。具体的には大学院を終えて貿易会社、ほんとに小さな事務所ですが、そこに勤めながら学位論文の勉強をしはじめてからです。それが三十一歳のときの出発です。いつ事務所が倒産するか、いつ首を切られるかと恐れながらも、毎日すこしずつ勉強しながら、自分のアイデンティティを見出す作業をしたのです。もっともそれはいまになって言えることで、実際には外部と断ち切れたなかで孤独に耐えながら必死に学位論文を書き上げていったんです。年齢でいいますと三十六歳ぐらいですかね。そのときに、やっと朝鮮人としてのアイデンティティを確立できたと、まあ、いちおうは思っています。けれども実際には、在日のアイデンティティといっても、中身はきわめてあやふやで、朝鮮語もそんなにできなかったですね。

時鐘先生とは十五歳違いですが、在日を生きるという意味では重なる部分もあり、重ならない部分もあると思います。しかし、私と次の世代はまた違います。だから在日の過去、現在、未来、という場合、一世、二世、三世という言い方しかないでしょうが、その中身はかなり違うものだと思います。

ただ私は在日朝鮮人の中では、文章を書く人としては金時鐘先生と金石範先生がやはり在日を生きるということを実践において貫徹されているのではないかと思います。それは大変なことだと思いますね。在日を規定するのはいろいろあるでしょうが、何よりも日本帝国主義の朝鮮植民地支配の所産であるということ。これが第一の決定的な要素だと思います。それから日本に住んでいる。それからやはり現実問題として在日を生きるということは、日本および南北朝鮮という三つの国家の狭間で生きているということ。だから在日を生きるということは、本人が望むと望まざるとにかかわらず、民族とか国家と深く関わることになります。それにこれはなかなか意識しにくいことかもしれませんが、階級という問題とも関わってきます。こういう民族とか国家、階級というと、最近のジャーナリズムとか若い人たちにはまったく好まれない言葉ですが、しかし在日を意識するということは根本ではそれらと密接な関係をもつことになります。いわば在日を生きるということは、二十世紀、二十一世紀のもっとも重要な問題と格闘しながら生きることなんですね。

二十一世紀に入って曖昧模糊とした、世界中がグローバリズムで一体化しつつあるなかで、何がなんだか分からない時代状況に入りつつありますが、そういう中で時鐘先生は時鐘先生なりの生き方を全うされるんでしょうね。それは後世からみると大きく評価されることになると思うんですよね。たぶん後世からみると、歴史の重み、社会の矛盾を着実に刻印した生き方として見られるはずです。

「在日を生きる」

金　四世代の子らがいま義務課程を終えて、早い子らはもう高校段階を終えている時代を僕たちは生きています。ですから在日の存在意識にも世代の推移があり、いろいろな考え方がありますね。生きている時代そのものも変化しますから、一定の基準があるわけではは決してありません。僕の場合は自己救済を唯物史観に求めることで日本的な帝国主義を乗り越えた、というよりそこから移行しましたのでね、「在日」の問題もとかく社会主義的に考えがちな、かたくななところはあります。知ってのとおり、ソビエト連邦は崩壊して、東欧圏は瓦解しました。社会主義というものはなくなって、それがさもアメリカを主とする資本主義の勝利というふうに思われていますし、そう規定づけられています。けれども誤解を恐れずにいえば、僕はいまでも社会主義を信じる気持ちに、何ら変化がないんですよ。歳行って老後の心配がなく、子どもの教育にわずらわされず、働くことで収奪されない。そのような社会主義制度が悪いことだとはちっとも思わないわけです。そういう社会体制をつくり上げる者たちのありようの問題とか、そういう機構上の中央集権的官僚主義の弊害はそれこそうんざりしてきましたけど。理念的には、社会主義が誤っているとは全然思わない。

そういう意味でより平等な世界を具現しようとする

社会主義的理念は、僕の世界観ともなっているものなの。うちの国の北に見るように、ああいう前世紀以前のような国家は例外なんです。あんなものは、社会主義とは無縁です。そのために、僕は反逆者にランクづけられて政治制裁を受けたわけですけれども。事の始まりは、いまコォンチャさんがいったような「在日を生きる」と言ったことにありました。在日の特殊性を言挙げしたことで、民族分離主義者、民族虚無主義者と規定されたんです。

「在日を生きる」といい出したのは、実はかなり早くて、一九五八年ぐらいにはもう文章に書いていいます。コォンチャさん、裏話をすればね、実際は「在日の実存を生きる」といいたかったんですよ。ただ「在日の実存を生きる」というのは、キャッチフレーズとしては長ったらしいので。それで「在日を生きる」。「在日を」というのは、日本で生きとおさねばならない、否応もない生活実態、つまり「在日であることの実存を生きる」ということです。

「南北双方に同距離」としての在日

金　そして「在日を生きる」とは、うちの国の分断されている北と南の、どちらのありようについても同距離だという意味も持っているんです。

それはなぜかというと、金大中大統領が選挙で選ばれてもなお、北側に立つ人と南側に立つ人の和合、融和は遠い道のりです。ましてや五、六年前なら韓国籍の人たちは北側の人と交わっただけで刑事罰、反共法にひっかかるというものでした。いまでもそうですれども。

そういう分断が事実化し、固定化する過程で、南と北が混在し、共に暮らしてこれたのは在日しかいないんです。本国の分断の対立の厳しさは、当然、日本に在住している在日にもしわ寄せが来ます。一つの家庭でも、南北の対立はあり、兄弟どうしでも立場を異にして反目する例すらありますが、だからといって、生活基盤を移してまで離れて暮らすわけにはいかないんです。

日本というのはそもそも岩盤みたいなところで、僕たちは根を絡ませ合って生きている。根を深く下ろせる場所ではない。それこそ階級という問題を持ち出さなければならないんですが、僕たちは労働権が保証されているわけではありません。コォンチャさんの場合は、例外の事例といっていい学究者ですね。実際いまは国公立の門戸も大分開いてはきていますよ。だけど総体的な労働市場において、在日は埒外の存在なんです。

人間が存続する上で労働権が奪われているというのは、生きる価値がないということなんです。生きるよすががないということ。だから本質的に不法、法律にもとることとすれすれで生きざるを得なかったの、僕たちは。そういう不法を生きざるを得ない在日の生活実態が顕在化したのが金嬉老《キムヒロ》事件でもある。

祖国の運命をあわせもつ

金　在日というのは、生存の実態からして、岩盤に白い脆弱な根を絡ませ合ってしか生きられない。だから思想的に政治立場が違うからといって離れるわけにはいかない。こういうことを、「先験的に……」、つまり「先んじて実験をする」という意味で僕が使っている造語ですが、そういう現実を先験的に生きたのは、本国の実情からして実際、在日同胞をおいて他にない。これは考えようによってではなく、それこそ意志的に意識化する必要がある、在日のエネルギーなの。僕たちは、違っているから反目して背を向けるのではなく、違っているからこそむしろ向き合う必要をつくり出さなければならない。立場が違っているからこそ、僕たちは対話を必要とする。向き合って話をする必要さこそ、「在日」の実存がかかえている必然そのものである。こういう根底的な命題がとかく在日を論ずる上ではあまり浮かび上がらずに、僕たちの蒙っている在日の恵まれなさ、それがさも不幸の最大の要素のように、いうところの民族差別の問題の中でだけに在日が位置づけられ、論じられてきた。

「在日として生きる」といいながら、そこには但し条項があります。日本で生きていながら、どうすれば本国の命運、祖国の命運をあわせもつことができるか。これが日本に来て以来の僕の命題です。自分だけ離れて日本で生きていたら、本国のありように何ら関わり合わなくても生活に何の支障もない。むしろそういう関心を持たない方が、割と楽に生きられる。割と金儲けも楽なのよ。煩雑さ、悩みがない分、楽かもしらん。ただ、互いの生活が根のところで絡まって生きているという在日の実存。つまり理論化される前の混沌たる状態を実存というんですが、そういうことをきちんと視野に収めたら、今度はその実存のエネルギーを「在日」の展望に創りかえていく意志力を、僕たちが僕たちで意識的につくりだしていかねばならない、と僕は思いつづけて生きているわけです。

父の願いをどう具現するか

金　そこのところが通じなくて僕は組織から制裁を受けた。自分がようやくこれから伸びようとする時期、一九五八年から一九七〇年代のはじめころまで一切の表現活動から逼塞させられた。同胞の集落からもはみだされて、居つくところさえおぼつかない暮らしを十年余りもつづけたんだ。それでも自分が日本で暮らさざるを得なくなった、父が日本に僕を逃すことで僕を延命させたことなどを考えると、日本で漫然と暮らすわけにはいかない。父の願いをどう具現するか……と僕には朝鮮人としての公的な責務というよりは、本当に心情的な個人的な責務があるわけです。それで、自分の置かれている条件でぎりぎりできる仕方を考えて、日本の公教育の中で学んでいる大多数の同胞の子女の教育に目が行った。日本の教師たちの意識に関わっていこうと、一九七三年に高校教員となり、日本の学校勤めを始めた。

歴史に規定された存在

尹　時鐘先生のおっしゃることは、歴史的背景がわからないとなかなか理解できないことですよね。在日を生きるというのは単に日本との関係ではなくて、南北朝鮮、つまり分断時代を生きるということを意味するんですね。つまり、在日を生きるというのは、日本における差別と闘いながら生きることだけを意味するのではなく、民族や国家、階級などと絡まった歴史そのものを背負って生きていくことなんですね。したがってたとえば日本国家と、あるいは日本社会の差別と闘えば在日を生きることになるかというと、それも重要な要素ですけれども、それだけでは不十分なんですね。在日という存在自体、南北分断によって強く規定されていますから、南北分断を背負って生きる、あえていうなら南北分断を解消するために、統一するためにいかに自分がその在日としての役割を果たすかということも、生き方のなかに入ってくるはずです。それは大きくいえば歴史を生きる、歴史的な責任を自覚するということになるのでしょうか。

歴史の話、もう少し大きな話をしますと、日本と朝鮮は不幸な形ではあっても一つの時代を共有しました。皆さん御存じのように、日本は幕末以降天皇制国家を形づくって、アジア侵略をし、最後は世界を相手に無惨な闘いをしました。戦後はアメリカ中心の連合軍によって占領されて一定の民主化をしましたが、しかし象徴天皇制という形で天皇制は残ったまま今日まで来ています。つまり近代の日本は一貫して、政治機構としては天皇制なんです。しかもその天皇制というのは日本社会だけではなくて、アジア諸国に対しても抑圧的な役割を果たしてきたと言えます。昨年来、歴史教科書や靖国問題が騒がれましたが、その根底には天皇・天皇制の問題があることはみんな知っているんです。だけどそれについては問わない、語らない、論議しないというのが日本・日本人の組み立てられ方なんです。

一方その日本近代史と表裏の関係にある朝鮮近代史は、端的にいうと日本による植民地支配と、その植民地支配が終わった後の南北分断によって規定されている時代なんです。在日朝鮮人は、まさにそこに位置づけられているわけです。したがって日本社会の問題と同時に朝鮮近代史の植民地支配、および南北分断の問題をも抱えて生きていかざるを得ないということになります。

朝鮮籍と韓国籍

尹　総連（在日本朝鮮人総連合会）とか民団（在日本大韓民国民団）は在日朝鮮人にとってはまさに「祖国」のようなものだったんですね。つまり日本が敗戦した後、一九六五年の日韓基本条約が成立するまでは、在日朝鮮人は日本の中にまったく閉じ込められていたのです。つまり一歩も外に出られないという状況に置かれていたのです。韓日条約が成立した後、韓国籍を選択した人には、韓国への出入国が認められたんですが、これはさまざまな問題を伴いました。反共独裁の韓国政府の条件は厳しかったですから。

実際、在日は日本の国家や社会の不条理と闘うだけではなくて、南北の国家とどういうスタンスをとるかということで常に非常に難しい立場に立たされてきました。しかも現実問題としては、日本という閉鎖的な社会で祖国の役割を果たすことが少なくなかった民族団体である総連ないしは民団にどう対応するかの問題がいつも厳しいものとしてあったんですね。とくに総連が重要な位置を占めたんですが、総連と敵対することは現実には、北の国家と敵対するという形をとることになった。それを乗り越えて在日を生きるということは、口でいうのはやさしいけれども実際には非常に難しい話になります。私の知るかぎり、在日朝鮮人としてそういう問題とも関連して在日を生きるということを実践してこられたのは金時鐘先生と金石範先生のお二人ぐらいと思います。……もちろん他の方もいらっしゃるでしょうが、物書きとして知られているいわゆる一世に属する中ではお二人しかいないのではないんでしょうか。法制度の問題としては、お二人は一九四七年に日本政府が外国人登録令というもので与えた「朝鮮」という、国籍ではない記号をお持ちのままなんですね。

だから在日を生きるというのは、本当に観念ではないんですよね。現実の日常が、しかも国家とか民族とか階級というものも赤裸々に、抽象的、観念的ではなくて、生活にまで響いてくる。在日はそういうものと日々対決しながら、葛藤をしながら生きてこざるをえなかった。人間というのは安易に流れやすいもので、日本の中の国家である総連とか民団も、そのどちらかにつけば仲間がいるのでまだ生きやすい。生きやすいというか、気が楽なんです。だから在日もそこになびきやすいんですね。

だけど国家というのは不条理なものですから。特に南北というのは対立していますから。南北の政府にとっては、在日はずっと利用するものだったのです。勢力争いの材料として。だから在日が南北のどちらかにつくというのは生きやすいけれども、それは国家に利用されることでもあったのです。したがって植民地統治下に形成された在日本来の歴史的意味からいうならば、在日は国家と対決しつつ生きる以外にないんです。これが本当の意味で、在日として生きるということだと思うんです。しかしそれはほんとに難しいことなんです。歴代の韓国政府におんぶに抱っこの民団にべったりしながら、日本の不条理を糾弾する人権運動を展開するといっても、そこには根本的な矛盾が内在してしまうんです。

自らの歴史性の自覚

尹　私は時鐘先生と十五年の差がありますので、また事情が違ってきます。例えば私は韓国籍です。先ほどいいましたように時鐘先生と石範先生は朝鮮籍。これは国籍ではなくて、あくまで記号です。国際的には、これは無国籍なんですね。旅行も満足にできないんですね。私の場合は韓国籍ですが、これは私が選んだのではなくて、私の親が韓日条約以後に韓国籍を選んだためです。故郷に帰ってみたいためです。

在日朝鮮人は、大体いつも六十〜七十万人くらいだといわれていたんですが、日本の法制度の側面からいうと最初一九四七年時点において、在日朝鮮人は全員「朝鮮」という記号を与えられた。その間何人かごく少数は日本で韓国籍をとったり、韓国に帰っていったこともあるようですが、国際的にはやはり無国籍状態だったといえます。それから一九六五年の日韓基本条約以後になって、韓国政府がパスポートを出すというエサを与えることによって、多くの人が朝鮮から韓国に切り替えていきました。現在では、法務省が数値をはっきり発表しないのでわかりませんが、戦前以来の在日朝鮮人およびその子孫は約五十三万人で、最近になってやっと特別永住者として認められるようになっています。五十三万人のうち、かなりの部分が韓国籍だと思いますね。残り十数万人が、……正確にはわかりませんが、朝鮮籍です。その少なからぬ人は北を支持しているはずですが、北支持でない人もいます。

北を支持しない朝鮮籍というのは、つまり統一朝鮮だという意味ですね。朝鮮という、国籍でない記号を保持しながら、統一朝鮮を志向する。これがやはり、本当の意味での在日を生きるということだろうと思うんです。ただそれは世代的にいうと石範先生とか時鐘先生の時代であって、そういう時代は終わりつつあります。一世代下の私がそうであるように、在日の若い人たちにとって、韓国籍の取得とか、国籍変更の問題はそれほど歴史の重み、国家の重圧をもたないものとなっています。時代の移り変わりというのでしょうか。いまでは日本籍になっている人もずいぶん多いですよね。

しかし国籍選択の時代が終わりつつあり、あっちこっち自由に行ったり来たりできる時代になったからといって、私は在日の歴史的意味が色あせるとは思わないですね。本国のことを知らないとか、南北の分断は関係ないとかいって、済ませられる問題ではないと思います。そういう意味では、在日朝鮮人、あるいは朝鮮半島に出自をもつ人は自らの歴史性を自覚することがほんとに重要になってきているのではと考えます。いくら若い人が過去の問題はもういいじゃないか、南北の分断は私には関係ないといっても、日常生活の節々でそれと関わる問題に遭遇するのが現実です。日本人と同じ日常生活にひたっているようにみえても、就職差別や結婚問題、住宅差別がつぎつぎと起きる。教科書問題だ、靖国だ、有事法制だというのも、全部関連してきます。やはりまじめに考えると、基本的には時鐘先生がおっしゃったような歴史の本質、出発点に戻るようなものを若い世代も常に抱えて生きていかざるを得ない。それを忘れると、逆に日本がますます右傾化して悪くなっていく中で、在日としての役割が果たせなくなるだけでなく、生活感覚というのか、社会での居心地といっていいのか、そういうものも悪くなっていくのではと心配しています。人は自覚して、自信をもってこそ、生きていけますからね。

「在日朝鮮人」と言うべき

国籍の問題でもそうですが、南北にある二つの国家、そして「在日」も、まずはその呼称からして難しいですね。

尹　まさにそうですね。国の呼び方からして非常に難しい。欧米諸国に行くと南のことはサウス・コリア、北のことはノース・コリアと書いています。領事館なんかに行きますとね。日本では、これが非常に難しい。韓国と朝鮮という漢字語が違うんですね。韓国の咸錫憲《ハムソクホン》という名の知られた思想家によると、韓と朝鮮というのは両方とも昔からある、すばらしい意味の言葉だというんです。けれども韓と朝鮮ではなくて韓国と朝鮮、国がついているところに問題があるんですね。国家なんですね、韓国と。韓国というと、常識的には一九四八年八月に成立した大韓民国を意味します。先ほどその大韓民国がどうして成立したか時鐘先生がおっしゃったように、アメリカが分断政策をとって多くの人を殺しながらつくり上げた国なんですね。だからそう簡単に同一化しがたい国家名なんです。

――朝鮮半島では、在日の方をどう呼んでいますか。

尹 北では、在日朝鮮人のことは在日朝鮮人といいます。

金 海外公民としての。

尹 海外公民としての、在日朝鮮人ですね。固有名詞としては、在日朝鮮人という言葉を使っています。もともと北では朝鮮という言葉を、朝鮮半島全体を意味する言葉として使っていますからね。在日朝鮮人といっています。韓国の場合、これは難しいですね。一九四五年八月十五日、解放された後しばらく……しばらくというのはあいまいですが、……一年とか二年ぐらいでしょうが、朝鮮という言葉を基本的に使っているんです。実際、解放後しばらくは朝鮮という言葉が政府機関や企業、民間団体で多く使われていました。いまの韓国陸軍士官学校も最初は「南朝鮮……」です。士官学校の博物館に行けば、そう書かれています。その後、北が民主基地路線をとって革命路線をとり、南がそれに反旗を翻して単独政権をつくっていくという過程で、韓国という言葉をイデオロギッシュにつくっていくわけです。だから韓国とか、韓国人という言葉が定着するにはずいぶん大きな葛藤があったと思います。物心ついて解放を迎えた人たちがそれを受け容れるのは一九七〇年代になってからではないかと思えるくらいです。実際、七〇年頃でも、日本の朝鮮史研究者なんかがソウルに行って韓国語という言葉を使っても、年取った学者は韓国語ではなく、朝鮮語だと嫌ったという話も聞いています。いまではまったく韓国という言葉を使っていますが、そこには世代の交代がありますね。若い世代は最初から、反共韓国のイデオロギーによって教育されたのですから。先頃のサッカーW杯では「赤い悪魔」のTシャツが氾濫しましたが、政治状況の変化とともにこれからまた大きく変わっていくのかもしれません。

金　僕たち「在日朝鮮人」の存在を、二つある祖国がどのように認知しているかということですね。北側は「海外公民としての在日朝鮮人」といい、韓国は「在日朝鮮人」とはいいません。「日本に在住する韓国国民」、つまり韓国統治権に包括される存在が、「在日韓国人」なんです。ただ兵役義務が在日の人には実際に課せられていない。しかしそれも実は課せられていないのではなく、いつでも召喚できる余地は残してある。

しかし僕は「在日朝鮮人」を総称として使いながら、あくまでも「在日朝鮮人としての韓国籍の者」と「在日朝鮮人としての朝鮮籍のままの者」というように考えています。僕たちは日本で定住しているのですから、籍が違ったからといって別に対立する関係ではさらさらないのです。

尹　私は在日については、きちんと「在日朝鮮人」という言葉を使うべきだと思っています。歴史的・社会科学的な用語としてはそれしかないです。在日韓国人というと、これは韓国という南だけの範疇で捉えられることになります。もちろん、在日韓国人という言葉を使う人を否定するわけではありません。しかし歴史的な意味を込めていうなら、やはり在日朝鮮人というのが一番いいと思います。日本のマスコミなどでは、両方に気兼ねして「在日韓国・朝鮮人」という場合が少なくないですが、やはりそれはまずいと思っています。なかには、「私は在日韓国・朝鮮人の……です」と自己紹介する人もいるようですが、まさに噴飯ものです。これはもう分裂症ですね。それなら私は在日ですとか、在日韓国人ですというのがまだわかりやすい。在日コリアンという言葉も、わかりやすそうでわかりにくいと思っています。だから一番いいのは、たとえば私ですと「韓国籍の在日朝鮮人二世です」と。それが一番いいのではないかと思います。

私なんかはソウルに行ったとき、そう昔ではないですが、よく「在日僑胞」だと言われました。韓国に行って「在日同胞です」というと、おまえは「アカ」だと言われたんです。在日同胞は、北が使う言葉であると。だから在日僑胞といえ、と。しかしそれがいまでは普通に在日同胞という言葉を使うようになっています。

私の本が何冊か韓国に翻訳されているんですが、最初は翻訳されるたびに、あるいは雑誌なんかに寄稿するたびに、「在日朝鮮人」と書いたのを「在日韓国人」と翻訳されました。だからそのたびに、それを「在日朝鮮人」に換えてくれと出版社とか翻訳者にお願いしたんです。最近では『ハンギョレ新聞』とか、進歩的なところでは、「在日朝鮮人」という言葉をしばしば使います。「在日韓国人」ではなくて、私が先ほどいったような歴史的用語、過去も踏まえたような意味で。最近、南に行って共産主義、マルクス主義の話をしても何のおとがめもないですね。ほんとに時代の移り変わりというのは怖いものです。

ついでに言いますと、二〇〇二年三月末まで私はソウル大学国際地域院の客員教授として七ヵ月間過ごしました。私を受け容れるのに若干の摩擦があったようですが、それも大きなものではなかったようです。ソウルでは大学院の授業をもったり、市民講座をしたり、集会で発表をしたり、新聞連載をしたりと忙しかったですが、すべて「在日朝鮮人二世」という自己紹介を活字にしたりして、通しました。誰も文句を言ってこないし、訂正しろとも言われませんでした。韓国は大きく変わってきています。問題は歴史をきちんとふまえて自己主張すること、闘うことではないかと思います。歴史認識そのものと関わる問題なんです。

アメリカがつくった韓国

金　コォンチャさんは、朝鮮籍のままというのは表立っては金石範さんと僕の二人だけだといわれましたが、なぜ朝鮮籍にこだわるのかとよく聞かれてもきました。いまでも、現にそう思っている人は多いですし、韓国の出先機関もそういうふうにいいます。

なぜかといえば、まず僕には自分の記憶、イガグリのようにしこっている僕の体験の記憶があって、まず韓国になじめない。というのは大韓民国がつくられるときの過程を、僕は自分の生身に照らしてよく知っていますから。どれほどの右翼テロ、白色テロが横行したことか。それはアメリカ軍政府が親日派の連中を民族主義者に仕立てて、右翼団体をつくらせ、支援するから、あいつらはしたい放題したわけです。

うちの国が解放された折、民族反逆者リストが発表されますが、リストに載った連中の多くは日本に逃げを打ちました。ところが、アメリカ軍が軍政を敷いて朝鮮総督府吏員復職令を発しますと、大手を振って帰ってきた。その人たちが行政の中心メンバーになる。教育、経済、財界はもちろん、芸術界にいたるまで。皇道派文学を提唱した連中が今度は民族文学をいう側に立ったりする。そういう人たちが大韓民国をつくり上げるわけですから、その過程を知っている者として、とてもじゃないがなじめない。そのことを根のところで知っていて、「朝鮮」という総称に今もってこだわっている。それに加えてきちんと付言しておかなければならないことがあります。一九四八年を境に南と北に政権が発生します。北は北なりにかなり強引な社会改革、農地改革などをして金日成体制の政府が出来上がった。韓国政府ができたことに並行して北もすぐに政府をつくる。

今日までそうした体制で生きてきたのは、まぎれもないその国家機構体の中の同族たちです。その機構体の中で生きてきた事実と、それによってつくり上げられてきた今日までの体制を、僕が無視するということではありません。それは優れて、南北の同胞たちが維持してきた体制でもあるわけですから。その中には当然民主化闘争という、非常に厳しい闘いを二十数年も続けた志の高い人たちがおって、韓国の軍事政権も一応の区切りをつけるわけですから。韓国が僕のとげとげしい記憶のみでもって存在しているわけではけっしてない。しかし、それを承知していながら僕の原初的な体験、自分の生身で知っている韓国成立についての記憶はおいそれと「韓国」をなじませない。

韓日会談と韓国籍の強要

金　もう一つはコォンチャさんのいったように国交正常化がなった、いうところの一九六五年の韓日会談成立があります。これは、在日朝鮮人、在日同胞の存在性について一言半句の文言も加味されなかった条約です。何の配慮もない。六十万人から一時七十万人まで膨張したといわれる在日の定住者たちに対する配慮は、一言半句もない。それでいながら最も許しがたいのは、国籍選択の自由を強引に規制したことです。国籍選択の自由というのは人権宣言規約にも保障されていること。一人一人に基本的な権利があるはずなのに、韓日条約が一九六五年に締結されるや、それまでは法務大臣裁量下になかった在日朝鮮人がその裁量下に入ることになった。

一二六の二の六項系列というのは、法務大臣の裁量下にない。かつての日本の歴史性からして、日本に住まざるを得なくなった在日朝鮮人、台湾人たちを規定している条項です。それが条約によって法務大臣の裁量下に入ることで、法務大臣が改めて日本に住む権利を本質的にとり決めることになった。つまり永住権をとらねば、日本に住めなくなるということになった。そしてその永住権申請は、当時、韓国籍の者でないとできなかった。そのために、引き続き日本で住まざるを得ない者は、なだれを打つように韓国籍になっていった。

尹　いわゆる、協定永住ですね。

金　日本で住む権利を得るには韓国籍でなければならないと。これは完全に韓国籍の強要なのよ。僕はこの二つでもって、ずっと韓国に同調できないものを持っているんです。実際には、それでもなお朝鮮籍にこだわる人が二十数万人あるものだから、その後かなりたってから、「特別永住」というものを認めることになりましたが。

韓国の民主化闘争というのは、そもそも韓日会談反対から始まったものです。そこには百八十六名もの若い命を散らして〝民衆の春〟を呼び覚ました四・一九革命（李承晩退陣のきっかけとなった一九六〇年の学生中心のデモ）への、深い鎮魂がうずいていました。うねりのようにうねった韓日会談反対の民衆的自覚を学生、青年たちが引き継いで、その後強権体制反対に入っていく。

韓国の強権体制に抗した民主化闘争の経緯というのは、地球的規模で輝かしいというのかな。あまりにも被害が大きいので輝かしいとは気安くいえないことだけれども、しんそこ誇り高い闘いでした。そうまでして克ち得た今日の韓国の民主化体制も、次の大統領選挙でまたどうなるかわからない昨今ではありますが、なじめない「韓国」とはうらはらに、僕にはまた同族の希望ともなる韓国ではあります。

朝鮮籍のまま父母の墓参りへ

金　ただ、これは差し迫った僕の隘路なんだけれども、僕は一人息子なもので、こちらに命からがら来てしまったことで僕の父、母は、だれ一人看取るものとてなく、干からびる状態で生涯を終えます。韓国というあの強権体制下で赤色逃亡者、赤の逃亡者の家族への対し方がどんなものか、想像して余りあります。何か厚生施設一つあるわけではないし、そういう中でうちのおやじ、お袋は本当に弧絶して死んだ。

そのおやじ、お袋の墓のあり場所も最近まで知らなかった。金大中氏が大統領になったおかげで数年前、韓国を訪れることができ、親の墓を死後四十数年ぶりで探すことができた。今年で五回目なんだけれども、これは全く特別配慮なんです。

尹　特別ですね、本当にね。

金　昨年は、済州空港で足止めを食ったりもした。朝鮮籍でなぜ再々来るのかということで、随分厳しい対応にもあった。せめて年一回ぐらいの草刈りと墓参りは続けたいものだが、朝鮮籍のままでは来年からは難しいかもしれない。今年（二〇〇二年）末の選挙では軍事政権の係累である側の慶尚道派が……。

尹　大統領選挙ですね。

金　金大統領とは違った緊張体制をつくり上げると思うのよね。だからここで僕はどうすればいいか。うちの国の儒教的風習からして親の墓を放ったらかすということは、日本の国の人たちには想像もつかないぐらい責め苦みたいなものだから。

尹　そこで先生にお尋ねしたいんですけれども、普通なら臨時パスポートは二回しか出ないんですよね。三回目行きたいなら、これは韓国籍に換えなさいということになっていたわけです。いまお墓の話をされましたけれども、お墓のこととか肉親のこと、人によっては奥さんがいるとか、いろいろあるわけですね。それで凡人というか、普通の人は朝鮮から韓国に換えて生きてきたと。もちろんその前提として私たちは、国家と対決するというか、直面しなければいけないわけですが。在日の歴史でいえば、一番最初北朝鮮は社会主義で、これは解放だと考えました。第三世界の解放ですね。

金　正義でしたよね。

尹　それはやはり、否定できないと思うんです。いま五十代後半以上とか、ある程度の人は、私もそうでしたが、社会主義、北というものは一つの指標といいますか、希望だったのです。社会主義を夢として学生運動なり、そういう運動をしたのはごく普通だったと思うんです。それをしなかったというとかえって反問したくような、そういう時代だったと言えます。日本でも、北朝鮮を非常に高く評価していましたね。日本人の朝鮮蔑視観でいうと、北がそのあと段々悪者になって、南が民主化と経済成長でよくなり、この間のサッカーW杯に見られるように、最近では日韓交流がかなり盛んになるようになりました。

三十八度線を越えることの意味

尹　在日の歴史を考えると、日本国家との関係は別にして、対北、対南の関係ですね。知識人はこれをどう苦悩に満ちて生きてきたか。まさに時鐘先生は先ほどおっしゃいましたが、墓参りをしたが、今度行かないとその墓がどうなるか、私としては耐えがたいと。しかしそうすると韓国籍をとって、パスポートをとらざるを得なくなる、こうおっしゃるわけですね。在日の知識人の歴史を見ると、それの連続なんです。つまり最初は北はいい、社会主義はいい、総連はいいと。民族だ、統一だといって一生懸命やってきた人が普通でまた多かったのです。しかしそのうちに考え方が変わり、またさまざまな個人的理由もあって韓国籍をとって、それで南に出入りするようになる。これは非常につらいことですが、基本的にはあくまで個人の生き方、選択の問題、そして思想の問題になります。しかし個別的にはいろいろあるでしょうが、在日の歴史の問題としてみると、これは重大な問題を孕んでいます。とくに物書きの場合はです。一定の考えをもって文章を書き、それを読んで若いひとなどが自分の生き方を決めていく。北賛美の文章を読んで、北に帰った人もけっして少なくはないはずです。そのうちにその文章を書いた人が北から南へと変わっていく。しかもたいした説明もなしにです。あるいは納得しがたい理由をつけてです。在日、とくに知識人にとっていったい三十八度線というのは何なのか。三十八度線を越えるとはどういうことなのか。これは非常に大事だと思うんです。

一九八一年に『季刊三千里』の金達寿《キムタルス》さんをはじめとする主だった人たちが全斗煥《チョンドゥファン》政権下において、政治犯の釈放をお願いするという名目で韓国に行き、ひんしゅくを買うということがありました。最近では李《イ》恢成《フェソン》さんが韓国籍を取得したことと関わって、雑誌『世界』で金石範さんと李恢成さんの非常に辛いやりとりがありました。金石範さんは二〇〇二年八月号の『文学界』にも書いておられますね。

韓国に行きたいから行く。これは普通は何でもないことのはずです。しかしそれが大きな問題になる時期というか年代、そして人、とくに物書きがいるというのは在日の歴史の紛れもない事実だと思うんです。時鐘先生の朝鮮籍の先ほどのお話、そして在日を生きるということ、とくにそれを文章で主張してきた人の場合の問題です。大きくいえば、民族、国家、階級の問題です。それと関わって文章を書いてきた物書きがそれを貫き通せるか、あるいは時代の変化のなかで自分の出処進退をどう変えられるのか、あるいは変えていいのかという、とてつもなく大きな問題です。それは在日、そして南北の知識人にとっては三十八度線を越えることとの是非、意味の問題になります。

人が生涯、思想を貫くというのはたいへん困難なことだと思います。人は変わるものだし、変わってはいけないということはないはずです。私自身、自分の考えが少しずつ変わることを実感することがあります。ただそれは人に迷惑をかけず、自分でも納得し、説明責任を果たせるという条件が必要になるものかもしれません。厳しく問いつめるなら、私自身、とても人に顔向けできないような言動をしてきたかもわかりません。己のことをさておいて、人を批判するという意味においてです。

この場合、気になるのは、金時鐘先生と金石範先生が対談された平凡社の『なぜ書きつづけてきたか　なぜ沈黙してきたか』(二〇〇一)で、石範先生が「本人は自分では思想を堅持しているように見せながら、崩れていく」とおっしゃっていることです。思想を堅持しているように見せながら、思想を語ることができるのか、また崩れるとは実際にはどういうことなのか、とても気になります。というより、そういうことを聞くと、私自身、空恐ろしくて何も言えなくなるのではと身震いしてしまうほどなんです。

文学する者として朝鮮籍に固執する

金　現実に、僕はいまその隘路を抱えているわけです。朝鮮籍に固執する理由は二つあるといいましたが、もう一つは創作する、文学する表現者としての意識に絡まっている問題です。日本と朝鮮、在日といってもいいんですが、その関係で朝鮮といえば何かいいにくくて、韓国といえばたやすくいえる関係を、僕はやはり見過ごせない。韓国といえば何か日韓親善みたいな気運で、後ろめたさを感じなくて済むという面がある。

尹　いまはそうですね、数十年前は逆でしたけれど。

金　だからそういう、朝鮮といえばいいにくくて、韓国といえばいいやすいという意識の実態みたいなものを看過できない。なぜ看過できないかというと、「韓国」とはいいやすいということは、いままでも見過ごされてきたことや見過ごしてしまっていることをことさらに押し流すことにつながるわけです。

コォンチャさんは、在日であり続けることは、国家の不条理や差別といったものと闘っていくことだといみじくもいいました。本当にそうですね。僕たちは日本から、心ない日本の市民たちから心ない差別を受けてきました。主には蔑視、蔑みを受けてきました。それは容認するわけにはいかないことではあるんですが、日本という潤沢な消費物資があふれている国で生きている者にとっては、そういう心ない仕打ちがあったからこそ逆に朝鮮人たり得たということも大いにあるわけなんです。だから、要はこれを意識化できるかどうか。そういう中で、韓国といえばたやすくいえることは、僕の場合大いに屈折する課題なんです。だからおいそれと朝鮮を忘れないというのもそこに関わる問題なんです。

金石範氏と李恢成さんの論争については、この度の『文学界』も読んだところだけど、あの手厳しい論証を、『文学界』を初めて読む人がはたして理解できるかどうか、案じられてならない。

尹　私も金石範さんと李恢成さんの文章をいろいろと読んできて学んできたんですが、やはり若輩の者としては、お二人の個人的な行き違いというよりは、在日にとって、さらに人間にとって何が問題か、何が重要なのかということを知りたいですね。在日は歴史と社会の矛盾をより多く抱え込んだ存在ですから。

一億人の耳目を介して届く言葉

金　僕はもともと同じ表現をするにしても、日本語が在日の表現者にとって自由な言語だとは前から思っていないの。僕も日本語でしかものを表現できない立場におりますが、否応なしに一億人の日本人の耳目を介さないと在日の同胞には届かない言葉が日本語なんですよ。けっして日本語は、自由な言語ではないの、在日の表現者たちにとっては。日本人の全部にさらされる言葉だということを思わなければならない。それは当然僕たちが物を書くときに、書けるから書くのではなくて、書きたくても書くことにある規制を自分で持たなければならないということ、それが日本語なんです。『文学界』に載ったこの度の金石範氏の論考にしても、李恢成さんへの論証が昨年『世界』でやり合ったお二人の論争を兼ね合っているものであることを、『文学界』で初めて読む読者には具体的にわからない。金石範氏の手厳しさだけが際立って目につくはずです。そこのところが惜しい。「なぜ李恢成の〝いい子ぶり〟――韓国籍に切り替わったときの本人の良心宣言のような――に仮借がないのか」について、文学する者の立場、それも在日する文学者としての立場からの視点が論旨にもっと絡みついていれば、個人攻撃とはとられない説得力を発揮できたと思う。

尹　在日の知識人は基本的には、解放直後からずっと北、社会主義を支持したわけです。それが、北がだんだん独裁体制になっていく、そして経済も落ちていく。それに反比例する形で韓国が民主化されて、そして経済が豊かになる。文学、学術、芸術、全部発展していく、日韓交流が発展していく。そういう構図の中で在日知識人も北、社会主義から韓国になびくわけです。けれども、物書きなんですよね、みんな。書いているわけですね。すると社会に対する、読者に対する責任がある。歴史に対する、在日に対する責任があるわけですね。それをどう克服するか、乗り切るか。韓国に行きたいのは当然です。自分の祖国だし、お酒飲んでもおいしいし。それを批判はできない。ただそこで裏切る形で行こうとするか、きちんと説明責任を果たして行くかが問題だと思うんです。どんなに行きたくとも、節操を守って行かない人も少なくないんです。

金 金石範氏の厳しい李恢成批判には、三十年もまえ秘密裡に韓国に出入りをした李恢成の前歴がゆるがせない事実として、下地を成しています。その隠密行には僕も直接苦い思いをさせられた一人ですので、石範氏の気持ちはよくわかりますが、在日の意識者、表現者として、韓国とつながって、具体的にどういうことが可能なのか、といったくらいの論証の幅があればなおよかったと思う。そうすることで李恢成氏に考える、いや、在日で文学する者たちがこぞって思考を巡らせる基を提示できた。つまりはそうすることで〝日本人の耳目を介する〟文学論議にもなりえた。たぶん李恢成氏の反論もあるだろうから、石範氏はまたもや書かざるをえなくなるだろうけど、できればお二人の論議が「在日」の文学論議に収斂されれば、と願っている。

簡単に枠組みを超えてはいけない

尹 私はだから、そこで教訓といいますか、やはり説明責任といいますか、弁明とか解説というのか、それが絶対に必要だと思うんです。人は必ず間違いを犯すし、挫折するものです。批判するほうも、批判されるほうも、それを前提にした言動があればと思いますね。もっとも口ではこういっても、実際には私にも自信はないですが。ただそれにしても、人はそう簡単に枠組みを乗り超えてはいけないと思いますね。

三十八度線という言い方をすると、……在日にとって枠組みは三十八度線だけではないですが、そう簡単に乗り越えてはいけない。枠組みというのは、基本的には人間は生まれながらにして与えられるものですよ。どの家に生まれるか。金持ちか貧乏か。どういう学校に行って、何を教わるかというのは、本人は小さいから判断できないし、選択できないんです。自分のことを自分で考える力がついたときには、枠組みはほとんど出来上がってしまっているわけです。国籍なども含めて。だから自分に与えられた枠組みは認めざるを得ない、いったんは。
　それを乗り越える努力というのは、すごくしんどいわけです。乗り越えるには乗り越えるだけの努力が必要です。周囲を傷つけまいとするなら、説明責任も伴います。そんな意味では、私は南北朝鮮、そして在日の人間は自分も知らないままに与えられた枠組みをそう簡単に乗り越えられないと思います。彼岸のかなたに夢や希望を期待するのはまったく幻想だとまでは言えないですが、まず自分の持ち場で頑張ることが大事ではないかと思うんです。総連の人はその枠組みで、民団の人はその中でということが必要ではないかということです。とくに政治や文学、学術、芸術にたずさわる人はそうではないんでしょうか。朝鮮大学の教員がもうイヤだといって外に出ても、逆に信用されなくなるんではないですか。そこでやる仕事はいくらでもあるはずです。無責任な言い方かもしれませんが。

「僕たちを排除して、だれと統一するつもりや」

金　僕はまだ一、二回は「朝鮮」籍のままで墓参りができそうな気もするけど、政権が変わったら難しいかもしれない。いずれにせよコォンチャさんが何度もいうように、在日の知識人として、それも意識的な表現者として本国との兼ね合いをどうするかというのは、やはり大きな問題です。

尹　私は最近韓国に行き来するようになりましたが、時期的にはそう昔からではありません。やはり韓国の民主化が本物になってからです。二〇〇〇年に『現代韓国の思想』（岩波書店）という本を出すことができましたが、それも韓国が民主化された賜物です。本や論文を集めるのはそう容易いことではないですからね。韓国の民主化運動はなにも在日にパスポートをさっと出せるようにしようとした運動ではないんです。だけど韓国が民主化されたことによって、在日同胞に対する扱いもよくなってきたんです。それは事実なんです。だから在日同胞の人権にとって韓国の民主化、そして脱分断、南北統一というのは不可欠の問題なわけですよ。南北の問題を切り離して、在日の生活を考えるというのはまだまだ無理です。去年から今年にかけて七カ月間ソウルに滞在して、韓国社会はものすごく開かれたと思っています。タブーは表向きはゼロです。マルクス主義とか、アカとか、もう何もない。

金　何でもいえるし。ただその分、また政権が変わると反動が……。

尹　ええ、政権が変わればまた不安定要素は出てきますけれどね。むしろ、心配は、在日がそこまで開かれているのかという、逆のことなんです。在日というのは何か日本社会にいて、民主的な言論の自由の国で生きていて、何でも話して行動できているように見えがちです。けれども自己規制、暗黙のうちの自己規制があって、自分は在日だからあれを言ってはいけない、これをしてはいけない、私は在日として生きていかざるを得ないという、非常に狭いものがある感じです。さきほど枠組みのことを言いましたが、その枠組みを乗り越えちゃいけないということとはまた別のお話なんです。在日はなにか、萎縮したような形としてあるのでは。韓国の若い人たちはすごいですよ、もう、タブーなしですよ。エネルギー、闘争力がすごいです。大学の先生にいわすと、最近の若者はエネルギー、闘争力がなくなったと批判的ですが、まだまだすごいですよ。

「在日を生きる」を引継ぐ

尹　その意味では、在日はもっと自らの歴史を振返る必要があるのかも知れません。時鐘先生は非常な経験をなさっている。筆舌に尽くしがたい経験をなさっている。生きるか、死ぬかです。それで今もエネルギー、闘争力がすごいですよね。私はそこまでいけないですが、年齢的にはそれでも一世を知っているほうでしょう。だから一世や二世の経験がどんなふうに伝えられるのかは大事ですね。現実には、在日がたくましく生きてきたいろんなことが三世あるいは四世に伝わるかといえば、伝わりにくくなる一方ではないかと思うんですよね。韓国といえば経済発展して、あるいはいろいろなものが発達し、日韓交流も盛んになっていく。北はというとこれはもう経済不振、独裁でどうにもならず、もう頭の中に入れなくていい、無視していいと、日本人に近い偏見。これが、割に多いのではないかと。そういう考え方が強くなっていくと、ますます若い人に通じなくなっていくのではないかと思うんです。

金　多分に思い上がりもあるけれども、僕はそういう悲観はしていないの。通じると思っている。たとえばよく知られている「ワン・コリア・フェスティバル」。在日の実存に則って、北だの南だのという対立の反目は克服されつつある。対立しているからこそ、共に過ごす場をつくることを提唱したのは僕でしたが、その意向のほどを鄭甲寿《チョンカプス》君らが生かして、彼らの若さがああいう形の集まりにしていった。

「在日を生きる」と僕がいい出したころは全く孤絶した、気違いじみた言い方だといわれたのが、いまはごく慣用句並になってきている。年齢でいえば開きはあってもね、僕の言い分に共感以上のものを寄せてくれる友人は、若い人に割と多いんですよ。僕の日常的な生き方も、そういう若い友人たちとの小さい集まりと、ほとんど絡んで過ごしているようなものでしてね。

それは僕が、幸いにしてそういう形で生き通せたということがあってのことですけれども。正確には一九五八年から七〇年の初頭まで、一切の表現活動を禁じられた。日本の文化人と付き合うこともだめだったし、どこかの集まりに出向くこともダメだった。卑近な例が僕の『新潟』という長編詩集で、一九五九年に書き終えたものですが、それを本にするのには十一年かかったんですよ。それも総連の一切の規制をかなぐり捨てることでしか、詩集を出せなかった。

尹　ということは、総連の傘下にいらしたということとですね。自覚の問題として。

金　否応なしにです。北だけが自分の生きるよすがだったから。日本に来るまでも。だからその分、北との関係を途絶させられると、僕は民族反逆者といわれ、どうにもならなくなった。随分ヤケ酒も呑んだし、荒れもした。そこで初めて、僕は本当に性根を据えて在日を生きることを考えたの。

あとは先ほども言ったように、日本の学校勤めに焦点を据えて十八年も地方公務員としての教員暮らしをした。

在日のための教育

金　それは僕の思いに、在日というときやはり民族教育の問題がずっとあったんです。僕は、在日同胞の僕自身が志向する運動体からオフリミットされた者だけれども、このまま、手をこまねいておるわけにはいかない。民族教育といいながら、戦後この方民族学校が抱える僕たちの児童数、生徒数というのは、学校教育を受けなければならない全体総数の二割を超えたことがない。いまにいたっては総連の学校は学校維持ができない状態で七千名ぐらい。それを圧倒する三万人近くは、日本の学校で学んでいる。

それこそ僕は、未開拓の分野だと思っています。これは持って回った言い方をすれば、在日の瑞々しい世代たちの今後が、白紙委任状つきで日本の教師に委ねられている状態なわけです。つまりたまさか出会った日本の教師によって「在日朝鮮人」という意識を持てるかどうかというような状況です。

コォンチャさんの専門分野だけれども小沢有作さんが、日本の教育というのは戦前の教育と本質的には変わらない、帝国主義の教育だと、『民族教育論』（明治図書出版、一九六七）の中でいっている。あの人は三つの点を挙げているけれども、僕は明確だと思う。日本の教育はまず歴史的事実、史実を明かさない。在日朝鮮人の子どもや生徒たちに自覚を持たせる教育をしない。日本の学校の中におる在日朝鮮人の生徒同士のつながりを結ばせない。この三つを挙げて、本質的に帝国主義教育だということを小沢さんはいった。僕は学校現場に十八年おって、全くそのとおりだと思った。とにかく在日朝鮮人として生きるようすがが、何もない。生徒同士のつながりも持たせないし。現実にいま朝鮮問題研究会とか、朝鮮問題研究部という、生徒たちの自主サークルを持っている学校は一つもないんですよ。だからそういうものを見るとき、日本の教師たちと出会うことの意味とか意義の大きさに僕は気づいたんです。

尹　そうですか。日本の学校で在日どうしのつながりが少ないのは確かですね。私の大学を見ていてもよく分かります。

在日する者でしかわからないこと

金　僕は表現者として言葉の問題に関わって、在日する僕でなければできない提起もしていきたい。言葉の問題は、僕の場合、祖国の命運に関わっていける有力な問題だとも思っている。

本国の人なら絶対、発想できないような例だけれど、うちの国の言葉を表記する文字、ハングルという文字ですが、これは一四四三年ですか、李朝第四代の世宗《セジョン》という大王、王様が制定した世界に例がないような文字です。世界のどの文字もどこかの文字の系列につながってできているんですが、ハングルの場合は全くもって独自な文字なんです。それを訓民正音といいますが、「ハングル」が制定された折、世宗王は「これから発布する朝鮮文字ハングルは、空を飛ぶ鳥のさえずりから海の底の貝の鳴き声までも書き表せる文字である」と、高らかにその優秀性を謳っています。

日本語はうちの国の母音、子音の三分の一足らずぐらいの言葉ですが、その日本語では表記できるのに、「ハングル」では書き表せない文字や音がある。まずは日本語のザ・ズ・ゾがいえない。朝鮮語の濁音は連濁作用でしか濁りませんから濁音記号そのものがありません。語頭では濁ることがなくて、語中で濁るわけです。それにサ行は濁らないときているから、ザとかズとかはジャ・ジュとしか表記できないし、発音もできない。たとえば「ギンザ（銀座）」なんていえないんですよ。僕なんかもずいぶん注意していわないと、「キンジャ」になってしまう。S音が濁ることはないからね。Z音にして「キンジャ」になるわけよ。または「バカ」なんてのもいえない。「バ」という半濁音が濃音の「パ」になってしまうのでね。それで古老たちは「このパガやろう」てなふうに怒鳴り合ったりする。日本の人はそれを聞くと、やはりチョウセンは低脳だと思ったにちがいない。これは言葉の習慣の違いなんだけれども、こういう音韻についての関心を高めるのも、在日の表現者たちの務めのうちに入る。

このようなことは南北の言語学者たちも必要に迫られている問題だと思います。僕たちが使っていけばそれは通例になっていくでしょうし、または学究的な立場である人たちがその表記記号を設定すれば済むことなんですがね。日本で、サ行に点を打ったらザになるようにね。ある記号、点か、黒丸か、丸をつければ済む。

うちの国の場合、必要以上に副詞が多く、固有名詞が少ない。動植物の固有名詞も、実に非情緒的です。やたらとトン（糞）とかケ（犬）が付いていたり、あまりにも即物的な命名であったり。そのような垢抜けない用語をたしなめていけるのは、在日の表現者の一つの責任でもある。僕たちは日本語と朝鮮語を知っているから対比ができて、音の違いにも敏感になれるんですよね。

本国の擬態でなく在日の実存を生きる

金　それと生活慣習の問題もある。在日同胞は朝鮮的な独自性を受け継いでいながら、日本の市民社会における日本人的な生活感覚、日常性の影響も受けている。済州島でも、ソウルでも食堂に入って同じ思いをしたけれども、前菜は只でとにかく食べ切れないぐらい出される。何と食べ物の無駄なこと。これも決してちまちました心からではなく、日本の人たちの小分けにして食べる茶わんの習慣とか、そこそこの量で見せ場をつくるところなどは、大いに持ち込んでいいことなんですよ。在日の文化というか、在日で生きた者の生活の知恵といったものが、僕たちのありようの独自性として、本国に持ち込めるものとして、在日の僕たちには蓄えられてもいる。

僕が前からいっていることだが、本国に似せて擬態を生きるのではなくて、在日の実存を生きることで本国にないものを僕たちが創造していく。そして僕たちは、本国に影響し得る存在になっていく。それこそ南北を同距離に見て暮らす僕たち在日の、展望をひらく基ともいえる。

尹 そうですね。やはり在日を生きるというと、先ほどからお話が出ていますけれども、民族とか国家とか階級の問題があります。それから食べ物の話とか。特に私は韓国に行って感じるのは、色彩がすばらしいですね。チマチョゴリの色とか、いろいろな色がありま す。あの色は見ていて飽きないんですよ、本当にすばらしいんです。そういう発見というのは本当にうれしいし、私は朝鮮人として生まれて、……朝鮮人を絶対化するわけではないですが、本当によかったなと思うんです。

ただ私が最近思うのは、在日を生きるということでいろんなことを考えると、たとえば民族、国家、階級というとマルクス主義ともつながってきますが、それと同時に女性差別はいけない、封建主義を乗り超えなくてはとか、マイノリティを大事にしなければというのですが、これは最近はやりの言葉でいうとフランス現代思想のお話になるんですね。ポストモダニズムだとか、脱近代、ポストコロニアリズムですよね。

つまり時鐘先生がずっと言われたことを聞いて、考えてみますと、またいままで私が考えてずっと言ってきたことを社会科学的に表現すると、最近はやりのポストコロニアルとかカルチュラル・スタディーズのいっていることと同じなんですよね。行きつくところは本当は同じなんです。だから地域とか、時間とか、世代とか、そういうものが違っても世界各地で問題にされていることを突き詰めていくと同じ問題になる。たぶんそれが、真理と名づけられるものだろうと思うんです。行きつくところは、同じなんです。ただその場合でもフランスのブローデルがいっていますようにに、経済とか政治とかいろいろなものがあるんでしょうけれども、一番大事なのは学問でいえば歴史学だと。そういうふうに思うんです。

日常次元の具体物としての歴史

尹　これは、在日にとっても歴史がとても重要だということです。在日朝鮮人として生まれてきたのは在日の個々人の責任ではないんですが、逃げるわけにもいかないんです。私たちはみな運命的存在ですが、生まれるやいなや歴史的存在となって、歴史を継承していく立場に立つんです。だから私は、若い人たちはやはり歴史を学んでほしいと。歴史認識ですよね。在日の三世、四世というと、それこそ血縁的にいうと日本人の血も入っている人もいるし、日本国籍の人もいるし。最近在日の人でアメリカ人と結婚する人もいるし、いろいろなんですよ。だけどそれでもやはり自分の祖先がたどってきた歴史、端的にいうと「出自」ですね。自分の出自を確認して、その延長線上で生きていく。しかもそれは強い者とか国家とかそういうものではなくて、弱い者、小さい者、抑圧される者の側に立って歴史を見るということなんです。血縁という意味ではない固有の出自、歴史認識を持って生きていけば、私はだいじょうぶだと思うんですが……。

金　コォンチャさんのいうとおり。ただ、その歴史を知るべきだというときに、歴史というと何か社会科学的な領分でのみ受けとられ、文献的であらねばならないと思われがちだけれども、どうすればもっと日常次元の具体物として、歴史への自覚を及ぼし得るかというのが、あなたと僕の共通の責務ともいえるね。コォンチャさんはよく見聞していることだろうけれども、特に大阪は在日同胞の一番の密集地帯でね、そうすると泣き笑いのような事実によく出会う。苦笑いしてはいけないと思いながらよくそういう場面に出会うんだけど、つい先日も呼ばれていった法事の席で、またもそのような場面にでくわした。一世格の年配の人がおるところでは、大体同じようないさかいが起きる。お供え物の魚の頭を西に向けたとか、東に向けたとか。法事の取り仕切りが、そこでは礼をしないとか、するとか。儒教方式だといっても、地方色がそれなりにあって、作法も手順も違ってくる。たまたま婿入りしたての男が来ていて、法事の執事役は、自分の親からいわれたことが、嫁さんとこと違ったりする。それでひとしきり、ああだ、こうだと年輩者の指示がとび交う。

こういったことを困ったことだといつも思いながら、こうだからこそ在日の独自性が引き継がれてきたんだとも思うのね。在日の一世とか歳いった人たちは、もう少数者になってしまっているけれど、あの人たちの頑なさ。日本に来て何十年と生きながら日本語は下手くそで、朝鮮的日本語しかしゃべられない人たち。そして本国でもとっくに廃れてしまった慣習を、金科玉条のようにまだ守り通すあの頑なさを笑うべきではない。みんなが僕みたいに優柔不断な者ばかりだったら、とっくに在日の独自性とか在日の存在性は日本に同化されてしまっています。

尹　いやーぁ、難しいとこですね。ついていけない気がしますね。

歴史とは祈りのようなもの

金　ああいう笑うに笑えない、こっけいな頑なさ。在日の歴史とは、具体的にいうとこういうものなんだ。そして在日の古い世代たちが、あれほどまでにも頑なな、本国ではとっくになくなってしまったものをなぜ守り通しているのか。そこに在日を生きた人たちの意地があり、本国への望郷の念がある。それは、祈りに似たものなんですよ。歴史性を習うべきだ、知るべきだと、とかく学術的な面でいわれるとね。たしかに文献的には知るに至るよね。だけどそれだけでは実感が伴わないんだよね。

僕は半年前そういう話を四時間ほどしに行ったことがある。歴史とは具体的なものだと若い人たちの集まりでくどくどいってきた。どうしてこのおっちゃんたちが、そこでいがみ合うのか。それはいがみ合っているのではなくて、生きてきた暮らしの落差であり、同化へのあつれきなんだと。あの人たちが、頑なであった理由をたどるとき、低廉な労働力として日本に入って来ざるを得なかった在日の存在、実存が初めて具体的に見えてくる。小学校にも行けなかったような人たちの今もって褪せない、国に対する思いが伝わってくる。これは何なのかを考えてはじめて、在日としての歴史がたぐられていく。そういうところから僕たちの存在性とか、日本に生きることの意味とか、日本と兼ね合うこととか、本国の文化とはかけ離れていながら、なおつながっていられる何かが在日にあるのかを考えていく。そういうことを日常次元で見て取っていく、日常次元でわからせていくということが、もっぱら僕のいまの関心事だ。

尹　いやー、すごいですね。

金　もちろん社会科学的な文献の大事さは論を俟たない。だけど、これはけっして学究だけでは得られないことなのよ。こういう日常次元の事例とどう兼ね合って伝えるのか。特にコォンチャさんの本などはその要素がいっぱい詰まっている。

尹　いや、私にはそういう力はないですけれどね。だから文学の力というのは、本当にすごいなと思うんです……。

一世の頑なさがあってこそ

金　僕たちの暮らしにも伝えられるだけのものはいっぱいあるんですよ。たとえばいまでこそ「朝鮮ニンニクくさい」という蔑みは死語になっていますけどね、十四、五年前までもニンニクと絡めて朝鮮人を蔑むののしりはそこらじゅうで起きていた。それがこれほど、キムチ、ヤキニク等の食文化が行き渡ってしまうと、もうそんなことをいう人はいない。日本の人の方が、よほどニンニクを食べる。

法事でいがみ合っていさかいをするような頑なさがあって、はじめて日本の食文化を豊かにした。朝鮮人はニンニクくさいといわれることを気兼ねしてやめてしまっていたら、キムチ、ヤキニクがこれほど行き渡ることはなかった。僕らが独自の食べ物に固執してきたからこそ、その余得が日本人に回ったわけや。僕たちの年配の人たちの頑なな食文化がなかったら、日本人が焼肉のうまさを知るのにはまだ五十年要ったかもしらん。その独自性を認め合うということが、共生だと思うんです。

だから僕たちは落ち込んだ存在ではなく、日本の側にも、もちろん本国にも及ぼし得るものを持っている。たとえ国籍条項が違っていてもなお一つのところを同じように生きるしかない在日の実存を、意志的な意志に変え得る僕たちであることを僕たちが実証できたら一定以上の発言権を南北の本国にも及ぼし得る。本国の命運に兼ね合うというのは、理念とか学術的な問題にとどまらない、もっと日常次元の問題なんだ。それが収斂されて、学術的な問題になる。

尹　たった数回しか、しかも南にしか行ってこれない時鐘先生が分断を生きるんだと、本国との関係をここまで強調されるわけですからね。そうすると私も含めて若い世代のものは、自由にいつでも行ったりできる、そういう、ある意味で特権ですよね。日本人にとっても同じく、普通のことですが。しかし在日朝鮮人にとっては、またある意味では特権的な意味を持つわけです。それはいかに意味を悟るか、そしてそれを生かしていけるかということになってきますね。やはりそこに、歴史を学ぶ必要というのはずいぶん重要な意味があると思いますね。

金　コォンチャさんの『「在日」を考える』(平凡社、二〇〇一)という本は、これはもうどの項目も教科書になるべきほどのものです。僕にも改めて教えられたところがいっぱいある。だけど突き詰めれば、手際よくまとまったものをどうほぐして広げてくれるかということが、やはり残るんです。

尹　そうですね、堅いですよね、狭いし。

金　いや、狭いことはない。明確なの。

尹　明確過ぎる。つまり学者の言葉ということですね。

金　たしかにここには言葉の生の組成力がある。たくさん読むとわかるのよ。何項目も重なり合っていて、論旨がすぐれて明解。それだけにいまさらながら、また思うね。一つひとつの項目を一冊の本ぐらいにほぐしてほしいと。どの項目も、それをどうやって日常次元と結び合わせて、論証を広げられるか、ということですね。

尹　そういうことはわかります。それを私なりの解釈でいうと、あくまでも一つの便法的な言い方ですが、文学を知らなさすぎる。文学を。

金　それは御謙遜で。たくさん、在日の文学を論証しているじゃないですか。

尹　いや、やはり幅広さ、柔らかさ、経験、要するに人びとの生活。それがわかりながらも、できないから、理屈でいこうとしているわけですよ。論理、理屈でいこうとしてきた。ある意味で肩ひじ張って生きてきたんですよ、私も。

金　ただ、そうして生きてきたから、今日があるんだ。肩ひじ張るのは、法事でいさかいするあのおっちゃんらと背中合わせで同じことなんだ。

尹　それはしんどいことですけれども、もう次につなげるという意味でね。まあ、できれば私としても今後は論文を書くのではなく、思想を語りたいなとは思っていますが……。というより、お酒を飲んで、遊んで。いや、本当に、考えてみたら遊びを知らないんですね。

金　そうでもしないと、大学に行けなかったやろ。

尹　まあ、それは事実ですね。論文を生産しないと就職できなかったことは事実ですけれど。

金　歴史とはそういうものだ。それが歴史の、在日を生きるとは、そういうことだと。

ぜひ自伝を

尹　全然別の話ですが、自伝をお書きになっているんですか。

金　いや。いまから十年ほど前かな。朝日選書で、僕の一代記を書かないかといわれて、半分近く書いたが、日本に来てからのこと、特に総連との関係が日本語でいえなくなって、放ったらかしてあるのよ。

尹　ぜひともね、自伝をお書きいただきたい。というのは後世から見ると、前の時代がどうだかは要するに本を読むしかないわけですよ。活字をね。写真というのもありますが、やはり本ですね。そうすると在日朝鮮人に関する本、本人が書いたものもあるし、研究書もあるし、いろいろなものがあります。けれどもやはり金時鐘先生がお書きになったものがあったと仮定したら、これはまず在日を勉強し、知り、研究する最高の文献になると思うんです。ほかに適任者がいないと思います。現時点において。

金　ただこちらの思惑とは別に、日本語でなら、北バッシングに僕が油を注ぐという役割を担ってしまうことになるかもしれない。そういう危惧がある。ここもまた、隘路なのよ。

尹　それは、確かに問題なんですね。要するに、北への非難がすごいでしょう。だから北の批判を事実に即して書こうとしても、それは日本人の北蔑視を増長させる役割をすることになってしまう。それはつらいんですよ。それはわかりますけれども、人の一生には限りがありますから。金時鐘先生がそういうことをお書きになったとしても、それはそれなりに理解されるんではないですか。

金時鐘救援運動を

金　きょう話した以上に、いよいよ本当にたくさん正常でない入国の事実を話すことになってくる。

尹 いやーぁ、改めてびっくりしますね。日本にいらして四十九年でしょう。五十年として、半世紀越えるわけでしょう。それでもなおかつ日本に来たいきさつを心配しているという事実に、驚愕します。五十年も住んで、まだ捕まるかもしれないということの恐怖心というのは何なのかと。

金 現に捕まった人がいますよ。あれも四十数年経っているのに目ぐらいに捕まっているんだ。ただ金時鐘は、反天皇とか反政府のことはあまりいわないから、もうちょっと置いておいてやろうかぐらいのことだと思う。

尹 逆の意味でいうと、捕まって、金大中救援運動ではないけれども、金時鐘救援運動をやった方が、日本は国家がよくなると思いますよ。日本社会改善のために、一回捕まってください(笑)。本当に、だいじょうぶですよ。

(二〇〇二年七月二五日/於・大阪都ホテル)

執筆者紹介

（掲載順）

上田正昭（うえだ・まさあき）→13頁参照
姜尚中（かん・さんじゅん）→29頁参照
杉原達（すぎはら・とおる）→21頁参照
朴一（ぱく・いる）→39頁参照
山尾幸久（やまお・ゆきひさ）1935年生。日本史学。著書『日本国家の形成』（岩波書店）『古代の日朝関係』（塙書房）。
金石範（きむ・そくぽむ）1925年生。小説家。著書『鴉の死』（講談社）『火山島』（全7巻, 文藝春秋社）。
姜在彦（かん・じぇおん）1926年生。朝鮮近代史・思想史。著書『姜在彦著作集』（全5巻, 明石書店）。
宋連玉（そん・よのっく）1947年生。女性史。論文「公娼制度から「慰安婦」制度への歴史的展開」。
田中宏（たなか・ひろし）1937年生。在日外国人問題。著書『新版・在日外国人』（岩波書店）。
坂中英德（さかなか・えいとく）1945年生。東京入国管理局長。著書『在日韓国・朝鮮人政策論の展開』（日本加除出版）。
李仁夏（い・いんは）1925年生。在日大韓基督教会川崎教会名誉牧師。著書『寄留の民の叫び』（新教出版社）。
金敬得（きむ・きょんどく）1949年生。弁護士。著書『在日コリアンのアイデンティティと法的地位』（明石書店）。
井上厚史（いのうえ・あつし）1958年生。日韓関係史。訳書『朝鮮実学者の見た近世日本』（河宇鳳著, ぺりかん社）。
鄭大均（てい・たいきん）1948年生。東アジア諸民族間の関係。『在日韓国人の終焉』（文春新書）。
高柳俊男（たかやなぎ・としお）1956年生。在日朝鮮人史。著書『東京のなかの朝鮮』（共著, 明石書店）。
金廣烈（きむ・ごぁんにょる）1958年生。歴史社会学。著書『近現代韓日関係と在日同胞』（共著、ソウル大学出版部）。
飯田剛史（いいだ・たかふみ）1949年生。社会学。『在日コリアンの宗教と祭り』（世界思想社）。
鄭雅英（ちょん・あよん）1958年生。中国少数民族の研究。『中国朝鮮族の民族関係』（アジア政経学会）。
鄭大聲（ちょん・でそん）1933年。食文化論。『食文化の中の日本と朝鮮』（講談社）。
伊地知紀子（いぢち・のりこ）1966年生。朝鮮地域研究。著書『在日朝鮮人の名前』（明石書店）。
福岡安則（ふくおか・やすのり）1947年生。社会学。著書『在日韓国・朝鮮人』（中公新書）。
宋英子（そん・よんじゃ）1952年生。文化形態論。論文「多民族・他文化共生社会のための教育環境に関する調査研究」。
玄武岩（ひょん・むあん）1969年生。社会情報学。論文「越境する周辺：中国朝鮮族自治州におけるエスニック空間の再編」。
金守珍（きむ・すじん）1954年生。俳優・演出家・映画監督。映画「夜を賭けて」（監督, 2002年秋公開）。
金時鐘（きむ・しじょん）→409頁参照
尹健次（ゆん・こぉんちゃ）→412頁参照

歴史《れきし》のなかの「在日《ざいにち》」

2005年3月30日　初版第1刷発行©

著　者　上田正昭ほか
編　者　藤原書店編集部
発行者　藤　原　良　雄
発行所　株式会社 藤　原　書　店
〒162-0041　東京都新宿区早稲田鶴巻町523
電　話　03（5272）0301
FAX　03（5272）0450
振　替　00160-4-17013

印刷・製本　中央精版印刷

Printed in Japan
ISBN4-89434-438-6